COMUNIDADE, LUGAR DO PERDÃO E DA

Festa

JEAN VANIER

COMUNIDADE, LUGAR DO PERDÃO E DA

Paulinas

Dados Internacionais de Catalogação na Publicação (CIP)
(Câmara Brasileira do Livro, SP, Brasil)

Vanier, Jean
  Comunidade, lugar do perdão e da festa / Jean Vanier ;
[tradução Denise P. Lotito]. – 9. ed. – São Paulo : Paulinas, 2015.
– (Coleção sede de Deus)

  Título original: La communauté, lieu du pardon et de la fête.
  Bibliografia.
  ISBN 978-85-356-4015-1

  1. Comunidades cristãs 2. Vida cristã I. Título. II. Série.

15-08486   CDD-248.4

Índices para catálogo sistemático:
1. Comunidades cristãs : Vida cristã   248.4
2. Vida comunitária : Vida cristã   248.4
3. Vida cristã : Prática religiosa   248.4

Título original da obra:
La communauté, lieu du pardon et de la fête
© Fleurus – 1987-2002

Direção-geral: *Flávia Reginatto*
Editora responsável: *Vera Ivanise Bombonatto*
Tradução: *Denise P. Lotito*
Copidesque: *Maria Teresa Voltarelli*
Cirano Dias Pelin
Coordenação de revisão: *Andréia Schweitzer*
Revisão: *Patrizia Zagni*
Direção de arte: *Irma Cipriani*
Gerente de produção: *Felício Calegaro Neto*
Capa e projeto gráfico: *Telma Custódio*

9ª edição – 2015
5ª reimpressão – 2025

Nenhuma parte desta obra poderá ser reproduzida ou transmitida por qualquer forma e/ou quaisquer meios (eletrônico ou mecânico, incluindo fotocópia e gravação) ou arquivada em qualquer sistema ou banco de dados sem permissão escrita da Editora. Direitos reservados.

Cadastre-se e receba nossas informações
paulinas.com.br
Telemarketing e SAC: 0800-7010081

Paulinas
Rua Dona Inácia Uchoa, 62
04110-020 – São Paulo – SP (Brasil)
📞 (11) 2125-3500
✉ editora@paulinas.com.br

© Pia Sociedade Filhas de São Paulo – São Paulo, 1995

*Ao padre Thomas Philippe,
ao lado de quem dei meus primeiros passos
na vida comunitária.*

"Assim como o Pai me amou
Eu também vos amei.
Permanecei no meu amor.
Eis meu ensinamento:
amai-vos uns aos outros
como eu vos amei.
Não há amor maior
do que dar a própria vida pelos amigos."
Jo 15,9.12.13.

Apresentação

As publicações de Jean Vanier, Fundador da "Arca", em Trosly--Breuil, Oise, França, sempre tiveram boa circulação. A obra em favor dos deficientes mentais é, por si mesma, simpática e recebeu do autor canadense rumos novos, profundamente evangélicos. Mesmo assim, causou surpresa o fato de este livro *Comunidade, lugar do perdão e da festa* ser escolhido, com entusiasmo sem par, na França, e, ainda mais, no Canadá francês.

Chega ao Brasil em boa hora, como iremos explicar.

Foi em 1964 que Jean Vanier começou sua primeira e pequena comunidade na França, num lugar bem desconhecido. Uma vida comunitária com pessoas deficientes mentais. Logo, outras comunidades foram se formando. Atualmente, há a "Arca" em vários países da Europa, Índia, África, Américas do Norte e Central. Esperamos que brevemente possamos começar no Brasil.

Em 1968, a pedido de pais, Jean Vanier começou a formar comunidades com deficientes que moravam com suas famílias. Uniu as famílias com seus filhos deficientes, amigos, sobretudo jovens, e, se possível, um padre. Comunidades vivas, mas que moravam cada qual em suas casas. Em 1971, em Lourdes, essas comunidades foram oficializadas com o nome de "Fé e Luz" e estão presentes em muitos países da Europa, América, África, Índia e também no Brasil.

Lembro-me do primeiro encontro com Jean Vanier. Ele veio acompanhado de um grande apóstolo, Pe. Gabriel Fortier, naquela época vigário episcopal da Lapa, em São Paulo. Tive a impressão de que Jean Vanier não precisa de argumentos. O seu testemunho comove e convence. Também foi essa a impressão dos que o ouviram nas entrevistas prolongadas da TV, em São Paulo.

A partir da visita de Jean Vanier ao Brasil, iniciamos os grupos e as pequenas comunidades de "Fé e Luz", os quais estão sendo fonte de alegria e de doação. Mudamos nossa maneira de agir com os deficientes. Antes, fazíamos tudo *para eles*. Hoje, tentamos fazer tudo *com eles*. E foi a partir dessa mudança que percebemos novo calor humano, rostos iluminados, enfim, a esperança da ressurreição nas famílias contempladas por Deus com pessoas deficientes.

A obra *Comunidade, lugar do perdão e da festa* inicia-se dizendo que a cidade nos tirou o gosto da vida comunitária. E o resultado aí está: solidão, egoísmo e violência.

Jean Vanier não foi o primeiro a contar-nos isso. Ele, porém, retrata de tal forma a experiência das pessoas, que esta acaba acordando em nós o que constatamos e o que Cristo constata.

A partir dessa verdade, em cada parágrafo do livro faz-se uma nova descoberta. Os exemplos são nossos, os defeitos também, possivelmente até as propostas.

O livro deve ser lido por todas as pessoas que buscam a solução justa e fraterna para nossa sociedade. As contemplativas e as de vida ativa se vêem igualmente questionadas. Aceitam conselhos simples como a luz do Sol e profundos como os planos de Deus. E tudo aparece em dose certa, no momento exato em que lemos e na empatia com o autor. Assim, fala ele do descanso, da leitura, da disciplina e da oração. No entanto, o fio de ouro é a esperança, brotada da reserva de bondade do ser humano e da graça do Senhor.

O leitor certamente terminará por buscar em cada página e no livro todo o que ele, de fato, oferece: o perdão e a festa, o gosto de viver para os outros e para Deus, numa sociedade que precisa de libertação, mediante a fraternidade.

São Paulo, 8 de dezembro de 1980
PAULO EVARISTO CARDEAL ARNS
Arcebispo Metropolitano de São Paulo

Prefácio

Este livro sobre a comunidade é a edição revista e ampliada de *Comunidade, lugar do perdão e da festa*, escrito há dez anos e do qual foi mantido o essencial.

No decorrer desse tempo, aprendi muito sobre a vida em comunidade, tanto em razão dos erros que cometi na Arca como em virtude da evolução de nossas comunidades. Algumas passaram por enormes dificuldades e estiveram prestes a desaparecer. Duas delas precisaram ser fechadas por vários motivos. Os deficientes foram acolhidos em outras comunidades da Arca. Todas as nossas comunidades tiveram momentos de crise e de crescimento. Alguns assistentes permaneceram e se tornaram fonte de vida. Outros saíram: uns, insatisfeitos; outros, com os corações modificados pelo amor, foram divulgar os dons e o novo espírito que adquiriram.

De uma certa forma, aprendi também muita coisa com comunidades novas, sobretudo as "Fé e Luz",[1] com as quais estou ligado desde sua fundação, em 1971.

De certo modo, quando fundei a Arca, em 1964, era um pouco idealista. Pensava ser possível dar início a uma comunidade da forma como eu havia feito, sem muita ajuda exterior. Encorajava pessoas a começar, e elas o faziam. Logo surgiam grandes dificuldades.

Iniciei a Arca com o padre Thomas Philippe. Mas, na maioria das vezes, os outros fundadores se acham sozinhos. Aqueles que encorajei devem ter tido mais necessidade do meu apoio e da minha disponibilidade do que realmente receberam. Durante esses

---

[1] "Fé e Luz" agrupa comunidades cujos membros se encontram periodicamente, para celebrações e oração. Essas comunidades se compõem de pais, com seu filho ou filha deficiente mental, e de seus amigos. Hoje, essas comunidades se estendem pelo mundo todo e se tornaram uma grande família. Contatos: <www.feeluz.org>.

anos, pude constatar a necessidade que diretores e comunidades precisavam de ser sustentados, acompanhados e interpelados para realizarem sua tarefa e continuarem abertos e fiéis à própria vocação. Pude constatar também quanto esse acompanhamento faz falta aos próprios assistentes para poderem fazer a passagem de uma vida independente na sociedade para uma vida em comunidade e, também, quanto precisam de um guia espiritual. O engajamento desses membros parece tornar-se mais fácil quando um padre faz parte da comunidade.

Nesta edição, demorei-me basicamente sobre todos esses aspectos. Também me detive na questão da missão na comunidade. O que havia sido escrito a esse respeito, nos dois primeiros capítulos da primeira edição, foi aqui retomado e desenvolvido, constituindo a base do terceiro capítulo desta edição.

Durante esses últimos anos, comunidades ecumênicas da Arca e da "Fé e Luz" se desenvolveram na Inglaterra, Escandinávia, Alemanha, América do Norte, Suíça, Brasil e Austrália. Com elas aprendi muito a respeito do sofrimento e da esperança que permeia as comunidades.

Esses foram os motivos que me levaram a corrigir e a completar várias passagens deste livro, com a clareza e a precisão de pensamento que a vida cotidiana em comunidade me proporcionou.

Esta nova edição é um trabalho comunitário: atendendo a meu pedido, várias pessoas da Arca enviaram suas reflexões e sugestões. Agradeço a todos aqueles que contribuíram para este livro com uma nova luz.

Agradeço particularmente às irmãs do Carmelo de Cognac, que traduziram para o francês todas as correções feitas na edição inglesa, e também a Alix Moreaux, que releu e corrigiu o manuscrito com muita dedicação. Seu competente e devotado trabalho permitiu que a edição francesa fosse publicada com rapidez.

Acredito que, em alguns anos, terei muitas correções e reflexões a acrescentar, pois a cada dia descubro novas coisas. Talvez seja outra pessoa quem fará essas correções. Na vida em comunidade, o importante é crescer em sabedoria e nunca se esconder atrás de clichês e regulamentos. Esse crescimento é sinônimo de uma escuta permanentemente mais atenta, tanto de Deus como das pessoas e comunidades, observando como o crescimento delas se dá por meio de crises e tensões e de que maneira se transformam em fonte de vida.

Minha esperança é que esta nova edição ajude a compreensão das exigências da vida em comunidade, a fim de que possamos anunciar ao nosso mundo, de maneira mais autêntica, a boa-nova do amor.

Introdução

Outrora, as pessoas viviam em grupos homogêneos, todas saídas mais ou menos da mesma família e tendo as mesmas raízes. Nesses grupos — tribos, aldeias —, as pessoas falavam a mesma língua, viviam os mesmos ritos e tradições, tinham o mesmo modo de vida e aceitavam a mesma autoridade. Eram solidárias entre si. Essa solidariedade provinha, ao mesmo tempo, da carne e do sangue, como também da necessidade de uma colaboração para conseguir os bens necessários para a vida, bem como para se defender dos ataques dos inimigos vizinhos e dos perigos naturais. Entre as pessoas do mesmo grupo havia uma unidade que se enraizava nas profundezas do inconsciente.

Os tempos mudaram. A sociedade moderna originou-se da desintegração desses grupos mais ou menos naturais ou familiares. Os que agora vivem numa mesma localidade não fazem mais parte de um grupo homogêneo. As cidades se compõem de vizinhos que se ignoram. Em breve, isso ocorrerá também no campo.

As pessoas vivem numa sociedade pluralista, e muitas crianças são frutos de casamentos interculturais. Nessas cidades, onde a solidariedade não mais existe, cada qual se esconde atrás das paredes da própria casa, com medo dos vizinhos e de intrusos. A comunidade humana não existe mais na rua, no bairro nem na aldeia. Há um caldeamento de povos, religiões e filosofias em virtude da mobilidade.

Atualmente, as pessoas são atraídas por cidades suficientemente grandes e complexas que satisfaçam todos os seus desejos materiais, dando preferência a ter uma família pequena que lhes permita mobilidade. A sociologia de hoje coloca-nos como vítimas dessas correntes e tendências, como se a infelicidade do mundo moderno pesasse inevitavelmente sobre nós. Pelo contrário, fomos nós que destruímos o espírito de comunidade, quando nossa hierarquia pessoal de valores passou a se opor àquilo que representa o real e profundo espírito de comunidade. Queremos a comunidade, mas também queremos todas as vantagens sociais e econômicas que a mobilidade individual oferece.[1]

A perda da confiança na comunidade e nos valores tradicionais leva as pessoas a viverem um individualismo feroz: é uma luta contínua para galgar os degraus do sucesso social e bastar a si mesmo. As repercussões disso na vida em família são desastrosas: a família grande não existe mais, se reduziu a família "nuclear", com um ou dois filhos, na qual o homem e a mulher trabalham para ganhar o máximo de dinheiro possível. Quando o marido ou a mulher esperam muito um do outro, querendo que o companheiro supra todas as suas necessidades afetivas, o risco do rompimento se torna grande. É isto que vemos hoje: as famílias se destroem. O individualismo se torna cada vez mais acirrado, e a ele se segue uma terrível solidão, que procuramos driblar trabalhando mais ainda, para ganhar mais dinheiro, para ser mais bem-sucedido, e ter mais distrações que substituam o relacionamento duradouro e autêntico. Contudo, essas distrações isolam ainda mais as pessoas em sua solidão cada vez mais profunda, criando-se um círculo vicioso de sofrimento e tentativa de esquecê-lo.

É claro que não se pode viver de forma isolada nem com um individualismo exagerado. Todos temos necessidades de amigos. A necessidade de pertencer a uma comunidade, seja qual for sua forma — um grupo de amigos, uma família, um clube, uma gangue, um grupo de militantes políticos ou uma igreja —, é inerente à natureza humana. Se nos isolamos, definhamos e morremos.

* * *

Hoje, mais que na época da primeira edição deste livro, muita gente busca a comunidade autêntica, mesmo tendo medo de suas

---

[1] PALMER, Parker J. *A Place Called Community. Pendle Hill Publications*, EUA, pp. 7-8.

exigências. Uma comunidade onde as pessoas possam seguir juntas um mesmo ideal, buscar apoio e força umas nas outras, partilhar convicções e trabalhar por mais paz e justiça no mundo.

Na época em que as famílias e as tribos eram sólidas, as pessoas não se isolavam. Sentiam-se seguras, mas os pais ou os que detinham a autoridade exerciam, às vezes, exagerada dominação sobre os outros, em vez de enxergar, em cada indivíduo, um ser único e capaz de conquistar a própria liberdade. A consciência pessoal era, de certa forma, submetida à consciência do grupo.

Hoje, a força do grupo e o sentimento de participação desapareceram. Vemos o despertar da liberdade pessoal, que levou a um individualismo feroz, que poderia, também, alimentar um desejo mais profundo de participação e de comunidade, orientado para o desenvolvimento da consciência pessoal, e não da sua supressão. O perigo disso é o surgimento de formas autoritárias de poder que viriam "salvar do caos", dar segurança e preservar a identidade do grupo.

> Tudo leva a crer, escreveu David Clark, que se os homens perderem o sentido profundo da comunidade, definharão e morrerão. Ela é o fundamento da sociedade humana, o cume da interdependência, o caminho mais rápido para a unidade que é a finalidade de nossa caminhada. Como escreveu Parker Palmer: "Comunidade significa mais do que o prazer de estar junto. Significa e sempre significou a sobrevivência da espécie". Sem a experiência contínua e enriquecedora da vida comunitária, e sem uma certa visão de seu caráter glorioso que nos ajuda a ir adiante, não sobreviveremos.[2]

Em que direção a humanidade vai evoluir? Esse foi o desafio do fim do século XX.

* * *

As crianças sofrem de profunda insegurança quando os laços da família se rompem, quando seus pais se divorciam ou se sepa-

---

[2] CLARK, David. *Yes to Life*. Londres, Fount Paperbacks, 1987. p. 22.

ram, ou ainda quando são adotivas. O mesmo acontece com as crianças que se alimentam de televisão, *mass media* e psicologia de massificação, perdendo seus valores e suas raízes. Elas podem ter muitos dons, talento e riqueza, mas são incapazes de fazer uma escolha e dar rumo para as suas vidas. Sob muitos aspectos, sentem-se perdidas.

Os *mass media* dão ininterruptamente notícias do mundo: guerra, opressão, armamentos, fome, catástrofes, alastramento da AIDS e desigualdades de todo tipo. Os jovens não sabem o que fazer com tantas informações assustadoras e inquietantes. Sentem--se importantes e culpados. O mundo lhes parece caótico.

Os jovens de hoje são diferentes daqueles dos anos 1960 ou 1970. Naquela época, eles procuravam outras maneiras de vida, comunidades alternativas, uma outra sociedade. Pensavam que podiam realizar alguma coisa rejeitando as antigas estruturas e arriscando algo de novo. Era um tempo de expansão econômica. Hoje, os jovens não podem nem querem mais se arriscar. Sentem-se muito inseguros, desenraizados, incertos quanto ao que desejam. Sentem-se impotentes e culpados em face da soma de sofrimentos e problemas do mundo. Não vislumbram nenhuma maneira de construir um mundo melhor. Muitos deles tornam-se apáticos, caem em depressão e procuram compensação em gangues, no *hard-rock*, na droga ou em relações sexuais irresponsáveis. Procuram desesperadamente preencher o vazio de suas vidas. Ou então, para conseguir segurança a todo o custo, encaixam-se no sistema, esforçando-se para conseguir trabalho e esquecer o restante. É nesse ritmo que oscila o pêndulo.

Tendo convivido com a insegurança de uma família desfeita, ou sem calor humano nem amor, os jovens sentem necessidade desesperada de comunidades onde possam encontrar seu eu profundo e valores que emprestem sentido e estrutura às suas vidas. Hoje, eles se deparam com as seguintes opções: a insegurança, com toda a angústia que ela provoca; a falsa segurança do trabalho ou do poder; os valores do mundo ou de seitas fechadas; ou a participação numa comunidade que lhes permita encontrar-se, abrir-se cada vez mais e crescer em direção ao amor universal.

Não estou certo de que hoje em dia os responsáveis pela sociedade e pela Igreja estejam suficientemente conscientes das mudanças que ocorrem no mundo e nos jovens, mudanças essas que revelam uma imensa sede de participação, expressa por meio da angústia e da solidão.

Esse grito não é só dos jovens, é de todos nós. É um sinal profético do que falta no mundo e na Igreja.

* * *

Evidentemente, os que se sentem sós e perdidos no mundo estão sujeitos a criar ou a procurar comunidades que, à primeira vista, assemelham-se a seitas. Para superar sua angústia, querem algo de absoluto, uma imagem de um pai ou de uma mãe fortes e todo-poderosos, valores rígidos, leis muito estritas. Correm o risco de lançar-se, sem discernimento e sem medida, na ação, na prece ou na austeridade, com um radicalismo que pode chegar ao fanatismo. As comunidades desse tipo são, às vezes, tidas como perigosas por sua falta de moderação, de abertura e de respeito à liberdade das pessoas, o que é verdade. Mas é preciso levar em conta o quanto é profundo o sofrimento e a insegurança de certos jovens. Eles necessitam, às vezes, de comunidades um pouco fechadas, embora dirigidas com sabedoria. Trata-se, portanto, de ajudar esses jovens a incutir o ideal comunitário em seus corações e espíritos e a desenvolver sua liberdade interior e de escolha. É preciso que aprendam, pouco a pouco, a se deixar guiar interiormente pelo amor, mais do que por leis rígidas vindas de fora. É preciso encaminhá-los em direção à verdadeira comunidade, que os ajudará a tornar-se homens e mulheres de prece e compaixão, abertos aos outros e ao mundo, especialmente aos pobres, aos oprimidos, aos vulneráveis, àqueles que se sentem perdidos, tornando-se, assim, artífices da paz.

Atualmente, muitas pessoas tomam consciência de que não é mais possível viver isolados uns em relação aos outros, cada grupo ou país protegido por suas fronteiras, e que o conjunto da humanidade, tão truncado e dividido em grupos opostos, constitui, no entanto, uma só família. Grupos, tribos ou nações não podem mais entrar em conflito uns com os outros: a guerra é muito perigosa! No que concerne à nossa economia e às nossas descobertas científicas, somos interdependentes. Nossas vidas são mais ou menos construídas em conjunto. Graças à televisão, ao satélite e ao rádio, sabemos imediatamente o que se passa no mundo. A humanidade é *um organismo*, e no organismo cada membro é importante: cada povo, cada etnia, cada país tem um dom com o qual contribuir para a paz e a plenitude da humanidade. A partir do momento em que grupos, nações ou etnias separam-se dos outros ou procuram dominá-los impondo sua cultura, ideologia, modo de vida, querendo suprimir a identidade cultural dos dominados, ferem não apenas a eles, mas a si mesmos e a humanidade inteira.

Hoje, mais do que nunca, somos chamados a tomar consciência da unidade fundamental da família humana, a ajudar cada grupo de pessoas a encontrar sua identidade e seu lugar nessa família e a nos abrir cada vez mais para os outros.

* * *

Tanto para os grupos, as comunidades e as nações como para o indivíduo, o perigo consiste em fechar-se em si mesmo. É o que acontece com uma criança, quando não se sente querida, reconhecida, apreciada pelo que é: seu coração vulnerável é ferido. Por ser frágil, fraca e incapaz de resolver sozinha seus problemas, ela se fecha, por medo, atrás de barreiras que a protegem. No interior de sua pequena fortaleza, a criança sente-se culpada e enraivecida. Freqüentemente, procura se punir, por achar que não é boa, ou então passa a fazer o mal aos outros para se vingar de seu sofrimento e solidão. O medo isola e leva à agressão, aos conflitos, ao ciúme, à rivalidade e à competição. As famílias, as comunidades e as nações podem passar por esse mesmo processo de fechamento dentro de suas fronteiras e/ou atrás de suas barreiras de proteção. Se aceitam abrir-se, é porque se sentem poderosas o suficiente para dominar as outras, favorecendo seus próprios interesses e impondo suas idéias, e não com desejo de unidade e comunhão.

Temos muito medo das indiferenças e da perda de nossa identidade. Uma comunidade ou um povo que se aproxima realmente de outro, deixando cair suas barreiras, se expõe ao medo: teme perder sua identidade, seus próprios valores e seu senso de participação. Por isso, fecha-se novamente sobre si mesmo.

* * *

Para cada pessoa ou comunidade, o importante é saber como permanecer fiel à sua fé, à sua identidade e à sua própria comunidade e, ao mesmo tempo, crescer, dar aos outros sua vida e receber a dos outros. Enquanto os membros de uma comunidade permanecem ao nível dos símbolos e dos elementos humanos, racionais, legais e ativos de sua fé, que trazem coesão, segurança e unidade, estão se arriscando a se fechar em si mesmos e a morrer pouco a pouco. Mas se, por um lado, sua fé se abre à dimensão mística, quer dizer, à experiência do amor de Deus presente na comunidade e no coração de cada um, e, por outro lado, àquilo que unifica todos os seres humanos, sobretudo os pobres, os fracos e os oprimidos, seu coração se abrirá cada vez mais.

Essa ligação profunda com Deus, fonte de toda a vida e de todo o amor, dá enorme força às pessoas e às comunidades, ao mesmo tempo em que exige muito, pois pressupõe o convívio com a pobreza e a incerteza, entregando a segurança a Deus e confiando nele. É exatamente isso que nos assusta: a pobreza, a insegurança, a vulnerabilidade.

Os discípulos de Jesus são chamados a correr o risco fundamental da confiança e da fé. A vulnerabilidade, o sofrimento e a rejeição — que podem seguir-se a esse risco — apresentam-se como um perigo real, uma vez que podem levar à morte da comunidade. Foi esse o risco fundamental que Jesus correu: aceitar a vulnerabilidade, a insegurança e a morte, entregando sua confiança à força do Pai e da Ressurreição. A cruz é passagem obrigatória para atingir o esplendor da glória. Os discípulos de Jesus são levados a crer que a não-violência, a pobreza, o acolhimento do outro e o perdão são meios os mais certos de receber a vida de Deus e de se tornar fonte de vida, paz e unidade para o mundo. É na nossa fraqueza que se manifesta a força de Deus, pelo Espírito Santo, o Paráclito. O paradoxo, para os discípulos de Jesus, é que só podem viver e conceber vida se aceitarem morrer: "Na verdade, eu vos digo, se o grão do trigo não cai na terra e não morre, permanece só; se morre, produz muitos frutos" (Jo 12,24-25).

Hoje, os jovens buscam comunidades que não sejam fechadas, e, sim, abertas a uma dimensão universal e internacional; que não sejam limitadas às suas próprias culturas, não sejam guetos, mas sejam abertas ao sofrimento e à injustiça do mundo. Esse é o motivo que os leva, em grande número, a Taizé ou aos grupos internacionais. É também por isso que tantas comunidades sentem-se chamadas a fundar comunidades-irmãs em países em desenvolvimento, como se não pudessem sobreviver na sua própria cultura, sem se ligarem a comunidades semelhantes, porém de culturas diferentes. E não apenas para "fazer o bem" aos países do Terceiro Mundo, mas também para descobrir e assimilar os dons desses países menos desenvolvidos no plano econômico, e que, no entanto, quase sempre conservam um sentido mais profundo e verdadeiro de humanidade.

* * *

Durante vários séculos, as comunidades estiveram ligadas às Igrejas, hoje, porém, em muitos lugares, a influência das Igrejas diminui. Muitos jovens acham que elas estão "por fora", distantes da realidade do mundo. Ao mesmo tempo, a ruína da família e as injustiças (especialmente no Terceiro Mundo) fazem repercutir o apelo ao verdadeiro "estar junto" no seio da Igreja. Isso é evidente em todo o mundo, mas particularmente nas comunidades de base da América Latina.

Durante o Sínodo da Igreja Católica sobre os leigos, realizado em 1987, pela primeira vez, num documento oficial, a paróquia foi chamada de "uma comunidade de comunidades". Sim, existe uma nova compreensão da comunidade como lugar do encontro com Deus ou, segundo Martin Buber, como "o lugar da teofania".[3]

A comunidade é o lugar da partilha, do amor e do acolhimento, da preocupação com o outro e do crescimento no amor. O individualismo e o materialismo conduzem à rivalidade, à competição e à rejeição do fraco; a comunidade, por sua vez, conduz à abertura e ao acolhimento. Se a comunidade não existe, os corações se fecham e morrem.

Hoje, algumas pessoas observam uma certa oposição entre a *antiga Igreja institucional*, aparentemente estéril, separada do mundo, atrás de edifícios preocupada, sobretudo, com o número de fiéis que vai à missa, e as *comunidades novas,* cheias de vida e de entusiasmo, correndo riscos, abertas e acolhedoras, ligadas aos grandes problemas do mundo, como: a luta contra a injustiça, a tortura, a droga, a AIDS; comunidade que trabalha em prol da paz e do desarmamento, da ecologia, da melhor distribuição de renda, da libertação da mulher e dos deficientes etc. Essa oposição aparente sempre se constituiu uma dificuldade.

Pouco depois da morte de Jesus, são José se insurge contra os cristãos que são muito institucionalizados e rejeitam os pobres.[4] As comunidades de são Francisco de Assis pareciam tão cheias de vida em comparação à Igreja estabelecida do seu tempo!

Sabemos que, com o tempo, toda comunidade corre o risco de se fechar e se tornar uma instituição sem alma, guiada por leis. As comunidades novas de hoje poderão tornar-se as instituições fechadas e estéreis de amanhã.

No entanto, embora algumas instituições, igrejas e paróquias pareçam fechadas em si mesmas, não quer dizer que elas estejam mortas, nem que devam ser suprimidas. A instituição faz parte do organismo que é a sociedade: é como os ossos dentro do corpo. Esses podem enrijecer, o corpo pode ficar doente e se reduzir ao

---

[3] "Nós esperamos uma teofania, cujo lugar apenas conhecemos. E esse lugar se chama comunidade." (Martin Buber, citado por Parker J. Palmer, op. cit., p. 4).

[4] Epístola de são José.

estado esquelético, mas, mesmo assim, necessita da estrutura óssea. A instituição é viva e saudável à medida que permanece aberta às pessoas, ao amor e às inspirações do Espírito Santo. Ela existe para que haja ministros ordenados como pastores nas comunidades e por elas, para lhes conferir alimento espiritual e sacramental, do qual necessitam para seu aprofundamento e crescimento.

Karl Rahner escreveu:

> Enquanto (...) as comunidades de base tornam-se, pouco a pouco, indispensáveis (sem elas, de fato, dada a situação atual e futura, a Igreja institucional iria diminuir cada vez mais), a Igreja hierárquica tem a tarefa e o dever de estimulá-las e de contribuir para sua formação e sua necessária atividade missionária (...). Se a comunidade de base for realmente cristã e autenticamente viva, se for a expressão de uma livre opção de fé em meio a um mundo secularizado, no qual o cristianismo quase não pode mais ser transmitido pela tradição social, toda a organização eclesial encontrar-se-á a serviço dessas comunidades. Elas não são meios para servir aos fins de uma burocracia eclesiástica que se defenderia para sobreviver.[5]

Naturalmente, se a instituição for a favor das pessoas e das comunidades, estas serão a favor do corpo inteiro: darão vida à instituição, e, juntas — instituição e comunidade —, existirão não para se fechar em guetos animados, em que as pessoas se contentam em rezar, mas para se tornar fonte de vida para o mundo todo.

Na sua primeira encíclica *Redemptor hominis*, João Paulo II escreveu: "A pessoa é o primeiro caminho, e o caminho fundamental da Igreja".[6] Da mesma forma que Jesus, a Igreja é chamada a anunciar a boa-nova aos pobres, a libertação aos prisioneiros e aos oprimidos e a dar visão aos cegos. É chamada a dar vida e a ajudar as pessoas a crescer para uma liberdade e uma plenitude interior maiores, a fim de que todos sejam um.

* * *

---

[5] RAHNER, Karl. *The Shape of Church to Come*. SPCK, 1974. pp. 114-115.

[6] *Redemptor hominis*, n. 14.

Neste livro, o termo "comunidade" refere-se essencialmente aos agrupamentos de pessoas que deixaram os lugares em que viviam, para morar com outras, sob o mesmo teto, criar relações interpessoais, viver e trabalhar segundo uma nova visão da pessoa humana e de suas relações com seus semelhantes e com Deus. É um sentido restritivo do termo. Outros poderão atribuir à palavra "comunidade" um sentido mais amplo.

Este livro dirige-se, sobretudo, àqueles que vivem ou querem viver em comunidade. Muitos assuntos, porém, aplicam-se igualmente à vida familiar. Os dois elementos essenciais da vida comunitária acham-se na vida familiar: as relações interpessoais, um sentimento de pertença a ela e o fato de os seus membros estarem orientados para um objetivo e um testemunho de vida.

Do mesmo modo, boa parte deste livro se aplica às pessoas entre as quais existem laços profundos e que, mesmo não vivendo juntas, encontram-se regularmente para partilhar seu ideal, rezar, encontrar coragem e apoio mútuos e ser, para o mundo, testemunhas do amor e da esperança.

Espero que várias passagens deste livro possam ajudar a construir comunidades em escolas, hospitais, empresas e outros setores da sociedade. Não acredito que uma sociedade ou uma instituição justas só possam ser criadas a partir de sindicatos que equilibram as forças entre empregadores e empregados. Atualmente, é comum procurar um espaço de diálogo nas empresas, com verdadeira participação de todos nas decisões e nos benefícios. Isso não é um começo de procura pela comunidade?

É claro que quase tudo o que afirmo, aqui, provém de minha experiência na Arca, a comunidade em que vivo há vinte e cinco anos. Mas também aprendi muito visitando as comunidades da Arca pelo mundo afora e escutando outras pessoas que vivem em comunidade.

As comunidades da Arca são especiais, porque nos esforçamos por viver com pessoas deficientes mentais. Claro que queremos ajudá-las a crescer para que se tornem o mais autônomas possível.

Mas antes de "fazer algo por elas", queremos "estar com elas". O sofrimento particular de uma pessoa deficiente mental, como o de toda pessoa marginalizada, é sentir-se excluída, sem valor, não amada. É por meio do cotidiano da vida comunitária e do amor que deve estar incutido nessa pessoa que ela, pouco a pouco, começará a descobrir que tem valor, que é amada e, portanto, digna de amor.

Dei início à Arca em 1964, com o desejo de viver o Evangelho e de melhor seguir Jesus Cristo. Cada dia descubro mais como a vida cristã deve desabrochar no compromisso de uma vida comunitária e como esta tem necessidade da fé, do amor de Jesus e da presença do Espírito Santo, para poder aprofundar-se. Tudo o que digo, nestas páginas, sobre a vida comunitária é inspirado por minha fé em Jesus.

Não quero dizer que não haja vida comunitária fora do cristianismo. Longe disso! Afirmá-lo seria ir contra toda a experiência humana e mesmo contra todo o bom senso. A partir do momento em que as pessoas se agrupam e querem viver relações interpessoais, cria-se uma forma de comunidade. Mas a mensagem de Jesus convida explicitamente seus discípulos a se amarem e a viverem, de alguma maneira, a comunidade.

Por estar próximo de muitas pessoas atraídas pela comunidade, mediante novas formas de vida, posso enxergar a grande ignorância que existe em relação à vida comunitária. Muitos pensam que é suficiente reunir, sob o mesmo teto, algumas pessoas que se entendem "mais ou menos" ou que estejam envolvidas com um mesmo ideal, para que exista uma comunidade. Às vezes, o resultado disso é desastroso!

A vida comunitária não é feita apenas de espontaneidade, nem apenas de leis. Ela precisa de uma certa disciplina e de nutrir-se, de forma particular. Há condições específicas e necessárias para que essa vida comunitária possa se aprofundar e florescer mediante as crises, as tensões e os "bons momentos". Sem essas condições, provavelmente surgirão desvios de todo tipo, os quais, no fim, levarão à dispersão da comunidade ou à "escravidão" de seus integrantes.

Estas páginas têm o objetivo de esclarecer as condições necessárias à vida comunitária. Foram escritas não como uma tese ou um tratado sobre a vida comunitária, mas sob a forma de *flashes*. São informações para reflexão, que descobri não nos livros, mas no cotidiano, por meio dos meus erros, meus fracassos, até mesmo de minhas faltas, mediante as inspirações de Deus e de meus irmãos e irmãs, mediante os momentos de unidade entre nós e também de tensões e sofrimento.

A vida comunitária é difícil. É também uma aventura maravilhosa e pode tornar-se fonte de vida. Desejo que muitos possam viver essa aventura, que é, no final, a da libertação interior: a liberdade de amar e ser amado.

"Como o Pai me amou, eu também vos amei; permanecei no meu amor. Eis meu ensinamento: amai-vos uns aos outros como eu vos amei. Não há amor maior do que dar a própria vida pelos amigos" (Jo 15,9.12.13).

CAPÍTULO

1

Um coração, uma alma, um espírito

COMUNIDADE, ONDE SOMOS PARTE DE UM TODO

A comunidade é um lugar ao qual pertencemos, em que se encontram a nossa terra e a nossa identidade. Naturalmente, podemos pertencer a outra coisa que não seja uma comunidade: uma gangue, uma seita, um clube, um grupo de militantes ou outras organizações. As paróquias e igrejas também são lugares dos quais muitas pessoas vão para participar.

A primeira comunidade a qual pertencemos é a família. O filho pertence a sua mãe. Essa dependência inicial da criança em relação à mãe, desde que ela está no ventre materno, é tão profunda que algumas mães acreditam ter direito de vida e de morte sobre o seu filho, como se ele não tivesse vida própria, a partir do instante em que foi gerado.

Quando a criança sente que não pertence a ninguém, sofre de um isolamento terrível, que se manifesta pela angústia. Esta é como uma agitação interior que afeta todo o corpo, modifica as funções digestivas e o sono, perturba, fazendo a pessoa perder qualquer noção do que deve e da maneira como deve agir. Torna a criança retraída e a deixa com um intolerável sentimento de inutilidade, morte, fúria e ódio. Uma criança que não se sente amada, acredita que não é digna de amor, que não é boa, e sim ruim. O isolamento rapidamente se transforma em culpa.

Quando, porém, a criança é amada, vista como algo precioso, ouvida, tocada com respeito, vive em paz. Ela sabe que pertence a alguém. Sente-se acompanhada, protegida, cuidada. Abre-se, sem medo.

* * *

O desejo mais profundo de uma criança é estar em comunhão como seu pai e com sua mãe. A necessidade de comunhão com o outro é o que há de mais fundamental no ser humano; é a origem de todas as outras necessidades e desejos. Se essa sede de pertença e de comunhão não for saciada, a angústia e os sentimentos de culpa, depressão, fúria, ódio de si própria e dos outros tomarão conta da pessoa. Esse sofrimento pode se tornar de tal maneira insuportável, que a criança, se for suficientemente forte, fará o possível para sufocá-lo, ocultá-lo, esquecê-lo, para viver sonhos, preenchendo o sentimento de vazio com atividades, distrações e barulho. Assim, tais sentimentos de vazio e de isolamento, unidos ao seu sofrimento, ocultam-se num cantinho muito profundo de seu ser, uma espécie de túmulo lacrado. Toda essa miséria é enterrada e, com ela, seu próprio coração, ferido e sedento de comunhão. A partir desse momento, algumas crianças conseguem viver, realizar alguma coisa, às vezes até alcançar o sucesso, ser admiradas e encontrar sua independência. No lugar da comunhão e do amor, procuram admiração. Outras crianças caem em profunda depressão e se revoltam contra seus pais e contra o mundo ao seu redor. Procuram companheiros com os quais possam viver à margem da sociedade. Contudo, em ambos os casos, a criança continua, no seu íntimo, a ser dominada por forças inconscientes, pelo sentimento de culpa escondido no fundo do seu ser.

* * *

Cada pessoa tem sua própria história, que a torna única. Ela pode ter sido aceita ou rejeitada, ter todo um passado de sofrimento interior e de relações difíceis com seus pais. Em todo ser humano, porém, há um desejo ardente, e, ao mesmo tempo, um certo medo da comunhão e de pertencer a alguém. O amor é aquilo que mais desejamos, e, ao mesmo tempo, o que mais tememos. Ele nos torna vulneráveis e nos abre, mas cria condições para nos ferirmos pela rejeição e pela separação. Podemos temer o amor porque tememos perder nossa liberdade e nossa criatividade. Desejamos pertencer a um grupo, mas também temos medo de encontrar nele uma certa sensação de morte, porque talvez não sejamos mais vistos como únicos. Desejamos o amor, entretanto temos medo da dependência e do envolvimento que ele implica. Temos medo de ser usados, manipulados, sufocados, destruídos. Somos todos ambivalentes em relação ao amor, à comunhão e ao pertencer.

* * *

Em conseqüência das circunstâncias, e para suprir as necessidades pessoais, o que lhes falta desde a infância, algumas pessoas procuram, quase a qualquer preço, um lugar em que possam sentir-se parte integrante. Sentem-se tão solitárias que estão prestes a sacrificar sua consciência e seu desenvolvimento pessoal para participar de um grupo. Outras têm medo de participar, medo de que o grupo as sufoque e apague o que elas têm de mais precioso: sua consciência pessoal, sua singularidade e sua sede de comunhão. Essa fobia a qualquer forma de grupo as impede de viver em comunidade. Têm necessidade de sua independência, o que não as impede de amar os outros, ter compaixão e assumir responsabilidades; apenas precisam de um grande espaço pessoal.

* * *

Existe uma grande diferença entre as pessoas dos países mais pobres, em que a família geralmente é mais forte e unida, e as dos países do Ocidente, em que a família está se desarticulando e as pessoas são encorajadas a viver de maneira muito individual, realizar a escalada do sucesso, buscar riqueza, poder e a maior independência possível. As primeiras sentem-se parte do grupo, seguras, em paz. Mas às vezes, sua consciência pessoal, sua liberdade e sua criatividade não se desenvolvem. Tornam-se uma espécie de prisioneiras do grupo. As segundas sentem-se com freqüência sós e inseguras; não se sentem parte do grupo e se atrapalham em relação à sua identidade e aos seus valores morais. Muitas vezes, compensam sua insegurança construindo barreiras ao redor de seu coração e desenvolvendo sua capacidade de fazer coisas, para poder ser auto-suficientes. Em ambos os casos, falta a verdadeira liberdade interior.

* * *

Quando penso nas aldeias africanas, percebo que, por intermédio de seus ritos e tradições, as pessoas vivem a vida comunitária. Cada uma sente-se pertencendo à outra: as que são da mesma etnia ou da mesma aldeia são verdadeiras irmãs. Lembro-me de Agre, bispo de Mans, o qual se encontrando com um funcionário da alfândega, no aeroporto de Abidjan, beijaram-se como irmãos, porque eram da mesma aldeia. De certa forma, eles pertenciam um ao outro. Os africanos não precisam falar sobre comunidade: eles a vivem intensamente.

Ouvi dizer que os aborígines da Austrália não almejam nada do nosso mundo tecnológico, a não ser os carros, que lhes permitiriam visitar seus amigos da tribo. O importante para eles é esse laço de fraternidade que cultivam. Parece que há uma unidade tão grande entre eles que, mesmo separados por centenas de quilômetros, sabem quando um dos seus morre. Sentem-no em suas entranhas.

René Lenoir, no seu livro *Les Exclus*,[1] fala dos índios do Canadá: se prometemos a um grupo de crianças um prêmio àquela que acertar em primeiro lugar a resposta de uma questão, elas se reúnem e, ao descobrirem, em grupo, a resposta, gritam-na em coro. Para elas, seria intolerável que apenas uma ganhasse e que a maioria perdesse. O vencedor se separaria dos seus irmãos: teria ganho o prêmio, mas perdido a comunidade.

Nossa civilização ocidental é de competição. Já na escola, a criança aprende a "ganhar": seus pais vibram quando ela é a primeira da classe. O progresso material individualista e o desejo de ser bem-sucedido socialmente para ter grande prestígio superaram o sentido da comunhão, da compaixão, da comunidade. Trata-se de viver mais ou menos solitário, na sua casa, cuidando possessi-

---

[1] Seuil, Paris, 1974.

vamente de seus bens e tentando adquirir outros, tendo na porta a placa "cão bravo". Essa perda do sentido de comunidade do Ocidente levou ao aparecimento, aqui e acolá, de pequenos grupos que tentam reencontrar o que foi perdido.

Temos muito o que aprender com os africanos e os indianos. Eles fazem com que nos lembremos de que o ideal de comunidade é o sentimento de pertencer. Com certeza, porém, esse sentimento impede-os de olhar com amor e objetividade os outros grupos. Dá-se, então, a guerra entre tribos e religiões. Às vezes, a vida comunitária africana se baseia no medo. O grupo — a tribo — dá vida e solidariedade, protege e dá segurança, mas nem sempre é libertário. Se nos separamos dele, ficamos sós com nossos medos e nossa dor, em face das forças adversas, dos maus gênios e da morte. Esses medos se concretizam ao redor de ritos ou de fetiches que possuem poder de coesão. A verdadeira comunidade é libertária.

* * *

Gosto muito dessa passagem da Escritura: "Eu lhe direi: 'tu és meu povo', e ele me dirá: 'Meu Deus!'" (Os 2,25).

Lembro-me de um dos discípulos de Martin Luther King falando a uma assembléia de milhares e milhares de negros, em Chicago, no começo dos anos 1970: "Meu povo está humilhado". Madre Teresa disse: "Meu povo tem fome".

Meu povo é minha comunidade, a pequena comunidade dos que vivem juntos, mas também a comunidade maior que a envolve e pela qual estamos aqui: são os que estão entranhados na minha carne e eu na deles. Meu irmão e minha irmã, afastados ou próximos, estão cravados no meu interior. Eu os trago comigo e eles, a mim. E quando nos encontramos, nos reconhecemos. Somos feitos um para o outro, do mesmo barro, membros de um mesmo corpo. O termo "meu povo" não quer dizer que eu esteja num estado de superioridade em relação a eles, nem que sou seu pastor e cuido deles. Quer dizer que eles me pertencem como eu pertenço a eles. Somos solidários uns com os outros. O que os atinge também me atinge. O termo "meu povo" não implica a rejeição de outros que não eles. Não. "Meu povo" é minha comunidade, constituída pelos que me conhecem e me trazem consigo. Pode e deve ser um trampolim para a humanidade inteira. Não posso ser um irmão universal, se não amar inicialmente "meu povo".

* * *

Quanto mais caminhamos pessoalmente em direção à cura e à unidade interior, mais o sentimento de pertencer cresce e se aprofunda. Não somente pertencer ao outro e à comunidade, mas ao universo, à terra, ao ar, à água, a todos os seres vivos, a toda a humanidade. Se a comunidade dá à pessoa um sentimento de pertença, também a está ajudando a assumir sua solidão, num encontro pessoal com Deus. A comunidade é, ainda, aberta ao universo e a todas as pessoas.

* * *

Todos nós pertencemos ao universo, recebemos alguma coisa dele e também lhe damos algo. Fazemos parte de um todo. O perigo, hoje em dia, é esquecer isso e acreditar que se é o centro do mundo e que os outros vivem para nós. É preciso fazer desaparecer essa forma de egoísmo destruidor a fim de fazer renascer o amor que nos ensina a receber e a dar.

* * *

Em qualquer tipo de grupo e de clube (político, esportivo, profissional ou de lazer) encontramos uma certa segurança. Ficamos felizes por nos depararmos com pessoas parecidas conosco. Nós nos reconfortamos mutuamente e nos encorajamos. Com freqüência porém, há um certo elitismo. Nós nos convencemos de que somos melhores do que os outros. Por isso, naturalmente, não aceitamos qualquer um: é preciso que tenha uma certa qualificação. Normalmente, esses grupos proporcionam uma certa segurança, um sentimento de participação; não encorajam, contudo, o crescimento pessoal; o fato de pertencer não visa à evolução pessoal.

* * *

Muitas vezes reconhecemos pessoas que pertencem a determinado clube, grupo ou comunidade pelo modo como se vestem, sobretudo em dias de festa, ou por seu corte de cabelo, seu jargão ou maneira de falar, pelos acessórios com que se enfeitam. A impressão que temos é de que, para se formar um grupo, são necessários todos esses símbolos que identificam uma mesma tribo, uma mesma família, um mesmo grupo.

* * *

COMUNIDADE, LUGAR DE ABERTURA

As pessoas se agrupam porque são da mesma carne, do mesmo sangue, da mesma aldeia ou da mesma tribo. Algumas pessoas, ao buscarem segurança e conforto, se reúnem porque se parecem e partilham da mesma visão de si mesmas e do mundo. Outras, porque querem crescer no amor universal e na compaixão: são as que criam a verdadeira comunidade.

O que distingue uma comunidade de um grupo de amigos é que, numa comunidade, verbalizamos nossa dependência mútua e nossos laços, anunciamos a finalidade e o espírito que nos une, reconhecemos juntos que somos responsáveis uns pelos outros e que nosso laço vem de Deus, que é um dom de Deus. Foi ele quem nos escolheu e nos uniu numa aliança de amor e numa solicitude mútua. Um grupo de amigos também pode se tornar uma comunidade, se o seu sentido de participação crescer, se se abrir aos outros e se crescer o sentimento de responsabilidade de uns em relação aos outros.

* * *

Com freqüência as pessoas se agrupam porque pensam constituir uma elite, o povo de Deus, os melhores, os que possuem a verdade. Às vezes, o fundador de um grupo ou "povo" é profético e realmente escolhido por Deus. Ele proporcionou inspiração, leis e tradições que permitiram coesão e unidade, as quais deram às pessoas uma certa unidade interior e um novo sentido às suas vidas.

O perigo está em acreditar que somente esse fundador, e nenhum outro, foi escolhido por Deus.

Nosso universo está repleto de espécies diferentes de animais, de pássaros, de peixes, de flores, de frutos e de plantas. Cada uma delas é obra das mãos do Criador. O mesmo vale para as famílias, as tribos, os clãs e as comunidades: tudo é obra do amor dele. Nenhuma família possui a verdade completa. São chamadas a viver juntas, em harmonia, a partilhar seus dons e a receber os dos outros, a descobrir o comprimento, a largura, a altura e a profundidade da sabedoria, da beleza e do amor de nosso Deus.

Quantas vezes, infelizmente, os grupos deixam de trabalhar juntos para a glória de Deus? Fecham-se uns para os outros, cada qual acreditando ser a raça escolhida, os bem-amados de Deus, a comunidade escolhida para renovar a face da Terra, a única que detém a verdade. Não compreendem que toda comunidade é escolhida, é chamada a manifestar uma parcela da glória de Deus, mas em comunhão com as demais. Quando não trabalham juntas, criam o *apartheid* e a rivalidade e a competição se instalam, suscitando inveja. Esta, por sua vez, gera o ódio e a guerra. O que havia começado tão bem, termina de maneira lamentável. Os grupos religiosos e políticos, assim como os clubes ou qualquer outro agrupamento, se deixam contaminar pelo espírito de "ganhar", de ser o melhor, de provar, até mesmo pela força, que têm razão. Deixam-se cegar pelos próprios interesses coletivos e por seu desejo de poder (ou o medo da sua anulação); são incapazes de ver e apreciar a beleza dos outros.

As comunidades se tornam verdadeiras quando se abrem aos outros, quando se tornam vulneráveis e humildes, quando seus membros crescem no amor, na compaixão e na humildade. E deixam de sê-lo quando seus membros se fecham em si mesmos, certos de serem os únicos a possuir a sabedoria e a verdade. Conseqüentemente, os outros acabam por seguir seus exemplos.

A atitude fundamental da comunidade na qual existe verdadeira participação é a abertura, a acolhida e a escuta de Deus, do universo, de outras pessoas e de outras comunidades. A vida em comunidade é inspirada pelo universal e pela verdade, ou o princípio de realidade. É aberta ao universal e fundamentada sobre o perdão e sobre a abertura ao outro, aos pobres e aos fracos. As seitas erguem muros e barreiras por medo e pela necessidade de afirmação e de criar falsas seguranças. Viver a comunidade é destruir as barreiras para receber as diferenças.

* * *

COMUNIDADE, LUGAR DO AMOR MÚTUO

Se comunidade é participação e abertura, é também amor a cada pessoa. Em outros termos, poderíamos dizer que a comunidade é definida por três elementos: *amar um por um, estar unido um ao outro* e *cumprir a missão.*

Na comunidade, amamos cada pessoa, não a comunidade no sentido abstrato: um todo, uma instituição ou um modo de vida ideal. O que importa são as pessoas. É preciso amá-las como são, e de maneira que cresçam seguindo o projeto de Deus e se transformem em fonte de vida. Mas de forma definitiva, e não passageira.

* * *

Se as pessoas são unidas, formam uma única família, um povo, um rebanho. Um povo que foi chamado para, unido, ser sinal e testemunho, cumprir uma missão particular, que é seu carisma e seu dom.

Muitas pessoas entram em um grupo para receber uma ou outra formação espiritual, ou para adquirir conhecimento a respeito de Deus e da humanidade. Esse tipo de grupo não é uma comunidade: é uma escola. Tornar-se-á comunidade quando houver amor de uns para com os outros e preocupação mútua com o crescimento individual.

Esther de Waal escreveu sobre a Regra de são Bento: "É tocante ver como o abade e o celereiro* se preocupam com seus irmãos.

---

* N. T.: "Celereiro" é o nome utilizado pelos beneditinos para designar o que, em direito canônico, se chama "ecônomo".

Eles se ocupam de cada um em particular, em toda a sua unicidade, mais do que da comunidade como um todo, ideal que permeia toda a ideologia contemporânea. A vida comunitária não se torna uma idéia abstrata ou um idealismo. São Bento provavelmente teria apreciado o aforismo de Dietrich Bonhoeffer: "Quem ama a comunidade a destrói; quem ama os irmãos a constrói".[2]

* * *

A comunidade que se preocupa mais consigo mesma, com sua perfeição, sua estabilidade e segurança, do que com as pessoas, com seu crescimento e sua liberdade interior, é como uma pessoa que dá uma palestra e se preocupa mais com a beleza e a coerência de seu discurso do que em saber se o público a está compreendendo. É como um lindo ato litúrgico que ninguém consegue entender e durante o qual se tem dificuldade de rezar.

* * *

A comunidade nunca pode ter primazia sobre as pessoas. Está direcionada a elas e ao seu crescimento. Sua beleza e sua unidade vêm do brilho de cada pessoa, da luz e do amor que há nelas e da maneira como se amam.

Algumas comunidades (que não são exatamente comunidades, mas agrupamentos ou seitas) tendem a suprimir a consciência pessoal, esperando conseguir uma maior unidade. Tendem a impedir as pessoas de pensar, de ter uma consciência própria e a suprimir o secreto e a intimidade de cada membro, como se tudo o que pertence à liberdade individual fosse de encontro à unidade do grupo e constituísse uma espécie de traição. Todos devem pensar da mesma maneira. Manipulam-se, portanto, as inteligências. É uma lavagem cerebral. As pessoas se tornam autômatas. Essa unidade baseia-se no medo. Medo de ser elas mesmas e de se sentir sozinhas; medo da autoridade tirana; medo de forças ocultas e de represálias (caso se separem do grupo). É grande a sedução

---

[2] Waal, Esther de. *Seeking God*. Londres, Collins/Fount, 1984. p. 139.

das sociedades secretas e de certas seitas. Quando as pessoas não confiam muito em si mesmas e têm personalidade fraca, às vezes é mais seguro permanecer completamente ligadas às outras, pensar somente como elas, obedecer sem refletir e ser manipuladas.

O sentimento de solidariedade é maior ainda. A pessoa se submete à força do grupo, do qual se torna quase impossível sair. Há uma espécie de chantagem latente: as pessoas se comprometem de tal forma que não podem mais abandonar o grupo.

Numa sociedade verdadeira, cada pessoa deve poder preservar seus segredos mais profundos, não havendo necessidade de confessá--los aos outros nem de dividi-los com ninguém. Há certos dons de Deus, certos sofrimentos, certas fontes de inspiração que não devem ser expostos a toda a comunidade. Cada um deve poder se aprofundar em sua consciência pessoal e em sua vida espiritual. Residem exatamente aí a fraqueza e a força da comunidade. Fraqueza, porque existe um desconhecido, a consciência pessoal de cada um, a qual, de posse de sua liberdade, pode se aprofundar no que diz respeito à gratuidade e ao dom, ajudando a construir a comunidade; ou, ao contrário, ser infiel ao amor, tornar-se mais egoísta, abandonar e prejudicar a comunidade. Fraqueza também pelo fato de que, se há primazia total da pessoa e de sua união com Deus e com a verdade, a pessoa pode, por um novo chamado do Senhor, encontrar um outro lugar na comunidade e não mais assumir a função que seria mais útil à comunidade, ou mesmo poderá deixá-la fisicamente. Os caminhos de Deus nem sempre são puramente humanos nem escolhidos pelos responsáveis, segundo a razão humana e a experiência.

Mas a primazia da pessoa também é força, porque não há nada mais forte do que um coração que ama e que se doa a Deus e aos outros. O amor é mais forte do que o medo.

* * *

Pertencer a alguém favorece a evolução. Suponhamos que um rapaz ou uma moça deixe sua família porque esta se tornou sufocante, e ele ou ela tem necessidade de outra coisa para crescer e alcançar uma maturidade maior. O mesmo acontece na comunidade. Ela é organizada para proporcionar a transformação e o crescimento da consciência pessoal. Se, por alguma razão, ela se torna esmagadora, talvez seja necessário correr o risco de deixá-la, por mais dolorosa que possa ser a separação. A comunidade, assim como descrevemos, não é um fim em si mesma. Sua finalidade é a pessoa, o amor e a comunhão com Deus. Logicamente, uma separação como essa não deve acontecer apenas porque a vida em comunidade é dura ou porque o novo responsável por ela não nos agrada. Deve ser resultado de uma longa maturação e de verdadeiro discernimento.

* * *

Se a comunidade não só se preocupa com a consciência coletiva, com a segurança que ela proporciona, mas também com o crescimento e a liberdade pessoais, haverá momentos em que algumas pessoas entrarão em conflito com ela. Com medo desse conflito e do isolamento que ele pode provocar, algumas pessoas se recusam a dar a sua liberdade pessoal e a sua consciência e preferem "não dar escândalo"; outras preferem desenvolver sua personalidade, mas, em troca, conhecerão um isolamento e uma certa angústia, pois se sentirão isoladas do grupo.

Isso acontece, sobretudo, quando a pessoa que é chamada ao crescimento pessoal pertence a um grupo que se tornou indiferente, medíocre e voltado para si mesmo. O isolamento e a angústia que ela sente podem conduzi-la a uma união mística mais profunda com Deus. Como não encontra mais apoio no grupo, volta-se para o Senhor. "Aquele que tem sede, venha a mim e beba", diz Jesus. Assim, os que sofrem encontram nova força e novo amor no coração de Deus. A comunhão com o Pai se aprofunda.

A autenticidade dessa comunhão se manifesta no esforço constante de amar os irmãos e irmãs, com enorme fidelidade, sem julgar nem condenar.

* * *

A comunidade nos convida à constante evolução. Algumas pessoas podem facilmente sentir-se sufocadas e até manipuladas pelo grupo, ou dominadas por um terrível medo de rejeição se são, aparentemente, diferentes aos outros. A participação deve estar voltada sempre para a evolução. A pergunta a ser feita é: "A quem procuro agradar?". Se nos esforçarmos sempre em agradar a Jesus, e não apenas ao grupo, cresceremos, e a comunidade ficará a serviço das pessoas. É claro que Jesus também quer que nos submetamos a um grupo. Para isso, precisamos de discernimento e sabedoria.

* * *

Numa fábrica, os operários se reúnem para atingir boa produção e ter um salário que lhes permita viver. Os soldados se unem, no exército, para se preparar para a guerra. Na comunidade, as pessoas se unem para criar um lugar em que possam amar-se. A comunidade não é feita para produzir algo exterior a ela; não é um agrupamento de pessoas que lutam por uma causa. É um lugar de comunhão, em que as pessoas se amam e se tornam vulneráveis umas em relação às outras.

Na comunidade, deixamos cair as barreiras. Aparências e máscaras desaparecem. Mas, isso não é fácil. Algumas pessoas construíram suas personalidades justamente ocultando seus corações feridos atrás de barreiras de independência e atitudes que querem dizer: "Eu sei. Você, não". São muito ativas e essa atividade é expressão da necessidade de afirmação, de sucesso, de controlar, de fazer projetos e de ser reconhecidas. Outras colocaram sobre seu coração uma máscara de depressão, de timidez ou submissão: não deixam sua verdadeira pessoa aparecer.

Uma comunidade só tem início quando não nos escondemos dos outros; quando não procuramos provar nosso valor, real ou pretendido. As barreiras caem e podemos viver juntos uma experiência de comunhão. Scott Peck fala dessa experiência como sendo o "milagre" da comunidade:

> Uma paz completamente nova envolve a assembléia. Temos a impressão de falar mais baixo e, no entanto, estranhamente, nos fazemos compreender melhor. Há momentos de silêncio, porém, não, constrangedores. O silêncio é, de fato, assimilado. É tranqüilo. Não

há frenesi; o caos acaba. É como se a música tivesse substituído o barulho. As pessoas escutam e compreendem. Tudo é paz.[3]

COMUNHÃO E COLABORAÇÃO

Numa comunidade, todos são chamados a colaborar, pois o trabalho tem de ser feito. É preciso comprar e lavar os legumes, preparar as refeições, lavar a louça, arrumar as acomodações; a prece e o trabalho devem começar na hora certa; é necessário acolher algumas pessoas, despedir-se de outras, se ocupar dos velhos e dos doentes, formar os jovens, ganhar ou receber dinheiro, gastá-lo e fazer contas etc. É óbvio que cada um tem seu trabalho e deve prestar contas dele a alguém ou à comunidade. É preciso organização e disciplina; do contrário, teremos o caos e a ineficiência completos.

Isso acontece em grupos de apoio, que se reúnem ocasionalmente, e mais ainda quando vivemos com outras pessoas. Numa comunidade, a colaboração dever encontrar sua força na comunhão. Nós colaboramos porque nos amamos e nos sentimos chamados a viver juntos e a caminhar na mesma direção. A colaboração sem comunhão logo transforma a comunidade em campo de trabalho ou fábrica, em que a unidade provém de uma realidade exterior. Nesse caso, existirão muitos conflitos e tensões.

A comunhão se fundamenta sobre uma certa experiência comum de amor. É o reconhecimento de que somos um só corpo, um só povo chamado por Deus para gerar amor e paz. Ela se realiza mais facilmente no silêncio do que nas palavras, na celebração do que no trabalho. É uma experiência de abertura e confiança que emerge do interior do ser. É um dom do Espírito Santo.

A comunidade é, antes de mais nada, um lugar de comunhão. É importante frisar as situações, os símbolos, os encontros e as celebrações cotidianas que despertam essa consciência da comu-

---

[3] PECK, Scott. *The Different Drum*. Nova York, Simon and Schuster, 1987, p. 74.

nhão. Quando uma comunidade é apenas um lugar de trabalho, ela está ameaçada.

* * *

COMUNIDADE, LUGAR DE CURA E CRESCIMENTO

Quando pessoas que conheceram o isolamento das grandes cidades, ou um mundo de agressão e rejeição, entram numa comunidade, sentem intensamente a energia do calor e do amor. Começam a retirar suas máscaras e a se tornar vulneráveis. Passam dias de comunhão e alegria profundas.

Mas, ao mesmo tempo que retiram suas máscaras e se tornam vulneráveis, descobrem que a comunidade é terrível, pois é um lugar de relacionamentos, em que revelaremos nossa afetividade ferida e descobriremos quanto pode ser difícil conviver com as pessoas, e com algumas em especial. É bem mais fácil viver com livros, objetos, televisão, cachorros ou gatos! É bem mais fácil viver sozinho e fazer coisas para os outros só quando temos vontade!

Quando vivemos todos os dias com as mesmas pessoas, toda a revolta, a raiva, o ciúme, o medo do outro, a necessidade de dominar, de fugir ou de nos esconder parecem se originar das feridas da nossa primeira infância, dos momentos em que sentimos não ser amados, estar abandonados ou superprotegidos. Todas essas tristezas parecem sair de seu esconderijo e aparecer na superfície de nossa consciência. Ficamos angustiados com a proximidade de certas pessoas que estão ligadas a nós, as quais exigem demais de nós ou cuja presença lembra nossos pais, que eram muito autoritários ou que não tinham tempo de nos escutar.

* * *

A comunidade é o lugar em que são revelados os limites, os medos e o egoísmo da pessoa. Descobrimos sua pobreza e suas fraquezas, sua incapacidade de se entender com algumas pessoas, seus bloqueios, sua afetividade ou sexualidade perturbadas, seus desejos insaciáveis, suas frustrações, seus ciúmes, suas raivas e sua vontade de destruir. Enquanto estamos sós, podemos acreditar que amamos todo mundo. Vivendo com os outros o tempo todo, compreendemos o quanto somos incapazes de amar, o quanto recusamos os outros, o quanto nos fechamos em nós mesmos. Se somos incapazes de amar, o que resta de bom em nós? Apenas o desespero, a angústia e a necessidade de destruir. O amor nos parece ilusão. Ficamos condenados ao isolamento interior e à morte.

A vida comunitária é a dura revelação das fraquezas e das trevas de cada um. É a revelação, muitas vezes inesperada, dos monstros ocultos dentro de nós. Naturalmente, é difícil assumir essas descobertas. Imediatamente tentamos afastar esses monstros ou escondê-los novamente, procurando esquecer que existem. Às vezes, fugimos da vida comunitária e dos relacionamentos; outras vezes, acreditamos que esses monstros são dos outros, não nossos. Os outros é que são culpados, não nós.

* * *

O casamento não é apenas lua-de-mel. É também um tempo de empobrecimento e de luto. Cada um dos cônjuges perde sua independência pessoal, sacrifica sua parte egoísta por uma relação na qual o homem e a mulher são um só. Esse é o sofrimento da vida comunitária. A comunidade é o lugar em que a força do eu egoísta se revela e é chamada a morrer para que as pessoas se transformem em uma só e em fonte de vida. Jesus disse: "Se o grão de trigo não cai no chão e morre, permanece só; mas se morre, gera frutos" (Jo 12,24).

* * *

Quando esse sofrimento interior vem à tona, também descobrimos que a comunidade é um lugar seguro. Finalmente, as pessoas nos escutam de verdade; é possível, pouco a pouco, lhes revelar os monstros que existem dentro de nós e todos os sentimentos de culpa ocultos no fundo do nosso ser. As pessoas, que nos acompanham, podem nos ajudar a aceitá-los, mostrando que eles escamoteiam nossa vulnerabilidade, nossa sede e nosso medo de amar. Eles protegem nosso coração ferido. Em todos nós, há uma ferida profunda de amor, um apelo para sermos levados em consideração, apreciados e vistos como únicos e importantes. Nosso coração está ferido e sangrando. Todos nós desejamos, imensamente, um amor infinito e encarnado, que não destrua nossa liberdade, nem nos manipule, mas nos permita ser livres e criativos. A vida em comunidade é a revelação dessa ferida profunda. Não podemos começar a observá-la e aceitá-la enquanto não descobrimos de que maneira incrível Deus nos ama. Não somos temidos pecadores, pessoas terríveis que decepcionaram e feriram seus pais e seus semelhantes. Uma experiência de Deus pela prece, e a experiência de ser amado e aceito na comunidade, a qual se torna para nós um lugar seguro, que nos permite aos poucos nos aceitar como somos, com nossas feridas e todos os nossos monstros interiores. Estamos feridos, mas somos amados; podemos crescer, nos tornar amados e ter mais compaixão. Temos uma missão. A comunidade torna-se o lugar da libertação e do crescimento.

* * *

Um assistente da Arca contou-me como sempre se sentiu inferior a seus irmãos, que eram bem-sucedidos e tinham uma ótima situação. Em sua família, ele sempre foi considerado um fracasso. Aparentemente, seu pai o desprezava a ponto de ele se sentir culpado e ter uma imagem destruída de si mesmo. Em uma palavra, ele tinha vindo à Arca procurar um refúgio; todavia, no começo não admitia isso. Viveu uma profunda experiência de prece e conheceu a verdadeira cura interior, sobretudo quando Deus lhe revelou, em segredo, no fundo de seu coração, que ele era o seu bem-amado filho. Mas não foi fácil na comunidade, porque ele sempre tentava se colocar à prova. Estava sempre zangado ou deprimido, ou então fugia dos relacionamentos e diálogos. Entretanto, aos poucos foi descobrindo que era aceito na sua maneira de ser. Até que um dia, foi capaz de perceber que a ferida de sua infância era, na verdade, um dom. Graças a ela, à sua pobreza interior e ao seu sofrimento, ele encontrou Deus e descobriu a comunidade. Permitira-se algo que seus irmãos, com todo o sucesso, nem desconfiavam que existisse. Ele tinha dado a si mesmo tal alegria interior, libertação e paz que superavam tudo o que se pudesse imaginar. Conheceu, de certa forma, toda a alegria e a exaltação do filho pródigo, amado pelo que é, e com um amor eterno.

A ferida que todos nós temos e da qual queremos afastar-nos pode ser o lugar do encontro com Deus e com nossos irmãos e irmãs, pode ser o lugar do êxtase e da eterna festa de núpcias. Os sentimentos: de isolamento, de culpa, de inferioridade dos quais fugimos, transformam-se em lugar de libertação e de saudação.

* * *

Há sempre um conflito em nosso coração, uma luta entre o orgulho e a humildade, o ódio e o amor, o perdão e a recusa dele, a verdade e a mentira, a abertura e o isolamento de si. Cada um de nós caminha no sentido da libertação, da unidade interior e da cura.

Quando as barreiras começam a se dissolver, nosso coração se revela em toda a sua beleza e seu sofrimento. Em virtude das feridas e dos pecados, o coração se enche de trevas e de necessidade de vingança, mas também é o lugar em que Deus reside: o templo do Espírito. Não devemos ter medo desse coração vulnerável, voltado para a sexualidade, capaz de ódio e de ciúme, nem procurar distração no poder e no conhecimento para conseguir glória e independência. Ao contrário, devemos deixar que Deus tome seu lugar nele, o purifique e o ilumine. À medida que abrimos o túmulo em que ele estava guardado, nossa missão se revela e descobrimos que somos amados e perdoados. Dessa forma, pelo poder do amor e do Espírito, esse túmulo se transforma em lugar de vida. O coração revive na pureza. Por graça de Deus, descobrimos uma vida nova, nascida do Espírito.

Essa descida às profundezas do coração é um túnel de sofrimentos, mas também uma libertação do amor. É doloroso quando as barreiras do egoísmo, da necessidade de aprovação e de reconhecimento se quebram e caem por terra. É uma libertação sentir que a criança que existe em nós renasce e o adulto egoísta morre. Jesus diz que, se nós não nos tornarmos novamente crianças, não poderemos entrar no Reino. A revelação do amor é para elas, e não para os sábios e competentes.

Quando vivemos, de fato, segundo o nosso coração, vivemos segundo o Espírito que mora em nós e vemos os outros como Deus os vê. Vemos suas feridas e seus sofrimentos, mas os encaramos mais como problemas. Vemos Deus neles. Quando, porém, começamos a viver dessa maneira, sem a proteção das barreiras, ficamos muito vulneráveis e muito pobres: "Bem-aventurados os pobres de espírito, pois o Reino é deles". Essa pobreza é que será nossa riqueza, pois, a partir desse momento, não viveremos mais para nossa glória, mas para o amor e a força de Deus, que se manifesta na fraqueza.

* * *

Hoje em dia, cada vez mais grupos se voltam para as grandes causas. Há movimentos pela paz, movimentos ecológicos, movimentos pelos oprimidos, pela libertação da mulher, contra a tortura etc. Cada um deles é importante: fazem brilhar a verdade e a liberdade; trabalham pela justiça e pela paz no mundo. É preciso, porém, que esses movimentos se baseiem em uma certa vida comunitária e se conscientizem, cada vez mais, de que existe em todo ser humano (e não apenas em algumas categorias de pessoas) um mundo de trevas, de medo, de ódio. Do contrário, correm o risco de se tornar muito agressivos e dividir o mundo entre opressores e oprimidos, bons e maus. Muitas vezes, vemos e combatemos o mal fora de nós, para não vê-lo no nosso interior.

A diferença entre uma comunidade e um grupo que é orientado para uma outra causa é que este vê o inimigo no exterior do grupo. A luta é voltada para fora, existindo um vencedor e um perdedor. O grupo sabe que tem a verdade e a razão, por isso tenta impor-se. Os membros de uma comunidade, ao contrário, sabem que a luta é interna, acontece dentro de cada um e da comunidade, devendo voltar-se contra todas as forças do orgulho, do elitismo, do ódio e da depressão; são esses os inimigos que ferem e destroem os outros, provocam divisões e guerras de todo tipo. O inimigo está dentro de nós, e não fora.

* * *

Os primeiros sinais de interesse pela existência e pela origem de nossos preconceitos, de nossas agressividades ocultas, de nossos medos irracionais, da nossa cegueira interior, de nossos hábitos mentais e de nossa resistência ao crescimento, esse é o começo de um salto evolutivo...

A ameaça principal para a nossa sobrevivência não vem mais do mundo exterior, e sim da própria natureza humana. É nossa indiferença, nossa agressividade, nosso egoísmo, nosso orgulho e nossa ignorância voluntária que colocam o mundo em perigo. Se não domesticarmos e não transformamos o potencial de mal que existe na alma humana, estaremos perdidos. E como poderemos fazê-lo, se não nos decidirmos a olhar o mal que temos em nós, com a mesma precisão, o mesmo discernimento objetivo e a mesma metodologia rigorosa com que vemos o mundo exterior?[4]

* * *

São João da Cruz diz que o amor a Deus e o amor aos outros têm a mesma origem e a mesma finalidade.

Se crescemos no amor aos outros, crescemos no amor a Deus. Se fechamos nosso coração aos outros, fechamos nosso coração a Deus.

João, o discípulo bem-amado de Jesus, já dizia a mesma coisa em suas cartas: "Se alguém, cheio das riquezas deste mundo, vê seu irmão em necessidade e se fecha para ele, como o amor de Deus permanecerá nele?" (1Jo 3,17) — "Aquele que pretende se iluminar, odiando seu irmão, estará ainda mais nas trevas, não sabe aonde vai, pois as trevas lhe cegaram os olhos" (1Jo 2,11). A

---

[4] PECK, Scott. *People of the Lie*. Nova York, Simon and Schuster, 1983. pp. 260-263.

vida em comunidade, com todas as suas dificuldades, é um lugar para o crescimento.

* * *

Em cada ser humano há sede de comunhão, um grito de apelo para ser amado e compreendido, não ser julgado, nem condenado, e um desejo profundo de ser reconhecido como um ser precioso e único. Essa comunhão, no entanto, tem suas exigências: é preciso sair do próprio casulo, tornar-se vulnerável para poder amar e compreender os outros, reconhecer cada um como único e in-substituível, partilhar com eles o espaço e o alimento. É aí que se encontram o sofrimento, o medo e, às vezes, a impossibilidade de amar. Jesus convida seus discípulos a amarem uns aos outros como ele os ama, e não apenas como amamos a nós mesmos. Propõe algo de novo: amar os outros com o mesmo amor de Deus, olhá-los com os olhos dele. Não poderemos vê-los e amá-los dessa maneira se não experimentarmos, na fé, que Jesus nos ama com um amor libertador. Só assim seremos capazes de nos abrir, nos tornar vul-neráveis, crescer na abertura aos outros e doar a eles a nossa vida.

* * *

A comunidade é o lugar em que aprendemos a amar e nos tornamos artesãos da paz. Por isso, é urgente que as comunidades cresçam, se desenvolvam e se aprofundem, como também que se fundem e se mantenham inúmeras comunidades novas.

* * *

SIMPATIAS E ANTIPATIAS

Os dois grandes perigos de uma comunidade são os "amigos" e os "inimigos". As pessoas que se assemelham, se aproximam. É muito bom permanecer ao lado de quem nos agrada, tem as mesmas idéias que nós, o mesmo modo de ver a vida, o mesmo tipo de humor. Somos alimento um para o outro e nos elogiamos mutuamente: "Você é maravilhoso"; "você também é maravilho-so", "nós somos ótimos, somos os inteligentes, os espertos".

As amizades humanas podem transformar-se, logo, em um clube de medíocres, fechado em si mesmo, e que se vangloriam mutuamente, o que leva a crer que somos os melhores. Isso impede de enxergar nossa pobreza interior e nossas feridas. A amizade não é mais um incentivo para progredir, servir melhor nossos irmãos e irmãs, ser mais fiéis ao dom que nos foi dado, mais atentos ao Espírito e para continuar a caminhar através do deserto rumo à terra prometida da libertação. Esse tipo de amizade torna-se sufocante e constitui uma barreira que nos impede de irmos ao encontro dos outros, como também de ficarmos atentos às suas necessidades. Com o passar do tempo, certas amizades tornam-se dependência afetiva, a qual se constitui em uma espécie de escravidão.

* * *

Numa comunidade há, também, "antipatias". Há sempre pessoas com as quais não me entendo, que me bloqueiam, que me contradizem, que abafam o progresso de minha vida e da minha liberdade. Parece que sua presença quer ameaçar e despertar minha própria pobreza, minhas culpas e minhas feridas, provocar em mim agressividades ou uma forma de regressão servil. Diante dessas pessoas, sou incapaz de me expressar e de viver em paz.

Há outras que despertam em mim sentimentos de inveja e de ciúme. Tais pessoas são tudo o que eu gostaria de ser; sua presença faz-me lembrar o que eu não sou. Sua irradiação e sua inteligência me colocam diante de minha própria indigência. Há, ainda, outras que exigem muito de mim. Não posso responder à sua incessante carência afetiva. Sou obrigado a afastá-las de mim, pois são minhas "inimigas", pois me colocam em perigo. Embora não ouse admiti-lo, eu as odeio. Com certeza, esse ódio é só psicológico, não ainda moral, quer dizer, desejado. Mas, apesar de tudo, gostaria que tais pessoas não existissem. Seu desaparecimento e sua morte seriam como que uma libertação.

É natural que, numa comunidade, haja essas aproximações de sensibilidade, como também esses bloqueios entre sensibilidades diferentes. Isso é fruto da imaturidade da vida ativa e de uma quantidade de elementos da nossa infância sobre os quais não temos nenhum controle. Não se trata de negá-los.

Se nos deixarmos guiar pelas nossas emoções, logo aparecerão clãs dentro da comunidade. Então, não será mais uma comunidade, um lugar de comunhão, e sim um grupo de pessoas mais ou menos fechado sobre si e bloqueado em relação aos outros. Quando se chega a uma comunidade, logo se percebe se existem nela tensões e guerras subjacentes. As pessoas que a compõem não se olham nos olhos. Quando se cruzam nos corredores, são como barcos na noite. Uma comunidade só é tal quando a maioria de seus membros decidiu, conscientemente, quebrar essas "barreiras" e sair do aconchego das "amizades" para estender a mão ao "inimigo". Isso, porém, é um longo caminho. Não se faz uma comunidade em um dia. Na realidade, ela nunca está pronta! Está sempre progredindo em direção a um amor maior, ou, então, regredindo, conforme as pessoas aceitem, ou não, descer o túnel do sofrimento para renascer no Espírito.

* * *

As barreiras e os muros existentes ao redor das comunidades que se fecham por medo ou por elitismo são o espelho das barreiras que as pessoas colocam ao redor de seus corações feridos.

Há uma passagem muito significativa na Carta aos Efésios, na qual se diz que Jesus veio destruir as barreiras de hostilidade que separam os dois povos, para torná-los um só (Ef 2,14).

Bill Clarke dá este exemplo de sofrimento insuportável na vida em comunidade: duas pessoas vivem no mesmo quarto; uma aperta sempre, cuidadosamente, seu tubo de dentifrício pelo fim, e a outra, que usa o mesmo tubo, o aperta pelo meio!

* * *

Scott Peck fala das pseudocomunidades; são lugares nos quais pensamos que existe comunidade. Nela, as pessoas são educadas e obedecem às leis e ao regulamento. Só se fala de banalidades e generalidades, mas atrás de tudo isso há um enorme medo do conflito, medo de deixar escapar os monstros ocultos. Se as pessoas começarem, de fato, a se escutar, a se envolver, a falar o que realmente seu íntimo quer expressar, sua raiva e seus medos virão à tona, e, talvez, começarão a bater panelas umas nas cabeças das outras! Há tanta emoção represada no fundo de seus corações que, se vier à superfície, só Deus sabe o que poderá acontecer! Seria o caos!

Mas, esse caos poderia dar origem à cura. As pessoas se dão conta do que está acontecendo na comunidade e do terrível medo que sentem. Vêem-se perdidas e vazias. O que fazer? Que caminho tomar? Percebem que venceram pelo caminho errado. É nesse momento que o milagre da comunidade pode acontecer! Sentindo-se perdidas, as pessoas começam a partilhar seus sofrimentos, suas desilusões, seu amor e a descobrir que são irmãs. Começam a pedir a Deus luz e cura. Descobrem o perdão, descobrem a comunidade.[5]

O inimigo me dá medo. Sou incapaz de escutar seu grito, de responder às suas necessidades. Suas atitudes agressivas e dominadoras sufocam-me. Fujo dele, ou, então, gostaria que ele desaparecesse. Mas, em comunidade, sou chamado a descobrir que o "inimigo" é uma pessoa que sofre e a tomar consciência, por seu intermédio, de minha própria fraqueza, de minha falta de maturidade e de minha pobreza interior. Talvez seja isso que eu me recuso a olhar de frente: os defeitos que eu critico nos outros são, muitas vezes, os meus próprios defeitos.

Aqueles que criticam os outros e a comunidade, e que procuram a comunidade ideal, estão, muitas vezes, fugindo de suas próprias fraquezas. Enxergam o cisco no olho do outro, mas se mostram completamente cegos para a poeira que têm nos próprios olhos. Não querem reconhecer suas próprias feridas, defeitos nem erros.

A mensagem de Jesus é clara:

Eu vos digo, amai os vossos inimigos, fazei o bem aos que

---

[5] Cf. as reflexões de Scott Peck sobre a passagem da pseudocomunidade para a comunidade, por meio do caos e do vazio (*The different drum*, Nova York, Simon and Schuster, 1984, cap. V).

vos odeiam, abençoai os que vos amaldiçoam, rezai pelos que vos maltratam. A quem vos bate num lado do rosto, oferecei-lhe o outro... Se amais somente aqueles que vos amam, o que fazeis de especial? Pois até os pecadores amam aqueles que os amam (Lc 6,27ss).

* * *

Um dos sinais do mal é a tendência a projetar nossos próprios erros nos outros. Quando não podemos ou não queremos enfrentar nosso pecado, nós nos livramos dele, acusando ou condenando os outros.

Sei que a primeira função do amor é a purificação de si mesmo. Assim que nos purificamos, pela graça de Deus, a ponto de poder, de fato, amar nossos inimigos, acontece algo muito bonito conosco. É como se as paredes da alma se tivessem tornado tão puras a ponto de ficarem transparentes; é como se uma luz especial irradiasse da pessoa.[6]

A mensagem de Jesus é clara:

A vós, que me escutais, eu digo:
amai vossos inimigos, fazei o bem àqueles que vos odeiam,
abençoai os que vos maldizem,
rezai pelos que vos difamam.
Aos que vos baterem numa face,
apresentai-lhes a outra...
Se amardes apenas quem vos ama,
que reconhecimento merecereis?
Até mesmo os pecadores são capazes disso.

Provavelmente, no Carmelo, não encontramos inimigos. De qualquer forma, existe simpatia: nós nos sentimos atraídos por uma irmã e, ao mesmo tempo, nos desviamos do nosso caminho para não encontrar uma outra. Dessa forma, sem o saber, essa última se torna objeto de perseguição. Jesus me diz que é preciso amar essa irmã, orar por ela, mesmo que o seu comportamento me leve a crer

---

[6] PECK, Scott. *People of the lie*. p. 268.

que ela não gosta de mim. "Se amardes apenas quem vos ama, que merecimento tereis? Até mesmo os pecadores são capazes disso." E não basta amar; é preciso provar isso.[7]

Na comunidade, o inimigo revela a comunidade que há dentro de nós.

* * *

COMUNIDADE, LUGAR DE PERDÃO

Enquanto não aceito ser uma mistura de luz e treva, de qualidades e defeitos, de amor e de ódio, de altruísmo e egocentrismo, de maturidade e imaturidade; e enquanto não reconheço que todos somos filhos do mesmo Pai, continuo a dividir o mundo em inimigos (os "maus") e amigos (os "bons"), a construir barreiras em volta de mim e da comunidade e a espalhar preconceitos.

Mas se admito que tenho fraquezas, defeitos e que, apesar de ter pecado contra Deus, meus irmãos e irmãs, sou perdoado e posso caminhar em direção à liberdade interior e a um amor mais verdadeiro, então, posso aceitar os defeitos e as fraquezas dos outros. Também eles são perdoados por Deus e podem caminhar em direção à liberdade e ao amor. Posso olhar cada ser humano com realismo e amor; posso começar a enxergar neles tanto a ferida que gera o medo como o dom que posso amar e admirar. Todos nós somos mortais e frágeis, mas também únicos e preciosos. Há uma esperança: todos podemos progredir em direção a uma liberdade maior. Nós aprendemos a perdoar.

* * *

Na comunidade, é fácil julgar e condenar os outros. Enquadramos as pessoas em categorias: "ele ou ela é assim ou assado".

---

[7] SANTA TERESA DO MENINO JESUS. Manuscritos autobiográficos, Col. "Livre de Vie", p. 263. Teresa Martin, também chamada Teresa de Lisieux, entrou no Carmelo aos 15 anos. Morreu com 24. A autobiografia é um dos documentos mais esclarecedores a respeito do sofrimento e da santidade da vida em comunidade.

Dessa forma, estamos lhes negando a possibilidade de crescer. Jesus nos diz para não julgar nem condenar. Esse é o pecado da vida comunitária. Se julgamos, é porque, quase sempre, há algo em nós que nos faz sentir culpados e que não queremos ver nem deixar que outros vejam. Quando julgamos, repelimos o outro, erguendo entre nós e ele um muro, uma barreira. Quando perdoamos, destruímos as barreiras e nos aproximamos dos outros.

* * *

Às vezes, julgo precipitadamente as pessoas, seus atos ou sua maneira de exercer a autoridade, sem conhecer ou ter compreendido todos os fatos e circunstâncias. É mais fácil falar a partir de nossas feridas do que do nosso centro, onde permanece Jesus. É mais fácil sublinhar as imperfeições dos outros do que o que eles têm de positivo!

Muitas vezes, quando falamos a partir de nossas feridas, é porque queremos provar que somos alguém e porque temos medo de desaparecer, de não ser reconhecidos, de perder alguma coisa. A entonação de nossa voz pode revelar raiva inconsciente, necessidade de dominar e controlar os outros, precipitação, ou tensão provocada, por um abalo interior ou por uma angústia. Não devemos surpreender-nos quando falamos a partir de nossas feridas, de nossos mecanismos de defesa, e quando julgamos os outros precipitadamente. Tudo isso faz parte de nossa humanidade ferida. Todos nós temos, em nosso íntimo, feridas e fragilidades. Tememos certas pessoas e suas idéias; temos dificuldade de ouvir os outros e de apreciá-los.

No entanto, não devemos deixar-nos dominar por nossos instintos psicológicos. É preciso aprofundar nossa vida espiritual, para nos voltarmos mais para a verdade, para o amor e para Deus, a fim de podermos falar e agir, a partir desse centro, sem julgar os outros.

* * *

Não poderemos aceitar os outros como são e perdoá-los de verdade, enquanto não descobrirmos que Deus, de fato, nos aceita como somos e nos perdoa. É uma experiência profunda sentir-se amado e acompanhado por Deus, apesar de nossas feridas e de nossa pequenez. Ao longo dos anos que vivi em comunidade, foi uma graça, um dom, poder verbalizar meus pecados e pedir perdão a um padre que me ouviu e me disse: "Eu te perdôo em nome do Pai e do Filho e do Espírito Santo". Assumir a responsabilidade por nossos pecados, pela dureza de nosso coração, e saber que fomos perdoados, nos realiza de verdade, uma vez que não temos mais razão para esconder a nossa culpa.

* * *

Só poderemos amar, de verdade, nossos inimigos e tudo o que os feriu, quando começarmos a amar o que nos feriu também. Depois de ter descoberto de que maneira extraordinária era amado por seu pai, nunca mais pôde julgar ninguém. Como poderia rejeitar alguém depois de ter visto como seu pai o aceitou com todos os seus defeitos? O primogênito, ao contrário, julgou, porque não tinha ainda assumido as próprias feridas, uma vez que elas ainda estavam escondidas no túmulo lacrado de seu ser.

Não poderemos amar verdadeiramente, com um coração universal, se não descobrirmos que somos amados por Deus, cujo coração é para todos.

* * *

A comunidade é lugar de perdão. Apesar de toda confiança que podemos ter nos outros, sempre há palavras que magoam, atitudes precipitadas, situações nas quais as sensibilidades se chocam. É nesse sentido que viver junto constitui uma cruz, um esforço constante e uma aceitação expressa no perdão mútuo, cada dia.

Se entrarmos numa comunidade sem saber que ali deveremos aprender a perdoar e a receber o perdão setenta vezes sete vezes, rapidamente nos decepcionaremos.

* * *

Todavia, perdoar não é apenas dizer a alguém que está zangado e bateu a porta ou revelou um comportamento anti-social ou *anti-comunitário*: "Eu te perdôo". Quando temos poder e uma posição importante na comunidade, é fácil "manipular" o perdão. Perdoar é também compreender o que se oculta na raiva ou no comportamento anti-social, o que esses comportamentos estão querendo dizer. Talvez essas pessoas se sintam rejeitadas. Talvez tenham a impressão de não serem ouvidas, ou se sintam incapazes de exprimir o que tem no íntimo. Talvez a comunidade seja muito rígida ou legalista demais, e inflexível em suas atitudes. Talvez haja até certa falta de amor e de verdade. Perdoar também é olhar dentro de si e ver o que é preciso mudar. Por isso, devemos pedir perdão e nos corrigir.

Perdoar é reconhecer mais uma vez — depois de uma briga — a aliança que nos une àqueles com os quais não nos damos muito bem; é abrir-se para eles e escutá-los mais uma vez; é dar-lhes espaço no nosso coração. Isso explica por que é tão difícil perdoar. É preciso também que nos modifiquemos. Precisamos aprender a perdoar, e perdoar sempre, dia após dia. Para isso, temos necessidade da força do Espírito Santo.

SER PACIENTE

Nós não somos senhores de nossa sensibilidade, de nossas atrações, de nossas repulsas, que vêm dessas profundezas do nosso ser, as quais controlamos mais ou menos bem. Tudo o que podemos fazer é esforçar-nos para não seguir essas tendências, que produzem barreiras no âmago da comunidade. Temos de esperar que o Espírito Santo nos venha perdoar, purificar, podar, cortar os ramos tortos de nosso ser. Nossa sensibilidade foi constituída de mil medos e egoísmos desde nossa infância, como também o é pelos gestos de amor e pelo dom de Deus. É uma mistura de trevas e de luz. E não é num dia que ela será endireitada. Isso exigirá mil purificações e perdões, esforços diários e, sobretudo, um dom do Espírito Santo que nos renova por dentro.

* * *

Transformar, pouco a pouco, a nossa sensibilidade, para poder começar a amar realmente o inimigo, é um trabalho árduo. Temos de ter paciência diante de nossa sensibilidade, nossos medos, e ser misericordiosos com nós mesmos. Para fazer essa passagem para a aceitação e amor do outro — de todos os outros —, temos de começar simplesmente por reconhecer nossos bloqueios, nossos ciúmes, nossa mania de comparação, nossos preconceitos e nossos ódios mais ou menos conscientes, reconhecer que somos pobres, que somos o que somos, e pedir ao Pai que nos perdoe e nos purifique.

Depois, é bom conversar com um guia espiritual que talvez possa ajudar-nos a entender o que está se passando, confirmar nossos esforços de retidão e nos ajudar a descobrir o perdão de Deus.

A partir do momento em que reconhecemos que o ramo está torto, que temos bloqueios de antipatia, é necessário que nos esforcemos para não soltar a língua, pois ela depressa semeia a cizânia, gosta de revelar as faltas e os erros dos outros, e se alegra quando pode provar que os outros não têm razão. A língua é um dos órgãos menores do corpo humano, mas pode semear a morte. Para esconder nossos defeitos, aumentamos os dos outros. Quando aceitamos os nossos defeitos, é mais fácil aceitar os dos outros.

* * *

Eis um aviso de são João da Cruz: "Nunca escute o que se fala sobre as fraquezas dos outros; e se vierem queixar-se com você, peça humildemente que se calem".[8]

Também é preciso tentar, com lealdade, ver as qualidades do "inimigo". Com certeza, ele tem algumas. Porque eu tenho medo dele, provavelmente ele também tem medo de mim. Eu tenho bloqueios; ele também deve ter. É difícil uma pessoa descobrir as qualidades de uma outra, quando existe o medo. Neste caso, é preciso um mediador, um reconciliador, que seja um artesão da paz, uma pessoa em quem se tenha confiança e que se entenda também com o nosso inimigo. Se eu confessar a uma terceira pessoa as minhas dificuldades, ela poderá ajudar-me a descobrir as qualidades do meu "inimigo", ou, pelo menos, a compreender minhas atitudes e

---

[8] São João da Cruz. *Avisos e máximas*, n. 198.

meus bloqueios. Tendo reconhecido as qualidades dela; poderei, um dia, falar bem dela. É um longo caminho que me levará, um dia, a um gesto final: pedir ao antigo inimigo um conselho ou um serviço. O fato de pedir ajuda toca muito mais do que querer ajudar ou prestar um serviço.

E durante todo esse tempo, o Espírito Santo pode nos ajudar a rezar pelo "inimigo", para que ele cresça como Deus quer, a fim de que um dia a reconciliação possa acontecer.

O Espírito Santo virá, um dia, libertar-me desse bloqueio de antipatia. Ou, talvez, me deixe continuar com esse espinho na carne, o que tanto me humilha.

Quando Paulo pede que o livre do espinho que ele tem na sua carne, Jesus lhe responde: "Basta-te a minha graça, pois minha força se manifesta na fraqueza" (2Cor 12,9).

Não se trata de ficar inquieto com esses maus sentimentos e muito menos de se sentir culpado. Trata-se de pedir perdão a Deus, como uma criança, e de prosseguir. Se o caminho for longo, não devemos desanimar-nos. Uma das funções da vida comunitária é justamente a de nos ajudar a continuar o caminho, a nos aceitar como somos, e a aceitar os outros como eles são.

A paciência, como o perdão, está no coração da vida comunitária: paciência com nós mesmos, com as leis do nosso próprio crescimento.

A esperança comunitária fundamenta-se na aceitação e no amor da realidade do nosso ser e dos outros; na paciência e na confiança necessárias para o crescimento.

* * *

"Na comunidade, há uma irmã que me desagrada sob vários aspectos: seus modos, suas palavras, sua personalidade, tudo nela me parece desagradável. No entanto, é uma santa religiosa: deve agradar muito ao bom Deus. Não querendo ceder a essa minha antipatia natural, tentei me convencer de que a caridade está nas obras e não nos sentimentos. Então, comecei a fazer por essa irmã o que faria por aqueles que mais amo. Cada vez que a encontrava, pedia ao bom Deus por ela, apontando todas as suas virtudes e seus méritos. Senti que isso agradava a Jesus..."[9]

* * *

Devemos pedir a Deus que nos ensine a amar aqueles por quem não sentimos atração e a mostrar nossos atrativos para os que querem aprender a nos amar.

Crescer no amor é tentar, cada dia, ser acolhedor, atencioso e amável com as pessoas com as quais temos mais dificuldades: nossos "inimigos", os mais pobres, os mais velhos, os mais fracos, os que mais precisam de nós, os mais sofredores, os mais marginalizados da comunidade, os que têm mais dificuldade de se adaptar ao regulamento, enfim, os mais jovens. Se formos fiéis a essas quatro prioridades do amor, o conjunto da comunidade será um oásis de amor.

A CONFIANÇA MÚTUA

No coração da comunidade está essa confiança mútua, nascida do perdão cotidiano e da aceitação das nossas fraquezas, das nossas pobrezas e também das dos outros. Mas essa confiança não nasce num dia: é preciso tempo para formar uma verdadeira comunidade. Quando alguém entra numa comunidade, sempre se põe a representar uma certa personagem, porque quer comportar-se de acordo com o que os outros esperam dele. Pouco a pouco, descobre que os outros o amam como ele é, confiam nele. No entanto, a confiança deve ser provada e crescer sempre.

Os recém-casados amam-se muito. No entanto, esse amor tem, por vezes, um elemento superficial e excitante ligado à descoberta que eles acabaram de fazer. O amor é, sem dúvida, mais profundo entre velhos cônjuges, que passaram por provas, mas sabem que o parceiro será fiel até a morte. Nada poderá desfazer sua união.

---

[9] SANTA TERESA DO MENINO JESUS. *Manuscritos autobiográficos*, col. Livre de Vie, p. 260.

Acontece o mesmo nas nossas comunidades: muitas vezes, depois de sofrimentos, de grandes dificuldades e tensões que puseram a fidelidade à prova, é que a confiança cresce. A comunidade onde há uma verdadeira confiança mútua é uma comunidade inabalável.

* * *

Descubro, cada vez mais, que a grande dificuldade para muitos de nós, que vivemos em comunidade, é a falta de confiança em nós mesmos. Temos a impressão de que não possuímos nada que seja digno de amor em nós e que se os outros nos vissem como somos, nos rejeitariam. Temos medo de tudo o que é tenebroso, de nossas dificuldades na vida afetiva ou na sexualidade. Tememos não poder amar de verdade. Passamos muito depressa da exaltação à depressão. Mas nenhum desses dois estados manifestam o que verdadeiramente somos. Como nos convenceremos de que somos amados na nossa pobreza e nas nossas fraquezas e que também nós somos capazes de amar?

Aqui está o segredo do crescimento em comunidade. Não virá de um dom de Deus, que passa, talvez, pela mediação Quando descobrimos, pouco a pouco, que Deus e os outros têm confiança em nós, é mais fácil confiar em nós mesmos, e nossa confiança nos outros pode crescer.

* * *

Viver em comunidade é descobrir e amar o segredo de nossa pessoa, naquilo que ela tem de único. É assim que nos tornamos livres. Então, não viveremos mais conforme o desejo dos outros, ou conforme uma personagem, mas sim a partir do apelo profundo da nossa pessoa, e nos tornaremos livres para poder amar os outros como eles são, não como gostaríamos que eles fossem.

O DIREITO DE SER VOCÊ MESMO

Sempre quis escrever um livro que tivesse por título *O direito de ser feio e sem graça*. Talvez fosse mais certo dizer: *o direito de ser eu mesmo*. Uma das grandes dificuldades da vida comunitária é que obrigamos, às vezes, as pessoas a serem o que não são; impomos-lhes um ideal ao qual elas têm de se adaptar. Esperamos muito delas. Logo as julgamos e lhes colocamos um rótulo. Se não conseguem identificar-se com a imagem que se faz delas, temem não ser amadas, ou, então, decepcionar. Sentem-se obrigadas a se esconder atrás de uma máscara.

Às vezes, conseguem se identificar com essa imagem e seguir o regulamento da comunidade. Superficialmente, isso pode dar-lhes a sensação de que são perfeitas. Pura ilusão! Numa comunidade, não se trata de ter pessoas perfeitas. Uma comunidade é composta de pessoas ligadas umas às outras, cada qual com uma mistura de bem e de mal, de trevas e de luz, de amor e de ódio.

A comunidade é apenas a terra em que cada uma pode crescer, sem medo, para libertar-se das formas de amor que estão ocultas dentro de si. Só pode haver crescimento se acreditamos que isso é possível. E esse crescimento só se realizará se não impedirmos as pessoas de se reconhecer e de se aceitar como são.

Elas têm o direito de ser feias, de estar cheias de trevas em seu íntimo, em seus corações, onde se escondem o ciúme e até o ódio! Esses ciúmes, essas inseguranças, pertencem à nossa natureza despedaçada. É a nossa realidade! É preciso aprender a aceitá-la, a conviver com ela sem dramas. E, pouco a pouco, ao reconhecermos que fomos perdoados, caminhar para a libertação.

Na vida de comunidade, certas pessoas vivem uma espécie de culpabilidade inconsciente; elas têm a impressão de que não são o que deveriam ser. Têm necessidade de ser confirmadas e encorajadas na confiança. Precisam sentir que podem até partilhar sua fraqueza, sem serem rejeitadas.

* * *

Há, em cada um de nós, uma parte já cheia de luz, convertida. Há também uma parte cheia de trevas. Uma comunidade não se compõe apenas de pessoas convertidas. Compõe-se de todos esses elementos que, em nós, precisam ser transformados, purificados, talhados. É feita, também, de "não-convertidos".

* * *

Teresa de Lisieux, meditando sobre o ensinamento de Jesus, — amar os outros como ele os amou —, compreendeu o quanto seu amor pelo próximo era imperfeito. Por isso, escreveu: "Vi que não os amava como o bom Deus os ama. Ah! Agora compreendo que a caridade perfeita consiste em suportar os defeitos dos outros, não se espantar com suas fraquezas, tirar proveito dos menores atos virtuosos que os vemos praticar".[10]

Amar os outros é reconhecer seus dons e ajudar a desenvolvê--los. É também aceitar suas feridas, ter paciência e ter compaixão deles. Vendo apenas os seus dons e a sua beleza, esperamos demais deles e os idealizamos; vendo apenas suas feridas, fazemos demais por eles — ou os rejeitamos —, impedindo-os de crescer.

* * *

CHAMADOS POR DEUS TAL COMO SOMOS

Podemos escolher viver numa comunidade porque ela é dinâmica, calorosa e radiante, e porque vivemos nela. Mas quando surge uma crise, com tensões e agitações, começamos a duvidar de nossa escolha: "Talvez eu me tenha enganado".

Se entramos na comunidade por escolha pessoal, só permanecemos nela se nos conscientizarmos de que foi Deus quem nos chamou. Só assim encontraremos força interior para superar os tempos de crise.

Não ocorre o mesmo no casamento? O laço se aprofunda quando o marido e a mulher tornam-se conscientes de que foi Deus quem os uniu para que fossem, um para o outro, sinal de amor e perdão.

* * *

---

[10] Idem, ibidem. p. 257.

Parker J. Palmer escreveu: "Finalmente, a comunidade é um fenômeno religioso. Não há nada que possa manter juntos seres humanos obstinados e magoados a não ser uma força transcendente".[11] Queria acrescentar que nenhuma realidade pode nos conduzir ao âmago do perdão e nos abrir aos outros, a não ser Deus que nos ama e nos perdoa.

Henri Nouwen[12] diz que a verdadeira solidão, longe de se opor à vida comunitária, é o lugar, por excelência, em que tomamos consciência de que já éramos unidos antes mesmo de vivermos juntos, e que a comunidade não é criação da vontade humana, mas uma resposta cristã à realidade da nossa união. As pessoas que há muito tempo vivem em comunidade sabem que, ao longo dos anos e dos momentos difíceis, não foram elas, pela força de sua vontade, que conseguiram superar as crises, mas sim Deus, que manteve a comunidade unida. Na verdade, não formamos uma comunidade só porque temos um projeto comum, nem só porque nos amamos, mas porque fomos chamados por Deus.

* * *

Nas comunidades cristãs, Deus parece chamar, para a mesma comunidade, pessoas humanamente muito diferentes, vindas de culturas, de classes ou de países diferentes. As comunidades mais belas são justamente o resultado dessa grande diversidade de pessoas e de temperamentos. Isso obriga cada membro a ultrapassar suas simpatias e antipatias para amar o outro, com suas diferenças. Essas pessoas nunca teriam escolhido viver juntas.

Humanamente, isso parece um desafio impossível. Justamente por isso, esses homens e essas mulheres têm a certeza de que foi Deus quem os escolheu para viver juntos. E, então, o impossível torna-se possível. Eles não se apóiam mais em suas capacidades humanas, ou em suas simpatias, mas no Pai que os chamou para viverem juntos, e que lhes dará, pouco a pouco, esse coração e

---

[11] Op. cit., p. 18.
[12] Solitude and community, *Worship*, jan. 1978.

esse espírito novos, para que se tornem testemunhas do amor. Quanto mais isso parece humanamente impossível, tanto mais é sinal de que esse amor vem de Deus e que Jesus está vivo: "Todos reconhecerão que sois meus discípulos pelo amor que tiverdes uns pelos outro" (Jo 13,35).

Jesus escolheu para viver com ele, na primeira comunidade dos apóstolos, homens profundamente diferentes: Pedro, Mateus (o publicano), Simão (o zelote), Judas... Nunca teriam andado juntos se o Mestre não os tivesse chamado. No entanto, quando estavam juntos, perdiam tempo brigando para saber quem era o maior entre eles.

A vida em comunidade não é fácil, mas torna-se possível graças ao chamado de Jesus.

* * *

Não devemos ir em busca da comunidade ideal. Trata-se de amar aqueles que Deus pôs ao nosso lado, hoje. Eles são o sinal da presença de Deus entre nós.

Talvez preferíssemos pessoas diferentes, mais alegres e mais inteligentes. Mas são estas que Deus nos deu e que escolheu para nós. É com elas que devemos criar a unidade e viver a aliança. Escolhemos sempre nossos amigos, mas não escolhemos nossos irmãos e irmãs: eles nos são dados. Assim é na comunidade.

* * *

Fico cada vez mais impressionado ao ver pessoas insatisfeitas na comunidade. Quando vivem em comunidades pequenas, gostariam de comunidades grandes, nas quais se é mais ajudado, há mais atividades comunitárias, onde se celebram liturgias mais belas e mais bem preparadas. Quando vivem em comunidades grandes, sonham com as pequenas, que lhes parecem ideais. Os que têm muito trabalho sonham com longos momentos de oração; os que têm muito tempo para si mesmos, parece que se aborrecem. Então, procuram desesperadamente uma atividade que dê sentido à própria vida.

Não é verdade que todos nós sonhamos com essa comunidade ideal, perfeita, em que estaríamos plenamente em paz, em perfeita harmonia, tendo encontrado o equilíbrio entre exterioridade e interioridade, na qual tudo seria alegria?

É difícil fazer com que as pessoas compreendam que o ideal não existe, que o equilíbrio pessoal e essa harmonia sonhada só chegam depois de anos e anos de luta e sofrimento, e que, mesmo assim, são passageiros, são apenas momentos de graça e de paz.

Se procurarmos sempre o equilíbrio, diria mesmo, se procurar-mos muito a paz, nunca a alcançaremos, porque ela é fruto do amor e, portanto, do serviço aos outros. Aos que procuram esse ideal inacessível, gostaria de dizer: "Não procurem mais a paz; onde estiverem, doem-se; parem de olhar para si mesmos e olhem para seus irmãos e irmãs que passam necessidade.

Fiquem próximos daqueles que Deus lhes der hoje. Questionem-se como podem amar melhor, neste dia, os seus irmãos e irmãs. Então, encontrarão a paz: encontrarão o repouso e esse famoso equilíbrio que procuram entre interioridade e exterioridade, entre oração e atividade, entre o tempo para si e o tempo para os outros. Tudo se resolverá no amor. Não percam tempo buscando a comunidade perfeita. Vivam plenamente na sua comunidade, hoje. Parem de ver os defeitos que ela tem; olhem antes para os seus próprios defeitos e saibam que vocês são perdoados e que podem, por sua vez, perdoar os outros e entrar, hoje, nesta conversão do amor. Rezem sem cessar".

* * *

Para ser bom instrumento do amor de Deus, deixemos de nos esgotar, de nos exaltar, viver tensos, agressivos, fechados em nós mesmos. Devemos estar repousados, unificados, apaziguados, conscientes das necessidades do nosso corpo e do nosso espírito.

Jesus diz que não há amor maior do que dar a vida. Não devemos, porém, dar a nossa vida em estado de exaltação, tensão e agressividade. Será melhor dar vidas repletas de alegria.

* * *

PARTILHE SUA FRAQUEZA

Certo dia, Colleen, que vive em comunidade há mais de 25 anos, disse-me:

> Sempre quis ser transparente na comunidade. Quis, sobretudo, evitar ser um obstáculo para o amor de Deus e dos outros. Agora, começo a descobrir outra coisa: sou um obstáculo e sê-lo-ei sempre. Mas viver em comunidade não é reconhecer que sou um obstáculo, e partilhar isso com meus irmãos e minhas irmãs, e pedir perdão?

Não existe comunidade ideal. A comunidade é feita de pessoas com suas riquezas e também com suas fraquezas e sua pobreza, que se aceitam mutuamente e se perdoam, que são vulneráveis umas em relação às outras. Muito mais do que a perfeição e a dedicação, a humildade e a confiança são os fundamentos da vida comunitária.

* * *

Aceitar nossas limitações e as dos outros é o oposto da fraqueza. Não é uma aceitação fatalista e sem esperança. É essencialmente uma preocupação com a verdade, para não viver na ilusão e poder crescer a partir do que somos, e não a partir do que gostaríamos de ser ou do que os outros gostariam que fôssemos. Só quando estivermos conscientes do que somos, do que são os outros, com nossas riquezas e nossas fraquezas, do apelo de Deus e da vida que ele nos dá, é que poderemos construir juntos alguma coisa. A forma da vida deve brotar da realidade que somos.

* * *

Quanto mais uma comunidade se aprofunda, tanto mais os seus membros se tornam frágeis e sensíveis. Às vezes, pensa-se o contrário: que eles se tornam cada vez mais fortes, porque têm confiança uns nos outros. Isso é verdade, mas não afasta essa fragilidade e essa sensibilidade que estão na raiz de uma graça nova nem faz com que nos tornemos independentes uns dos outros. Amar é tornar-se fraco e vulnerável, é tirar as barreiras, quebrar as carapaças, permitir que os outros entrem em nós, e se fazer delicado para entrar nos outros. O cimento da unidade é a interdependência. Num encontro comunitário, Didier dizia, à sua maneira:

> A comunidade constrói-se como uma casa, com todo o tipo de pedras. Mas o que segura as pedras é o cimento. E este é feito de areia e cal, que são materiais muito frágeis. Basta um ventinho e eles voam, tornam-se pó. Também na comunidade o que nos une, o nosso cimento, é o que há de mais frágil e mais pobre em nós.

* * *

A comunidade é feita de delicadeza entre pessoas, no dia-a-dia, de pequenos gestos, de atenções, serviços e sacrifícios, que são os sinais constantes das expressões: "eu te amo"; "estou feliz por estar contigo". É deixar o outro passar na frente; e, numa discussão, não tentar provar que temos razão; é carregar sobre nós mesmos os pequenos fardos, para aliviar os dos outros.

"Não deis ouvidos ao espírito partidário, à glória vã. Estimai vosso superior por humildade. Não busqueis vossos próprios interesses, mas, acima deles, os interesses dos outros" (Fl 2,3-4).

* * *

Se viver em comunidade consiste em transpor as barreiras que protegem nossa vulnerabilidade para reconhecer e aceitar nossas fraquezas e poder crescer, é normal que membros separados de sua comunidade se sintam terrivelmente vulneráveis. As pessoas que viveram todo o tempo na luta da sociedade são obrigadas a criar máscaras para esconder sua vulnerabilidade.

Às vezes, algumas pessoas que passaram muito tempo na Arca, voltando para suas famílias, descobrem em si mesmas certa agressividade que lhes é difícil aceitar. Pensavam que já a tinham superado. Começam, então, a duvidar de seu chamado e de sua personalidade profunda. A agressividade é normal. Nós não a percebíamos em comunidade, mas não se pode viver com defeitos expostos com pessoas que não os respeitam.

* * *

A COMUNIDADE É UM CORPO VIVO

São Paulo fala da Igreja — comunidade dos fiéis — como de um corpo composto de diferentes partes.

Toda comunidade é um corpo. Nós pertencemos uns aos outros. Este sentimento de pertença não vem da carne nem do sangue, mas de um chamado de Deus: somos chamados pessoalmente para viver juntos, para fazer parte da mesma comunidade, do mesmo corpo. Este apelo é o fundamento da nossa decisão de nos engajarmos, tornando-nos responsáveis uns pelos outros.

> Assim como num só corpo temos vários membros e esses membros não têm todos a mesma função, assim, ainda que sendo vários, somos um só corpo em Cristo, sendo todos, e cada um, membros uns dos outros (Rm 12,4-5).

Neste corpo, cada um tem uma função:

> O pé precisa da mão — diz são Paulo —, o ouvido e os olhos completam o olfato... e os membros do corpo que parecem ser os mais fracos são os mais necessários. Deus dispôs o corpo de tal forma que aqueles que parecem menos dignos de honra são os que cercamos de maior honra, para que não haja divisão no corpo, mas que todos tenham igual solicitude uns com os outros. Se um membro sofre, todos os membros compartilham seu sofrimento; se um membro é honrado, todos os membros compartilham a sua alegria (1Cor 12,22-26).

E neste corpo cada um tem um dom diferente a exercer,

> segundo a graça que nos foi dada. Quem tem o dom da profecia, que o exerça segundo a proporção de sua fé. Quem tem o dom do serviço, o exerça servindo; quem o do ensino, ensinando; quem o da exortação, exortando. Aquele que distribui seus bens, que o faça com simplicidade; aquele que preside, com diligência, aquele que exerce misericórdia, com alegria (Rm 12,6-8).

Este corpo, que é a comunidade, deve agir e irradiar amor, para a obra do Pai. Deve ser, ao mesmo tempo, um corpo que reza e que tenha misericórdia, para curar e dar vida aos que sofrem, sem esperança.

EXERCER SEU DOM

Pôr em prática o próprio dom é construir a comunidade. Não ser fiel a isso é prejudicar toda a comunidade e cada um dos seus membros. Por isso, é importante que cada um conheça os próprios dons, os ponha em prática e se sinta responsável pelo seu crescimento. É necessário que seu dom seja reconhecido pelos outros e que você lhes preste contas do como o faz frutificar. Os outros precisam deste dom e devem encorajar quem o possui a ser fiel a ele e a fazê-lo crescer. Cada um encontra seu lugar na comunidade, de acordo com o dom que possui. É assim que cada qual torna não só útil, mas único e necessário aos outros. Só assim, as rivalidades e os ciúmes desaparecem.

* * *

Elizabeth O'Connor, no seu livro *Eighth Day of Creation*,[13] dá exemplos claros desta doutrina de são Paulo. Ela conta a história de uma senhora idosa que tinha entrado em sua comunidade. Um grupo de pessoas, com ela, tentava descobrir o próprio dom. Essa senhora pensava que não possuía nenhum. Seus companheiros insistiam, para consolá-la: "Tua presença é teu dom". Mas ela não ficava satisfeita. Alguns meses mais tarde, ela própria o descobriu: seu dom era colocar cada membro da comunidade, nominalmente, diante de Deus, numa oração de intercessão. Quando ela comunicou sua descoberta aos outros, encontrou seu lugar vital na comunidade. Os outros sabiam que precisavam dela e de sua oração para melhor exercer os próprios dons.

Ao ler esse livro, verifiquei quão pouco nós, na Arca, partilhamos os nossos dons para nos ajudar a construir a comunidade;

---

[13] Waco, Texas, Word Books Editor.

quão pouca consciência temos de depender uns dos outros e quão pouco nos encorajamos a ser fiéis aos nossos dons.

O ciúme é um dos flagelos que destroem a comunidade. É conseqüência de ignorarmos nossos dons ou de não acreditarmos suficientemente neles. Se estivéssemos bem convencidos dos nossos dons, não teríamos ciúmes dos dons dos outros, que sempre nos parecem melhores.

* * *

Muitas comunidades formam (deformam?) seus membros para fazer com que sejam todos semelhantes, como se isso fosse uma qualidade baseada na abnegação. Tais comunidades são fundadas na lei, no regulamento. Pelo contrário, é preciso que cada um cresça no exercício de seus dons, para construir a comunidade, torná-la mais bela, mais irradiante, mais sinal do Reino.

E não devemos só olhar os dons exteriores, os talentos. Há dons ocultos, muito mais profundos, ligados aos dons do Espírito Santo e ao amor, e que devem florescer.

* * *

Há pessoas que têm talentos fora do comum: são escritores, artistas, administradores competentes. Tais talentos podem tornar--se dons. Às vezes, a personalidade da pessoa está tão ligada a sua atividade, que se criam maus hábitos. Desses modo, esses talentos são exercidos mais ou menos para a glória pessoal, para à pessoa se afirmar e dominar. Em tais casos, é melhor que ela não use seus talentos na comunidade, pois ela teria dificuldade demais em fazê--lo para o bem dos outros. É preciso que ela descubra um dom mais profundo.

Por outro lado, há outras pessoas que são bastante maleáveis e abertas ou com uma personalidade menos formada ou enrijeci-da. Poderão utilizar sua competência como um dom a serviço da comunidade.

Atualmente, há comunidades onde encontramos não apenas variedade de dons, mas também várias condições de vida. Nas comunidades da Arca, há pessoas casadas e solteiras, casadas, mas separadas, e outras que não são casadas, mas têm filhos. Cada situação é diferente da outra, mas todas são partes do todo e igualmente essenciais para seu crescimento. Todas devem ser respeitadas, encontrar seu lugar e seu alimento, e, dessa forma, ser ajudadas a crescer. Quando nos comparamos com os outros, surgem os ciúmes. Realmente, temos necessidade da força do Espírito Santo para aceitar o que nos foi dado e o que foi dado aos outros.

* * *

Todo problema numa comunidade cristã reside no fato de que cada membro se torne elo indispensável da mesma corrente: só quando os elos estão bem ligados, mesmo o menor, é que uma corrente não pode ser quebrada. A comunidade que tolera membros inúteis faz sua ruína com as próprias mãos. Por isso é que deverá ter o bom senso de confiar a cada um uma tarefa especial, para que ninguém se sinta inútil. Toda comunidade cristã deve saber que não são apenas os fracos que precisam dos fortes, mas também os fortes não podem viver sem os fracos. Eliminar os fracos significa fazer morrer a comunidade.[14]

* * *

Dom é o que cada membro traz para a edificação da comunidade. Se alguém não for fiel ao seu dom, faltará alguma coisa na construção.

* * *

São Paulo insiste na importância dos carismas nesta construção. Mas há outros ligados à qualidade do amor. Bonhoeffer, no seu livro *De la Vie Communautaire*,[15] fala dos diferentes ministérios que são necessários à comunidade: o de não falar, o da humildade e da doçura, o calar diante das críticas, o de escutar, o de estar sempre pronto a prestar pequenos serviços, o de suportar os irmãos,

---

[14] BONHOEFFER, Dietrich. *De la Vie Communauttaire*. Foi vivante, n. 83, p. 95.
[15] Ibid., p. 91.

o de perdoar, o de proclamar a palavra, o de dizer a verdade e, finalmente, o ministério da autoridade.

* * *

O dom não está necessariamente ligado a uma função. Pode ser a qualidade do amor que anima uma função, como pode ser uma qualidade do amor manifestada na comunidade, fora de toda função. Há aqueles que têm o dom de perceber imediatamente e de viver o sofrimento dos outros: é o dom da compaixão. Outros têm o dom de sentir quando algo vai mal e são capazes de logo apontá-lo. Esses têm o dom do discernimento. Alguns têm o dom de ver com clareza o que se refere às opções fundamentais da comunidade; outros têm o dom de animar e criar um clima propício para a alegria, para o discernimento e o crescimento dos demais membros. Há os que têm o dom de discernir o que há de bom nas pessoas e ajudar; outros têm o dom da acolhida. Cada membro tem um dom e deve poder exercê-lo para o bem e o crescimento de todos.

Contudo, existe também, no mais íntimo da pessoa, sua união profunda e secreta com Deus, seu esposo, que corresponde ao seu nome secreto e eterno.

É verdade que somos feitos para ser alimento uns para os outros (e cada um é um tipo diferente de alimento), mas somos, sobretudo, feitos para viver esta relação única com nosso Pai, em seu Filho Jesus. O dom é como a irradiação dessa união secreta; provém dela e, ao mesmo tempo, a prolonga.

* * *

A comunidade é o lugar no qual cada pessoa se sente livre para ser ela mesma, expressar-se e dizer, com toda a confiança, o que vive e o que pensa. Nem todas as comunidades chegam a este ponto. Mas é preciso que se inclinem para isto. Enquanto alguns tiverem medo de se expressar, medo de ser julgados ou considerados idiotas, medo de ser rejeitados, é sinal de que precisam progredir. No coração da comunidade deve haver uma escuta cheia de respeito e de ternura que desperte no outro o que há de mais belo e de mais verdadeiro.

Expressar-se não é simplesmente dizer o que vai mal, numa comunidade, as frustrações ou raivas. Às vezes é bom falar sobre isso. Expressar-se é manifestar as motivações profundas e o que cada um está vivendo. É, muitas vezes, o modo de exercer o próprio dom para alimentar os outros e ajudá-los a crescer.

* * *

Em quase todas as comunidades que conheço, especialmente nas mais antigas, há marginalizados. Quero dizer, há pessoas que não se adaptam totalmente à comunidade e que têm dificuldade em encontrar seu lugar no conjunto. Talvez porque estejam sempre zangadas ou deprimidas, ou porque se fecham em si mesmas e recusam qualquer diálogo. Sentem-se inúteis, não amadas, não reconhecidas, perseguidas. Acham que ninguém lhes dá responsabilidades. Mas quando lhes sugerem uma, recusam-na. De um jeito ou de outro, se sentem angustiadas e se isolam, porque não se sentem únicas para ninguém. E como não podem aceitar a realidade de sua inadaptação, precisam culpar alguém por ela. E esse alguém é a comunidade. O sofrimento dessas pessoas é grande. A natureza não as dotou de um temperamento fácil. Todavia, são filhas de Deus, nossos irmãos e irmãs. Ele pode trabalhar nelas e por meio delas, apesar de suas dificuldades e de seus conflitos, para o crescimento da comunidade. Elas também têm dons a oferecer. Seus gritos podem, muitas vezes, ser proféticos, e os demais membros devem estar atentos para escutá-las.

Não devemos "psiquiatrizar" precipitadamente essas pessoas. Devemos aprender a amá-las e a ajudá-las, particularmente escutando o que elas têm a dizer. Algumas delas podem precisar da ajuda de um profissional, mas não podemos propô-lo sem que a pessoa peça, ou apenas por sugestão da comunidade. Ajudemo-nos, por meio do perdão diário, a aceitar esses marginalizados. É bom sinal quando o corpo da comunidade consegue assumir essas pessoas sem se sentir culpado e sem culpá-las. É claro que é necessário haver muitas pessoas contentes e satisfeitas na comunidade para que possam apoiar essas outras.

Numa comunidade, antes das leis e do regulamento, são as pessoas e seu crescimento que contam. Os responsáveis devem saber manter um equilíbrio perfeito entre o respeito às pessoas, com suas feridas e dificuldades, e o respeito às leis e à estrutura. As leis e as estruturas são necessárias, mas devem permitir exceções, quando a situação o exigir. São as leis que estão a serviço da vida das pessoas e do desenvolvimento de seus dons. Não o contrário!

* * *

Muitas vezes, nas comunidades, encontro pessoas que sofrem, porque têm a impressão de terem sido postas de lado. Depois de serem responsáveis durante anos, têm dificuldade em encontrar seu novo lugar na comunidade. Carregam o luto de sua responsabilidade perdida. Elas precisam descobrir que todos nós estamos na comunidade não por esta ser maravilhosa nem pelo desabrochar interior que proporciona às pessoas, mas porque Deus nos chamou. Elas descobrirão (espero) que, mediante seus sofrimentos, Jesus as chama para uma nova e mais profunda intimidade com o Pai, e que essa é a hora de vivenciar o dom. Não é esse, no fundo, o objetivo de cada um de nós? Se não compreendermos esse novo dom, se não descobrirmos o caminho da ressurreição por meio da humildade, do sofrimento e de uma experiência nova do amor de Deus, permaneceremos apenas na amargura e na humilhação da cruz.

Quando assumimos uma responsabilidade "com sucesso", quando somos admirados e considerados, podemos esquecer que a comunhão com Jesus e o Pai é nosso objetivo, nossa fonte de paz. Podemos, de certa maneira, nos distanciar da confiança em Deus, substituindo-o pela comunidade. Então, ela deixa de ser o lugar em que o amor vem de Deus e a ele retorna, em que sua vida se manifesta, para ser um fim em si mesma. A manifestação da vida de Deus se dá sempre mediante a nossa pobreza e impotência.

Logicamente, os responsáveis pela comunidade e os conselhos comunitários não devem "espiritualizar" seus próprios erros, suas injustiças ou sua falta de amor, dizendo que as pessoas que sofrem devem obedecer, carregar a própria cruz e rezar. Os responsáveis devem aprender a retificar seus erros e suas injustiças. Devem cuidar para que essas pessoas encontrem ajuda espiritual da qual precisam e possibilidade de continuar a exercer o próprio dom. Para isso, precisam realmente ter compaixão e ser criativos.

DE "A COMUNIDADE PARA MIM" AO "EU PARA A COMUNIDADE"

Uma comunidade só é tal quando a maioria dos seus membros estiver fazendo a passagem de "a comunidade para mim" ao "eu para a comunidade", quer dizer, quando o coração de cada membro estiver se abrindo para os demais, sem excluir ninguém. É a passagem do egoísmo para o amor, da morte para a ressurreição: é a páscoa, a passagem do Senhor, e também a passagem de uma terra de escravidão para a terra prometida: a da libertação interior.

A comunidade não é co-habitação, isto é, um quartel ou um hotel. Ela não é uma equipe de trabalho e, muito menos, um ninho de víboras. É o lugar no qual cada membro, ou melhor, o lugar em que a maioria (temos de ser realistas!) está saindo das trevas do egocentrismo para a luz do amor verdadeiro. Este não é sentimentalismo nem emoção passageira. É o reconhecimento de uma aliança, de uma pertença mútua; é escutar e se sentir tocado pelo outro, em profunda comunhão com ele; é ver a beleza dessa aliança e revelá-la ao outro; é responder aos seus chamados e necessidades mais profundas; é compartilhar, sofrer com ele, chorar quando ele chora, alegrar-se quando ele se alegra. Amar é também ficar feliz com a presença do outro, e triste com sua falta. É se proteger mutuamente. "O amor é uma força unificadora", diz Dionísio, o areopagita.

Se o amor é estar voltado um para o outro, é também voltar juntos para as mesmas realidades; é esperar e querer as mesmas coisas; é comungar da mesma visão, do mesmo ideal. É querer que o outro se realize plenamente, segundo os caminhos de Deus e a serviço dos outros; é querer que ele seja fiel ao seu chamado e livre para amar com todas as dimensões do seu ser.

Temos aqui os dois pólos da comunidade: um sentimento de pertencer um ao outro, mas também um desejo que o outro progrida sempre mais longe no seu dom a Deus e aos outros; que ele seja mais luminoso, esteja mais profundamente na verdade e na paz.

Para que o coração faça essa passagem do egoísmo ao amor, de "a comunidade para mim" ao "eu para a comunidade" e a comunidade para Deus e para aqueles que dele precisam, é necessário tempo e muitas purificações, mortes constantes para ressurreições novas. Para amar, é necessário morrer incessantemente para as próprias idéias, suscetibilidades e para o próprio conforto. O caminho do amor é tecido de sacrifícios. As raízes do egoísmo são profundas no nosso inconsciente; são, muitas vezes, nossas primeiras reações de defesa, de agressividade, de procura de prazer pessoal.

Amar não é somente um ato voluntário que se toma sobre si, para controlar e ultrapassar a própria sensibilidade (isso é só um começo). Amar é ser sensível e ter um coração purificado que se volta espontaneamente para o outro. E essas purificações profundas são um dom de Deus, uma graça que brota do mais profundo de nós mesmos, lá onde habita o Espírito. "Tirarei de vosso peito o coração de pedra e dar-vos-ei um coração de carne, porei em vós o meu espírito" (Ez 36,26).

Jesus prometeu-nos enviar o Espírito Santo, o Paráclito, para nos comunicar esta energia nova, esta força, esta qualidade de coração que faz acolher o outro verdadeiramente — mesmo o inimigo — como ele é: suportar tudo, crer tudo, esperar tudo. Aprender a amar é tarefa para a vida toda, pois é preciso que o Espírito penetre todos os cantos e recantos do nosso ser, onde se encontram os medos, os temores, as defesas, os ciúmes.

* * *

Em seu último discurso aos apóstolos, Jesus lhes pediu, por três vezes, para serem um só, como ele e o Pai são um: "Que eles sejam consumados na unidade". Às vezes, essas palavras são aplicadas aos cristãos de diferentes igrejas. Mas antes de tudo se aplicam à unidade de todas as pessoas e dos membros das comunidades. É para essa unidade que as comunidades devem caminhar: "Um só coração, uma só alma, um só espírito".

Há um dom especial que é preciso pedir ao Espírito Santo: o dom da unidade e da comunhão em toda a sua profundidade e implicação. É um verdadeiro dom de Deus ao qual temos direito e dever de aspirar.

Esse dom da comunidade, esse dom da unidade, vem do fato de cada membro ser si mesmo, viver inteiramente o amor e exercer seu dom único e diferente do dos outros. Assim, a comunidade é uma unidade, pois está totalmente sob ação do Espírito Santo.

A prece de Jesus é surpreendente. Sua visão vai muito além do que todos podemos imaginar ou desejar. A unidade do Pai e do Filho é total, substancial. Toda comunidade deve caminhar para essa unidade, que só se realiza no plano místico, pelo e no Espírito Santo. Vivendo na Terra, a única coisa que podemos fazer é caminhar humildemente em direção a ela.

* * *

Uma comunidade não é apenas um grupo de pessoas que vivem juntas e se amam. É um lugar de ressurreição, uma corrente de vida: um coração, uma alma, um espírito. É formada por pessoas muito diferentes que se amam, movidas pela mesma esperança e celebrando o mesmo amor. É daí que vem a particular atmosfera de alegria e de acolhimento que caracteriza a verdadeira comunidade.

> Por isso eu vos convoco, por tudo o que pode haver de apelo urgente em Cristo, de persuasão no amor, de comunhão no Espírito, de terna compaixão: dai-me a alegria máxima, unindo vossos sentimentos: tende um só amor, uma só alma, um só sentimento (Fl 2,1-2).

"A multidão de crentes possuía um só coração e uma só alma. Ninguém tomava para si o que lhe pertencia. Entre eles, tudo era de todos" (At 4,32).

Essa atmosfera de alegria existe, porque cada um se sente livre para ser si próprio naquilo que tem de mais íntimo. Não temos necessidade de representar, de tentar ser melhores do que os outros, de fazer proezas para ser amados. Não temos necessidade de esconder toda uma parte de nós, atrás de barreiras e máscaras. Nós nos tornamos vulneráveis aos outros, porque nos tornamos vulneráveis a Deus. Descobrimos que podemos ser amados pelo que somos, e não por nossas capacidades intelectuais ou manuais. Quando alguém descobre suas barreiras e os medos que o impedem de ser si mesmo, que impedem a vida do Espírito Santo de penetrar em seu ser, destrói tudo isso: essa pessoa torna-se mais simples. Ser simples é ser você mesmo, sabendo que os outros o amam como você é. É reconhecer-se com suas qualidades e defeitos. Ser simples é deixar o amor de Deus e sua luz brilhar em nós, de acordo com a nossa vocação e os nossos dons.

* * *

A sabedoria da verdadeira comunidade parece, às vezes, milagrosa... Em certos momentos, ela me parece obra do Espírito de Deus e de intervenções divinas. Essa é uma das razões pelas quais a alegria faz parte da atmosfera da comunidade. Por um momento, temos a impressão de ser, de certa forma, transportados para longe da banalidade das ocupações cotidianas. É como se o céu e a Terra se encontrassem.[16]

Quando os membros de uma comunidade vivem em comunhão e os pobres são o centro de suas vidas, a comunidade é como um sinal do Reino de Deus, um sinal da sua presença.

Jesus veio revelar à humanidade que Deus não é um ser solitário, eterno, que contempla sua própria glória; que ele não é apenas o extraordinário Criador de um universo maravilhoso e, ao mesmo tempo, cheio de sofrimento. Deus é uma comunidade de três Pessoas, em comunhão, que se dão completamente umas às outras.

Deus criou o homem e a mulher como sinal da Trindade, para viverem em comunhão e, dessa forma, refletirem o seu amor. Ele

---

[16] Peck, Scott. *The Different Drum.* Nova York, Simon and Schuster, p. 76.

deseja muito comunidades que sejam sinal dessa comunhão entre o Pai, o Filho e o Espírito Santo. "Que eles sejam um, como o Pai e eu somos um" (Jo 17,11).

Para além dos laços humanos e naturais, tão fortes e estreitos, apresenta-se à luz da fé um novo modelo de unidade do gênero humano, no qual a solidariedade deve se inspirar fundamentalmente. Esse modelo de unidade suprema reflete a vida íntima de Deus em três pessoas, e é isso o que nós, cristãos, chamamos de comunhão.[17]

No coração da comunidade do Reino se encontra o "sim", divino e humano, à vida, que é um "sim" ao viver em grupo. Vista nesse contexto, a Trindade não é um símbolo estático, mas uma maneira de exprimir a estreita interdependência entre as três Pessoas. O verdadeiro encontro e a troca entre Pai, Filho e Espírito Santo sempre foram, e sempre serão, necessariamente, um brotar contínuo. Estamos envolvidos numa troca de vida, porque Deus também é isso. Fazemos parte de um processo de transformação e existência, porque Deus, de uma maneira profunda que permite a vida, também está envolvido.

Esta troca contínua de vida divina com vida divina, de vida humana com vida humana, significa que a comunidade do Reino é caracterizada pela divisão de tudo que somos e do que temos, o que implica dividir o amor.[18]

---

[17] João Paulo II. Encíclica *Sollicitudo rei socialis*, n. 40.
[18] Clark, David. *Yes to Life*. Londres, Fount Paperbacks, 1987. p. 54.

CAPÍTULO

2

A caminhada para a aliança

NASCE A ESPERANÇA

Percebo que há um número cada vez maior de pessoas que vivem em comunidade e que são ainda imaturas no plano afetivo. Talvez tenham sentido a falta de um ambiente afetivo caloroso quando pequenas e, sobretudo, de relacionamento autêntico e confiante com os pais. Em busca de afeto, elas se atrapalham, sentem-se perdidas, principalmente no campo dos valores e da sexualidade. Essas pessoas precisam da comunidade, de uma nova família, a fim de crescer para uma maior maturidade, para se curar e encontrar unidade interior. Precisam de um ninho que dê segurança, de um meio afetivo, acolhedor, no qual possam criar relações profundas sem perigo; precisam também de anciãos que lhes dediquem algum tempo.

Alguns jovens resolverão seus problemas e descobrirão o sentido de suas vidas numa comunidade. A partir de então, irão embora para se estabelecer em outros lugares. Outros permanecerão na comunidade, que será para eles a terra em que poderão crescer e produzir frutos. Mas entre o primeiro chamado à vida em comunidade e a fixação definitiva, existem muitas etapas, momentos de dúvida e crises de toda espécie. A fixação definitiva é o *reconhecimento e a aceitação de uma aliança*, de um laço que Deus estabelece entre as pessoas. Portanto, um laço santo e sagrado. Essa aliança entre pessoas tem por trás de si o laço entre cada um e Deus.

* * *

Nosso mundo precisa, cada vez mais, de comunidades intermediárias, ou seja, lugares de vida onde as pessoas podem permanecer e encontrar certa libertação interior, antes de se decidirem. Não podem, ou não querem ficar na família, não estão satisfeitas com uma vida solitária num apartamento, num hotel ou numa república de jovens. Precisam de um lugar em que possam encontrar essa libertação interior, mediante uma rede de relações e de amizades, ser verdadeiramente o que são, sem procurar parecer ou pretender ser diferentes do que são.

Nessas comunidades intermediárias, elas encontram um trabalho que dê sentido a suas vidas e conseguem despojar-se do que há em seu interior e que as impede de encontrar seu ser profundo. Quando descobrem que são amadas por Deus e pelos outros, e são capazes de fazer coisas bonitas para eles, então começam a encontrar-se com o que têm de mais íntimo em si mesmas. A partir desse momento, ficarão livres para escolher e formular um projeto realmente pessoal, que não seja nem o projeto de seus pais, ou de seus familiares, nem o oposto a esse, mas um projeto nascido de uma verdadeira escolha de vida, que responda a uma aspiração ou a um apelo.

Para que uma comunidade possa ser o "lugar intermediário", é preciso que tenha um certo número de pessoas para quem é um lugar definitivo. Muitos jovens vêm para a Arca depois de terem terminado os estudos, a universidade ou um trabalho que não os satisfazia mais. Estão à procura de algo. Depois de alguns anos, descobrem quem são verdadeiramente e o que desejam. Podem entrar, então, numa comunidade mais especificamente religiosa, ou casar-se, ou voltar a um trabalho ou aos estudos para os quais, agora, se sentem motivados.

Outros escolhem permanecer na Arca. A comunidade não é apenas o lugar da cura, um lugar no qual se sentem bem felizes, mas o lugar em que decidiram lançar suas raízes, porque descobriram o apelo de Deus e o sentido desta vida comunitária com pessoas deficientes. Seu projeto pessoal confunde-se com o projeto da comunidade. Não se sentem mais questionados pelo projeto de outras pessoas de deixar a comunidade. Também eles têm seu projeto pessoal: permanecer na comunidade.

* * *

Sim, hoje está para nascer uma nova esperança. Alguns sonham com uma civilização cristã como outrora; são sonhos de cavalaria; sentem as potências do egoísmo, do ódio e da violência que penetram em toda parte e gostariam de introduzir no lugar desses sentimentos o comportamento cristão e os valores tradicionais.

Outros querem aproveitar-se dessas forças de violência para pôr fim ao velho mundo, o mundo da propriedade privada e das riquezas ditas burguesas, e construir alguma coisa nova.

Há, finalmente, os que vêem nas rachaduras da nossa civilização as sementes de um mundo novo, solidamente estabelecido sobre valores evangélicos: a não-violência e a comunidade fundada sobre o amor de Jesus.

O individualismo e a técnica foram longe demais; as ilusões de um mundo melhor baseado na economia e na tecnologia esvaem-se. Por meio dessas fendas, certos corações humanos renascem e descobrem que há neles — não fora deles — uma esperança: eles podem, hoje, amar e criar uma comunidade, porque crêem em Jesus Cristo. Está-se preparando uma renascença. Em breve, nascerá uma imensidão de comunidades fundamentadas na adoração e na presença aos pobres, ligadas entre si e às grandes comunidades renovadas que estão caminhando há anos e, às vezes, há séculos. Sim, uma Igreja nova está para nascer.

* * *

Em nosso mundo de hoje, em que há tantas infidelidades, casamentos desfeitos, relações cortadas, filhos brigados com os pais, pessoas que fizeram votos e não os cumpriram, é preciso que, cada vez mais, nasçam comunidades, sinais de fidelidade.

Comunidades provisórias de estudantes, de amigos, que se juntam por uns tempos, podem ser sinais de esperança. Mas comunidades em que os membros vivem uma aliança com Deus, entre si e, sobretudo, entre eles e os pobres que os rodeiam, são ainda mais importantes. Tornam-se sinais da fidelidade de Deus.

A palavra hebraica *héséd* expressa duas realidades: fidelidade e ternura. Em nossa civilização, podemos ser ternos, mas infiéis, como podemos ser fiéis sem ternura. O amor de Deus é, ao mesmo tempo, ternura e fidelidade. Nosso mundo espera comunidades de ternura e de fidelidade. Elas estão para nascer.

UM APELO ÀS FAMÍLIAS

Atualmente está nascendo uma grande esperança. Encontro, cada vez mais, casais e famílias que descobrem que sua vida de trabalho é desumana. Ganham muito dinheiro, é verdade, mas pagam isso com sua vida familiar. Voltam para casa tarde da noite, os fins de semana estão freqüentemente ocupados com encontro de negócios, os espíritos tomados pelo mundo do trabalho; têm dificuldade para viver em paz, na família. Crêem que, ao se tornarem hiperativos, estão negligenciando o que há de mais profundo neles.

Certas pessoas ficam presas a essa engrenagem que as leva para a promoção profissional; têm medo de largar alguma coisa, pois correm o risco de não encontrar mais um trabalho adequado, e não querem perder as vantagens materiais. Outras, porém, vêem a gravidade da situação; seu amor pela família e seu desejo de Deus são maiores que o desejo de possuir e de ter prestígio no plano profissional. Procuram uma vida mais humana e mais cristã. Sonham viver em comunidade.

Antes, porém, de se comprometerem, seria útil que examinassem suas motivações. É um trabalho desumano que querem deixar? É uma vida familiar mais calorosa que desejam? Ou é realmente a vida comunitária, com todas as suas exigências, que elas procuram? Seria melhor que começassem a procurar um trabalho mais simples, menos remunerado, mas que lhes desse mais tempo livre, para poder ver onde está seu coração. Talvez possam, então, comprometer-se mais no bairro e na paróquia, ou numa comunidade de prece que se reúna regularmente. Uma vez encontrado um novo equilíbrio da vida, poderão sonhar em deixar seu trabalho e em fazer parte de uma comunidade. Não será, então, mais um sonho, mas realização de toda uma evolução natural.

* * *

Para todos os pais que querem seguir Jesus e viver em comunidade, um dos maiores sacrifícios é aceitar um salário mais baixo do que o que poderiam receber, se não estivessem em comunidade. Isso significa a impossibilidade de dar a seus filhos as mesmas condições financeiras e as mesmas possibilidades que eles próprios tiveram quando eram jovens. Não podemos ter tudo!

Se seguimos Jesus, devemos aceitar as conseqüências de nossa escolha. Talvez as crianças dessas famílias não tenham vantagens materiais, mas terão descoberto a comunidade, o que é um magnífico dom!

* * *

Sob muitos ângulos, a comunidade se parece com uma família. São, porém, duas realidades bem distintas. Para fundar uma família, duas pessoas escolhem-se uma à outra e prometem fidelidade mútua. E é a fidelidade e o amor delas que dão paz, saúde e crescimento aos filhos, frutos desse amor. Quando se entra para uma comunidade, não se promete fidelidade a uma pessoa. As funções parentais (os responsáveis) mudam com as instituições, e a pessoa não se compromete a viver sempre com as mesmas pessoas.

Pode ser maravilhoso para uma comunidade receber famílias, da mesma forma que pode ser maravilhoso para ela participar de uma comunidade. No entanto, uma família já é uma pequena comunidade; sua dinâmica e originalidade devem ser respeitadas. É preciso que elas possam forjar sua unidade. Um casal não é formado por dois celibatários que vivem lado a lado, mas por duas pessoas que se tornam uma só.

* * *

Tenho oportunidade de encontrar casais que pedem para vir à Arca. Às vezes, o marido é todo entusiasta e cheio de ideal. Noto, porém, que a mulher é mais reservada. Pergunto-lhe, então, se ela quer, realmente, essa vida na Arca. Ela responde que ama muito o seu marido e que está pronta a fazer o que ele deseja. Essa situação não é boa. Para que um casal possa comprometer-se numa comunidade, é necessário que os cônjuges o desejem realmente, sem nenhuma reticência, sejam muito unidos entre si e tenham ultrapassado as diferentes crises dos primeiros anos de casamento. Caso contrário, ao entrarem em comunidade, poderão encontrar muitos pretextos para não resolver essas crises. Freqüentemente, projetam suas próprias dificuldades na comunidade. Se algo vai mal entre eles, atribuirão isso à comunidade.

Atualmente, aumenta, cada vez mais, o número de famílias que se sentem chamadas a viver em comunidade, quando isso lhes é possível. Desejam participar deste modo de vida, de uma aliança com os pobres e com Jesus.

Para a Arca, é uma riqueza receber essas famílias. A maioria delas não consegue viver em um mesmo lar com pessoas deficientes, porque tem necessidade de seu próprio lar. Sendo ela própria uma comunidade, a família nunca deve ser sacrificada em favor de uma comunidade maior. No entanto, mesmo que não possam viver, por tempo integral, com os deficientes, sua presença na comunidade é importante. Por meio de seu amor, de sua maturidade afetiva, da presença das crianças, trazem muita coisa aos fracos e a todos os outros. A maneira como vivem sua aliança é sinal de amor para a comunidade e o mundo. Toda família unida é símbolo de esperança e de ressurreição.

* * *

OUTROS CAMINHOS

Há pessoas que têm dificuldades de viver com outras. Precisam de muita solidão, de um grande sentimento de liberdade e, sobretudo, de ausência de tensões. É necessário, de maneira absoluta, que não sofram pressões; caso contrário, reagirão com depressão ou agressividade. São, muitas vezes, pessoas muito sensíveis e delicadas, que têm, quem sabe, uma grande riqueza de coração. Contudo, não conseguem suportar as dificuldades da vida comunitária. São, antes, chamadas a viver sozinhas ou com alguns amigos privilegiados. Por não serem chamadas a uma vida comunitária, no senso restrito da palavra, não devem pensar que são pessoas sem dom, sem vocação. O seu dom é outro. São chamadas a testemunhar o amor de um outro modo. Vivem uma certa vida comunitária com os amigos ou os grupos com os quais se encontram regularmente para rezar e partilhar.

* * *

É verdade que algumas pessoas são chamadas por Jesus para viver numa comunidade, a fim de fazerem brilhar nela a esperança e o amor. Mas, como o jovem rico do Evangelho, não têm coragem de fazê-lo e desistem, uma vez que não conseguem deixar seus projetos pessoais nem suas riquezas.

Outras pessoas — a maioria — vivem a comunidade em sua vida familiar; às vezes, participam também de uma comunidade maior que encontram de tempos em tempos. Pode ser um grupo de prece ou o "Fé e Luz", alguma outra comunidade, ou até a comunidade da paróquia.

Outros, ainda, não têm família ou são separados. Não fazem parte de nenhuma comunidade. Sua paróquia não os atraem; então, eles se sentem sós. Talvez ao visitarem, com amigos, pessoas doentes, idosas, deficientes ou solitárias, possam criar laços que serão o começo de uma comunidade.

Finalmente, há pessoas que se sentem sós ou incapazes, por uma ou outra razão, de entrar para uma comunidade. Parece que Jesus as chamou para uma vida de preces solitárias: são os eremitas de nosso tempo, escondidos em pequenos apartamentos ou em instituições. Oferecem seus corações feridos a Jesus para que os preencha com sua presença. Para eles, é importante encontrar um bom guia espiritual que lhes dê apoio e os ajude a não viver de sonhos nem de ilusões, mas na realidade de Jesus.

* * *

Muitos procuram a comunidade por medo da solidão. São incapazes de isolamento, por isso buscam a companhia dos outros. Também alguns cristãos, que não suportam ficar sozinhos depois de certas experiências negativas, esperam encontrar ajuda na companhia de outras pessoass. Na maioria das vezes, se decepcionam e acusam a comunidade, quando deveriam acusar a si próprios. A comunidade cristã não é um sanatório espiritual... Quem não for capaz de viver sozinho, que se abstenha da vida comunitária... Todavia, o contrário também é verdadeiro: quem não for capaz de viver em comunidade, afaste-se também da solidão.[1]

* * *

Uma pessoa solitária pode formar uma comunidade de amigos, não para viver juntos, mas para se apoiar mutuamente e se responsabilizar uns pelos outros.

* * *

Ao ouvir Tereza, por ocasião de um retiro, percebi que a disponibilidade de certos celibatários poderia ser um compromisso misterioso. Ela escreveu e leu para nós a seguinte oração:

Nós, que não estamos comprometidos contigo, Jesus, num celibato consagrado, nem no casamento, que não estamos comprometidos com nossos irmãos numa comunidade, viemos renovar nossa aliança contigo.

Continuamos a seguir este caminho para o qual nos chamaste, mas cujo nome nos revelas. Por isso, carregamos esta pobreza de não saber para onde nos conduzes.

Neste caminho, sente-se a dor de não ter sido escolhido, nem amado, nem esperado, nem tocado; sente-se a dor de não escolher,

---

[1] BONHOEFFER, Dietrich. *De la Vie Communautaire*. Foi vivante, n. 83, pp. 75-76.

não amar, não esperar, não tocar. Não pertencemos a ninguém. Nossa casa não é um lar: não temos onde repousar a cabeça.

Se, diante da escolha dos outros, permanecemos impacientes, depressivos, infelizes diante de sua eficácia, mesmo assim voltamos a dizer sim a este caminho. Acreditamos que ele leva nossa fecundidade e que é preciso passar por ele para crescermos em ti. Nossos corações estão disponíveis, porque estão pobres e vazios. Fazemos neles um espaço de acolhida para nossos irmãos. Nossos corações estão feridos, porque são pobres e vazios. Deixamos subir a ti o grito da nossa sede.

E te damos graças, Senhor, pelo caminho de fecundidade que escolheste para nós.

* * *

O PRIMEIRO CHAMADO

O engajamento em uma comunidade não é uma coisa ativa, como quando nos engajamos em um partido político ou em um sindicato. Estes precisam de militantes prontos para a luta e que dêem seu tempo e suas energias. Uma comunidade é bem diferente. Seus membros devem reconhecer o chamado de Deus para viver, para se amar, rezar, trabalhar juntos e responder aos apelos do pobre. E isto ocorre mais em nível do ser do que do fazer. O engajamento ativo numa comunidade consiste, mais ou menos, em reconhecer, com antecedência, de que se está "em casa", que se faz parte de um mesmo corpo, que se entrou numa aliança com os outros, com Deus e com os pobres que esperam os frutos da comunidade. De certa forma, dá-se a mesma coisa no casamento: os noivos reconhecem que algo nasceu entre ambos, que são feitos um para o outro, ainda antes de se comprometerem mutuamente. Só depois deste reconhecimento é que tomam a decisão ativa de se comprometer no casamento e de ser fiéis.

Também é assim na comunidade: tudo começa por este reconhecimento de que fomos feitos para viver juntos. Descobre-se, antes, que se criaram laços; vem, então, a decisão ativa de se comprometer, de jurar fidelidade. Decisão esta que deve ser confirmada pela comunidade.

Deve-se prestar atenção para não se deixar passar muito tempo entre o reconhecimento dos laços ou da aliança e a decisão. Seria a melhor maneira de perder a oportunidade e de cair fora.

* * *

Se alguém começa a viagem para a unidade, a peregrinação para a terra prometida, é porque houve um momento em que seu ser profundo foi tocado. Fez uma experiência fundamental: como se a pedra do seu egoísmo fosse tocada pela vara de Moisés e a água tivesse brotado, ou como se o lacre daquele túmulo fosse retirado e o ser profundo pudesse sair. É uma experiência — e talvez ainda bem fraca — de renascimento, de libertação, de encantamento, um tempo de noivado com o universo, com a luz, com os outros e com Deus. É uma experiência de vida em que a pessoa se percebeu uma só com o universo e com Deus, sendo aquilo que se é, totalmente, no que se tem de mais vivo, de mais luminoso, de mais profundo. É a descoberta de que se é uma fonte da qual jorra a vida eterna.

Essa experiência, no começo da nossa peregrinação, é como um sentimento antecipado do objetivo final, um beijo que dá o gosto das núpcias. É um apelo. Orienta nossos passos, revelando nosso destino final. Este momento de encantamento é a realidade mais pessoal que existe. Contudo, realiza-se, muitas vezes, num determinado contexto; pode ser o encontro com um pobre. Seu apelo desperta em mim uma resposta e eu descubro as fontes vivas, ocultas no fundo do meu ser. Esse apelo pode revelar-se também no encontro com um modelo, ou modelos, numa comunidade. Vendo-os, ouvindo-os, descubro o que gostaria de ser. Esses modelos tornam-se, então, como um espelho de minha personalidade profunda e me sinto misteriosamente atraído para eles. Ou, então, o apelo é ainda mais secreto, escondido no fundo do coração, suscitado, talvez, pelo Evangelho lido ou anunciado. Parece que a pessoa avistou a terra prometida, que encontrou a "sua casa", "ou seu lugar". Tal experiência é o que faz, muitas vezes, com que alguém entre para uma comunidade, ou tome uma nova orientação na vida.

Essa experiência pode ser como uma explosão de vida, um momento luminoso, inundado de paz, de tranqüilidade, ou pode ser mais humilde, um toque de paz, um bem-estar, um sentimento de estar no "seu lugar" e com as pessoas que foram feitas umas para as outras. Essa experiência dá uma esperança nova: é possível caminhar, pois se avistou alguma coisa além das realidades materiais e dos limites humanos; percebeu-se que a felicidade é possível; divisou-se "o céu".

Com essa experiência, o ser profundo abre-se. Uma vez na comunidade, e a caminho, pode acontecer que nuvens venham obscurecer o Sol e que o ser profundo aparentemente se feche. Mas essa experiência permanece, apesar de tudo, guardada na memória do coração. Sabe-se, desde então, que a vida mais profunda em nós é luz e amor e que é preciso continuar a caminhar no deserto e na noite da fé, pois se teve, num determinado momento, a revelação profunda da nossa vocação.

* * *

Quando alguém chega a uma comunidade e se sente totalmente em casa, em perfeita harmonia consigo mesmo e com os outros, é sinal de que pode ter sido chamado a ficar nesse lugar. Esse sentimento constitui, muitas vezes, um apelo de Deus, que deve ser confirmado pelo apelo da comunidade. A aliança é o encontro dos dois apelos, que se confirmam mutuamente.

* * *

Parece que muitos jovens não percebem suficientemente a importância e a profundidade desse sentimento de "bem-estar", quando encontram uma comunidade, nem que esse encontro possa ser um apelo de Deus.

Certamente, depois dessa experiência fundamental, a pessoa pode duvidar. Atraída pela sedução das riquezas e preocupações do mundo, pelo medo das críticas, das dificuldades, das perseguições, ou por incapacidade psicológica para tomar uma decisão, ela pode se afastar desta revelação da luz. Procuram-se desculpas: "Não estou pronto; é preciso que eu viaje, que eu olhe, que experimente o mundo; vamos ver daqui a alguns anos". Muitas vezes, infelizmente, não verá nada; a pessoa fica presa a uma engrenagem; encontra outros amigos para preencher esse sentimento de solidão — não terá mais ocasião de viver essa experiência fundamental de pertencer a uma comunidade de esperança. Vai por outro caminho; o encontro com Deus e com o pobre se fará de outra maneira e num outro momento.

* * *

Jesus olhou o jovem e o amou. Disse-lhe: "Uma só coisa te falta; vai vende o que tens e dá aos pobres, depois vem e segue-me" (Mc 10,21). Mas o jovem não teve confiança. Teve medo, pois havia posto a sua segurança nas riquezas. E porque tinha muitas, partiu triste.

O apelo é um convite: "Vem comigo". Não é um convite à generosidade, mas a um encontro de amor, uma vez que a pessoa encontra outros que também foram chamados e começam, juntos, a viver em comunidade.

Encontrei muitas pessoas que, ao visitarem comunidades, sentiram interiormente, e com muita certeza, que seu lugar era ali, mesmo que nada na comunidade as atraísse: nem os membros, nem o modo de vida, nem o ambiente! Mesmo assim, sabiam que aquele era seu lugar!

Essa experiência é, muitas vezes, o autêntico chamado de Deus. Ele deve ser confirmado pela comunidade e por um tempo de provação.

* * *

"Deixa teu pai, tua mãe, tua cultura"

Para entrar numa aliança e pertencer a um novo povo, a uma comunidade com valores novos, é preciso deixar um outro povo, aqueles com os quais se vivia até então, seguindo outros valores e outras normas: valores familiares e tradicionais, riquezas, posses, prestígio social, revolução, droga, delinqüência, pouco importa. Essa passagem de um povo para outro pode ser uma arrancada que implica muitos sofrimentos; na maioria das vezes, essa passagem demora para se realizar. Muitos não conseguem levá-la a termo, porque não querem acolher, nem cortar. Ficam com um pé em cada lado, vivem de compromissos, sem chegar a encontrar a própria identidade.

Para seguir o apelo a viver numa comunidade, é preciso saber escolher. A experiência fundamental é um dom de Deus que, às vezes, toma a pessoa de surpresa. Mas essa experiência é muito frágil, como uma pequena semente lançada na terra. É preciso saber prever as conseqüências dessa experiência inicial e eliminar certos valores para escolher outros. Assim, pouco a pouco, a pessoa orienta-se para uma escolha positiva e definitiva da comunidade.

Certas pessoas fogem do engajamento, porque, ao se instalarem numa terra, têm medo de diminuir sua liberdade, e de não mais poder se instalar noutro lugar. É verdade que, casando-se com uma mulher, renuncia-se a milhões de outras! Isso diminui o campo da liberdade! Entretanto, nossa liberdade não cresce de modo abstrato; cresce numa terra particular, com pessoas bem determinadas. Alguém só pode crescer interiormente, quando se compromete com outras pessoas.

Todos nós passamos por uma espécie de morte e um sentimento de luto, quando escolhemos e começamos a nos fixar: lamentamos o que ficou para trás.

Muitos não percebem que, dando tudo para seguir Jesus e viver em comunidade, receberão em dobro o que deixaram:

> Na verdade, disse Jesus, ninguém terá deixado sua casa, irmãos, irmãs, mãe, pai, filhos ou lavouras por minha causa e pela Boa-Nova

sem que receba, desde esse momento, em dobro, casas, irmãos, irmãs, mães e campos, com perseguições, e no futuro, a vida eterna (Mc 10,29-30).

* * *

Às vezes, meu coração chora, quando sinto que certas pessoas não levam a sério essa experiência fundamental do apelo. É como se estragassem um tesouro; vão perder tempo e talvez desviar-se totalmente da luz. E, contudo, sobe da nossa terra o grito de desespero, o grito dos famintos, dos que têm sede, o grito de Jesus: "Tenho sede". Não acreditam bastante em si mesmas nem no apelo; não sabem que existe nelas uma fonte que espera para ser libertada, para irrigar o nosso mundo ressequido. Tantos jovens ignoram a beleza da vida que há neles, pronta para transbordar.

* * *

Certas pessoas não ousam fazer essa passagem, porque têm medo de trair e magoar o primeiro "povo", de serem infiéis; têm medo do pai, dos antepassados, pois deixá-los — a eles e a sua maneira de viver — não é julgá-los? Jesus dizia: "Aquele que ama o pai, a mãe, irmãos e irmãs mais do que a mim, não pode ser meu discípulo". Para entrar na comunidade cristã e no amor universal, é preciso preferir Jesus e as bem-aventuranças à própria família e aos amigos.

É verdade que, às vezes, o pai ou os antepassados exercem tal pressão, baseada no medo, que parece impossível desligar-se deles. Certas pessoas temem entrar numa comunidade, pensando que vão perder sua identidade. Ao fazerem parte do grupo, ao adotarem os princípios do discernimento comunitário etc., temem desaparecer, perder a própria personalidade e riqueza interior. Esse medo não é inteiramente falso. Ao entrar para uma comunidade, a pessoa deixa algo de si mesma; aos poucos, os aspectos rugosos da personalidade vão sendo amenizados... A agressividade, que é, de certa forma, uma riqueza pessoal, vai desaparecer para dar lugar a uma capacidade de escuta maior. A impaciência dá lugar à paciência.

Nasce uma força nova; surgem novos dons. A comunidade não suprime a identidade da pessoa. Longe disso! Ela confirma sua identidade mais profunda; apela para os dons mais pessoais, os que estão ligados às energias do amor.

* * *

Às vezes, fico admirado diante da inquietação dos pais quando vêem seu filho ou filha vir, como assistente, para a Arca. Procuram-me para que eu os persuada a fazer "algo sério". Esses pais parecem-me obcecados pela segurança de um diploma universitário e por um bom casamento para seus filhos. Viver em comunidade, especialmente com pessoas deficientes, parece-lhes uma loucura, não dá segurança. No fundo, dizem que isso é uma idéia de adolescente e que vai passar.

É nesses pais que se descobre o conflito entre os valores da vida comunitária e os da sociedade moderna. Às vezes, a pressão dos pais é tal que o filho não ousa continuar. Será que os pais têm medo de ser julgados pelo filho? De qualquer forma, custa-me ver certos pais, que se dizem "bons cristãos", eliminar as aspirações mais belas de seus filhos em nome de uma sacrossanta segurança.

Os pais têm, talvez, dificuldade em distinguir uma seita que poderia seduzir seu filho, por processos psicológicos, e o tornaria escravo, de uma comunidade cristã que o torna livre. Só se convenceriam se o filho entrasse para uma comunidade religiosa conhecida.

* * *

Há cem anos, não era muito grande o passo que alguém devia dar para passar da vida com a família, com seu ritmo, suas estruturas e seu ambiente de obediência, para uma vida na comunidade religiosa. Hoje em dia, esse passo é enorme, pois o mundo é movido pela independência e pelo individualismo, pelo desejo de vencer e ascender na escala social. Todos nós sonhamos com cargos de responsabilidade na sociedade. A passagem é difícil. Para aqueles que não se deram muito bem na escola ou no trabalho, é mais fácil entrar numa comunidade. No entanto, essas pessoas correm o risco de nela procurar um refúgio, tornando-se incapazes de encontrar sua verdadeira identidade e seu desabrochar. Deus faz coisas muito bonitas e pode ajudar aqueles que se sentem perdidos, no mundo, a encontrar a verdade numa comunidade.

As comunidades devem aprender a receber aqueles que tiveram sucesso no mundo e dar-lhes o apoio necessário para que possam passar do alto da escala social para a comunhão. Devem, também, ajudar os que não tiveram sucesso a esclarecer e desenvolver suas motivações.

* * *

Os jovens que, durante muito tempo, viveram apenas de televisão, terão dificuldade em trocá-la pelos relacionamentos verdadeiros que encontrarão na comunidade. Os que se tornaram agressivos com os pais, a sociedade e a si mesmos, terão dificuldade em acreditar. Os que a vida toda foram brilhantes, admirados e apreciados, terão dificuldade em aceitar a pequenez do cotidiano em comunidade. Hoje, mais do que nunca, é preciso receber uma graça especial de Deus para fazer a passagem da independência, do isolamento e do abandono da vida em sociedade, para viver em comunidade.

* * *

Os que se beneficiaram de um clima familiar cheio de carinho, com muitos irmãos e irmãs, dizem: "Não tenho necessidade de uma comunidade". Talvez tenham razão, mas as comunidades têm necessidade deles. Podem fazer muito pelos outros — principalmente pelos mais pobres e mais fracos — numa comunidade. Devem estar atentos ao apelo de Jesus: "Vende tudo o que tens, dá teu dinheiro aos pobres e, então, segue-me".

* * *

Na base do engajamento comunitário está, muitas vezes, um ato de fé: o de um novo nascimento na comunidade. De fato, quando alguém vive sozinho, ou em família, constrói sua identidade por meio dos sucessos profissionais, da liberdade, dos lazeres e das alegrias da vida familiar. Em comunidade não se tem sempre — e nem se terá logo — um trabalho que dê a mesma satisfação e o mesmo sentimento de identidade. Tem-se, então, a impressão de ter perdido um pouco de si próprio. Só se pode aceitar ser amputado assim, quando se é ajudado pela comunidade e pela oração. É preciso saber esperar com paciência o momento do renascimento, e que o grão de trigo morra para que a vida surja. O caminho é, às vezes, longo e as noites sem muitas estrelas: a aurora faz-se esperar.

Entrar na aliança é abandonar-se com confiança a uma nova vida que já está oculta no íntimo da pessoa e que se pressente que, se lhe dermos terra, água e sol, renascerá com uma forma nova. E virá o tempo da colheita.

* * *

É tocante o número de pessoas que querem pertencer a uma comunidade: suas energias estão de tal forma voltadas para esse objetivo, que são incapazes de ouvir o grito do pobre e de olhar para os que estão próximos e necessitam de sua atenção, de seu amor, de sua presença. Seus projetos parecem cegá-las. A melhor maneira de se preparar para entrar numa comunidade é amar e se fazer presente para o próximo. Só assim a passagem para uma vida em comunidade se fará naturalmente.

* * *

Cresce cada vez mais o número de pessoas que já vivem em comunidade — geralmente em comunidades religiosas —, mas que se sentem chamadas por Deus para fazer parte de uma nova comunidade que vive mais próxima dos pobres. Pertencem, portanto, a duas comunidades, e isso pode funcionar muito bem.

A primeira comunidade é, então, como a comunidade-mãe, com a qual a pessoa conserva laços profundos, ao mesmo tempo que desabrocha na sua nova comunidade, como se tivesse necessidade de se formar e crescer na comunidade-mãe, para poder dar sua vida, e dá-la numa comunidade nova. Sua presença, com tudo o que aprendeu na comunidade-mãe, é fonte de muita força para a nova.

No entanto, essa dupla participação tem perigos e riscos, particularmente quando a pessoa deixou a "comunidade-mãe" com sentimentos de decepção, de cólera, de frustração talvez não expressos e procurou um lugar em que pudesse melhor viver e expressar seu ideal.

OS PRIMEIROS PASSOS NA COMUNIDADE

Quando alguém entra para uma comunidade, é importante deixar claro o que se espera dele, não só quanto ao trabalho e ao emprego de seu tempo, mas também quanto à sua atitude interior. Essa pessoa deve conhecer a posição da comunidade em relação a questões fundamentais como riqueza, sexualidade, exercício do poder e da autoridade. Deve conhecer claramente suas responsabilidades e seus direitos: o que acontecerá se ficar doente, o tempo livre que terá, os benefícios que a comunidade lhe oferece etc. Também deve saber qual será seu tempo de prova. Não esclarecer essas questões pode acarretar problemas. É por isso que devemos conversar bastante com os que estão entrando: é preciso acompanhá-los, dar-lhes força, coragem e todo o apoio de que precisam.

* * *

Os que entram para a comunidade fazem a passagem de sua própria cultura — amigos e independência — para a cultura da comunidade. Essa passagem pode ser uma provação para aqueles que, ao cabo de algumas semanas ou meses, sentem-se angustiados pelo isolamento, pela dúvida e pela falta de clareza de idéias. Será preciso ajudá-los muito nesse período.

* * *

É importante dar aos que entram para a comunidade formação espiritual adequada, ajudá-los e fornecer-lhes tudo o que necessitam para suportar as dificuldades da vida em comum. Não podemos pedir-lhes que abandonem seus amigos, sua independência e seus lazeres, sem lhes dar algo novo que substitua tudo aquilo, algo que lhes dê força para suportar as exigências da vida comunitária.

Reconhecer os laços criados

Alguns entram para a comunidade atraídos pelo estilo de vida simples e pobre, em que há partilha, acolhimento e primazia do relacionamento entre as pessoas. Mas, às vezes, têm medo das exigências da vida da sociedade. Esperam encontrar sua realização numa vida em que haja espontaneidade e celebração. No entanto, pouco a pouco, descobrem que a vida comum não é só isso. Para ser fiel a ela é preciso aceitar a disciplina, certas estruturas, e cada dia esforçar-se para libertar-se do egoísmo. Descobrem também que a vida comum não é um estilo de vida. Este é só um meio: mas que foram chamados por Deus para suportar os outros em suas penas, em seu crescimento para a liberdade e para se responsabilizar pelos outros. E isto é necessário. Além disso, não se trata simplesmente de se responsabilizar e de se comprometer pelos outros, mas de aceitar que os outros se responsabilizem por nós, aceitar ser carregado e amado pelos outros, entrar numa relação de interdependência, entrar numa aliança. E isto é ainda mais difícil, mais exigente, pois implica a revelação das fraquezas pessoais.

Essa evolução em que um se responsabiliza realmente pelos outros é, às vezes, bloqueada pelo medo. É mais simples ficar no nível de um estilo de vida simpática, em que se conservam a própria liberdade e a própria distância. Desta forma, paramos de crescer e nos fechamos em nós mesmos.

* * *

Entra-se para uma comunidade para ser feliz.
Fica-se na comunidade para tornar os outros felizes.

* * *

Para as pessoas que entram para a comunidade, a primeira fase é sempre idílica: tudo é perfeito. Elas parecem incapazes de ver defeitos; só vêem as qualidades. Tudo é maravilhoso e belo! Têm a impressão de estar rodeadas de santos, de heróis ou seres extraordinários que são tudo aquilo que elas gostariam de ser.

Depois vem a fase da decepção, geralmente ligada a um período de cansaço, a um sentimento de solidão, de saudade, de fracasso, de frustração em face da autoridade. Durante esse tempo de depressão, tudo se torna "obscuro"; elas só enxergam os defeitos dos outros e da comunidade; tudo as aborrece. Essas pessoas têm a impressão de estar rodeadas de hipócritas, que só pensam na lei, no regulamento, nas estruturas, ou então que todos são completamente desorganizados e incompetentes. A vida torna-se insuportável.

Quanto mais, na primeira fase, elas idealizarem a comunidade e puserem os responsáveis num pedestal, maior será a decepção. Das alturas, cai-se nos precipícios. Se passarem por essa segunda fase, entrarão na terceira: a do realismo e do compromisso verdadeiro, *a da aliança*. Os membros da comunidade não são nem santos nem demônios, mas pessoas; cada um é uma mistura de bem e mal, de trevas e luz, e está também crescendo, vivendo uma esperança. É neste momento que as pessoas enraízam. A comunidade não está nem nas alturas nem nas profundezas, mas na terra. E elas estão prontas a caminhar com ela. Aceitam os outros e a comunidade como são; acreditam que todos, juntos, podem crescer.

* * *

É importante avaliar regularmente, durante os primeiros meses e anos na comunidade, a situação das pessoas. É absolutamente injusto convidar alguém a deixar a comunidade depois de anos, sem nunca lhe ter dito que alguma coisa no seu modo de ser não era bom. Como queremos que alguém cresça e se esforce para mudar, se não o ajudamos nem lhe mostramos suas limitações?

* * *

A DECISÃO DE FIXAR-SE

Sinto-me cada vez mais tocado pelo sofrimento dos jovens. Não é de admirar que alguns tenham tanta dificuldade em se engajar. Muitos viveram uma infância mais ou menos infeliz e instável. Muitos tiveram experiências sexuais muito precoces. E tais experiências trazem, conseqüentemente, dificuldades para o engajamento. E depois, hoje há a tendência de duvidar de tudo. Tem-se medo da palavra. Depressa se questiona a autoridade. Ao mesmo tempo, tem-se a impressão de que nosso mundo está mudando a uma velocidade terrível; tudo muda. Um jovem pode engajar-se hoje, mas como poderá engajar-se para amanhã? É preciso ser muito paciente com o jovem que, sob muitos ângulos, pode estar desestruturado e ser incapaz de dizer um "sim" definitivo. Ele vive num mundo demasiadamente existencialista. Todavia, se ele encontrar uma pessoa que lhe seja fiel, descobrirá, pouco a pouco, o que é fidelidade e poderá, então, engajar-se.

* * *

Sinto que muitas pessoas têm medo de se comprometer com a comunidade, pois ainda não resolveram a questão do celibato ou do casamento: seu tempo ainda não chegou. Enquanto uma pessoa não resolveu essa questão, não ousa enraizar-se numa comunidade.

Na comunidade, é bom que haja pessoas que se questionem sobre isso. Mas também é bom e necessário que outras pessoas já tenham resolvido esse problema. Para certas pessoas, resolver essa questão significa decidir-se a ficar celibatárias por toda a vida, em razão de um chamado de Jesus e dos pobres. Renunciam à riqueza de uma vida familiar na esperança do dom de Deus e desejando ser ainda mais disponíveis a Jesus, aos pobres e ao Evangelho. Isto não quer dizer que não sofrerão por causa dessa renúncia, pelo menos em certos momentos. Mas essas pessoas colocam sua fé e sua esperança no apelo a viver com Jesus e em comunidade com o pobre.

Para outras pessoas, resolver essa questão significa um abandono aos acontecimentos e a Deus, uma prioridade dada à fé e ao compromisso com Deus e ao estilo de vida. Aceitaram viver plenamente a vida comunitária, engajar-se com os pobres, colocar a oração no centro da própria vida. Se o casamento acontecer, será neste contexto, para que a dois, e depois com os filhos, possam viver essas aspirações profundas. A melhor maneira de assegurar um verdadeiro casamento é nos comprometermos com um certo modo de vida, sabendo exatamente o que queremos viver. É sobre essa escolha fundamental que podemos construir nossa intimidade com alguém. É perigoso procurar intimidade, antes de fazer uma escolha de vida, e fora do contexto dessa escolha.

* * *

É importante que aqueles que não se engajam — porque ainda se questionam a respeito do casamento e se sentem "incompletos" enquanto não forem escolhidos de uma maneira única — sejam verdadeiros e reconheçam essa espera profunda do seu ser. Há, às vezes, pessoas que criticam a comunidade, porém suas críticas são apenas um meio de dizer: "Não quero comprometer-me". Fazem parte de um sistema de defesa. Seria mais honesto dizer: "Para mim, ainda não chegou o tempo do compromisso, porque, antes, quero casar-me. Coloco meu casamento antes do meu compromisso com um ideal ou uma vida comunitária qualquer". É importante que as pessoas possam dialogar neste nível e descobrir a verdadeira razão por que ainda não se sentem à vontade. Temos todo o direito de não estar à vontade, se nosso tempo ainda não chegou. Mas é importante, também, que os outros, ao ouvirem o apelo de Deus ou o grito dos pobres sem abrigo, entrem para a comunidade, a fim de ser sinal do Reino, sinal de que o amor é possível, de que há uma esperança.

* * *

Se uma comunidade fizer pressão sobre um dos seus membros para que ele se decida antes do tempo, é porque ela própria não encontrou ainda sua liberdade, é insegura e se apega às pessoas. Talvez a comunidade tenha crescido depressa demais sob o impulso expansivo do orgulho. Se nossas comunidades nasceram da vontade de Deus, se é o Espírito Santo que está na origem delas, nosso Pai do céu enviará as pessoas que lhe são necessárias. Uma comunidade deve aprender a deixar partir as pessoas não somente com alegria, mas também confiar que Deus enviará outros irmãos:

"Homens de pouca fé! Procurai primeiro o Reino de Deus e todo o resto vos será dado por acréscimo".

* * *

Certas pessoas, alguns dias depois de terem chegado à Arca, são capazes de dizer que permanecerão aí para sempre. Sentem-se tão à vontade, tão em casa, que têm a certeza de ter encontrado o seu porto. Para outras, essa experiência demora mais; é pouco a pouco que descobrem que estão "em casa" e que não precisam procurar outro lugar. O tempo do "sim" definitivo é diferente para cada um.

* * *

O "SIM" DEFINITIVO

Fazer alianças é plantarem-se todos numa mesma terra. Foi Deus quem nos chamou para, juntos, sermos sinal de fidelidade e amor. Se realizarmos a aliança desde o momento de nossa entrada na comunidade, ela será consagrada em um momento que pode ser solene.

Assisti à profissão solene das irmãs diaconisas de Rueil. Enquanto a madre superiora colocava uma cruz no pescoço de cada uma das irmãs que se consagrava, dizia-lhes as seguintes palavras, que me tocaram: "Recebe agora esta cruz; ela é o sinal de que pertencemos a Deus, no seio da nossa comunidade. És responsável, conosco, por tua fidelidade". Isso é a aliança. Você está convidado a entrar numa aliança com Deus e com seus irmãos, especialmente os mais pobres. Você não deve tardar.

Exorto-vos a levar uma vida digna da vocação que recebestes, com toda a humildade e doçura, com paciência, suportando-vos uns aos outros por amor, esforçando-vos por guardar a unidade de espírito pelo vínculo da paz. Há um só corpo e um só espírito, pois que fostes chamados a uma só esperança, um só Senhor, uma só fé, um só batismo, um só Deus e Pai de todos, que está acima de todos, atua em todos e está em todos (Ef 4,1-6).

*   *   *

Sem raízes não podemos sentir a participação nem crescer. Sem estabilidade não podemos enfrentar as questões mais profundas da vida nem conhecer nosso verdadeiro "eu". A estabilidade monástica é o reconhecimento dessa comunidade, desse lugar, com essas pessoas, e nenhum outro, como o caminho de Deus.[2]

Tão logo fixarmos nossas raízes começaremos a dar frutos. Estar enraizado é começar a ver a função com novo sentido. Nasce não apenas em mim, mas no todo da comunidade, uma nova capacidade de doação.

---

[2] WAAL, Esther de. *Seeking God*. Londres, Fount Paperbacks, 1984. pp. 56-57.

CAPÍTULO

3

A missão

JUNTOS PELO MESMO OBJETIVO

Jesus começou sua missão chamando para si homens e mulheres aos quais disse: "Deixem tudo, venham e sigam-me". Ele os escolheu, os amou e os convidou a serem seus amigos. Foi assim que tudo começou: numa relação pessoal com Jesus, numa comunhão com ele.

Desse modo, reuniu doze pessoas que começaram a viver em comunidade. Parece não ter sido muito fácil para elas. Os discípulos logo começaram a brigar para saber quem era o primeiro. A vida em comunidade revelou todos os medos e ciúmes que eles traziam dentro de si.

Depois, Jesus os enviou para cumprir uma missão: anunciar a Boa-Nova aos pobres, curar os doentes e libertar pessoas de demônios. Depois de ter ficado com eles muito pouco tempo, Jesus os enviou em missão para que pudessem experimentar a vida que brotava deles e a capacidade que tinham de transmiti-la, deixando Jesus agir neles e por meio deles.

Os sofrimentos da comunidade estão entre a alegria dessa comunhão e dessa amizade com Jesus e a alegria de dar a vida pelos outros. Essa é a missão.

* * *

Se algumas pessoas se unem para viver juntas e se amar, é porque sentem, com maior ou menor clareza, que têm uma missão como grupo, foram chamadas por Deus e que têm uma mensagem de amor para transmitir aos outros.

* * *

Quando duas ou mais pessoas se reúnem em nome de Jesus, ele se faz presente. A comunidade é uma manifestação dessa presença. É manifestação da Igreja. No entanto, muitas pessoas, que acreditam em Jesus, vivem sozinhas, convivendo, mais ou menos, com sua própria aflição. Uma mulher maltratada, pessoas internadas em hospitais psiquiátricos e outras que são muito frágeis para viver em comum podem crer em Jesus. Elas são sinal de uma Igreja sofredora.

No entanto, a comunidade que reza e que ama é sinal da ressurreição. Essa é sua missão.

* * *

A MISSÃO UNIVERSAL DE DAR A VIDA

A humanidade é um todo. Nós fazemos parte de uma mesma raça humana. Por mais diferentes que possamos parecer, por causa de nossa cultura, de nossa raça e das nossas deficiências, todos somos seres humanos, irmãos e irmãs.

Em Papua, Nova Guiné, fui até as montanhas. Lá conheci homens e mulheres de uma tribo. Vestiam-se com pouca roupa. Falei-lhes de pessoas deficientes mentais e da Arca. Eles me fizeram perguntas, falaram de suas vidas, da doença e da morte, das alegrias e dificuldades que há no relacionamento dentro de uma família e entre as famílias; disseram que há homens que bebem muito e são violentos. Tudo isso eram questões que poderiam ser abordadas por um londrino ou um nova-iorquino. De fato, formamos uma única raça.

As questões fundamentais da humanidade sempre giram em torno do amor e do ódio, da culpa e do perdão, da paz e da guerra, da verdade e da mentira (ou das ilusões), do sentido da vida e da morte e da fé em Deus.

Toda comunidade deseja, de uma maneira ou de outra, manifestar uma verdade universal, descoberta como um tesouro no deserto. Deseja levar a Boa-Nova aos outros e responder às suas perguntas fundamentais. Quer conhecer essa verdade, porque sabe que ela conduz a uma vida mais plena e bonita, ao amor, à paz, à verdade, à liberdade e ao conhecimento de Deus. Enfim, quer partilhar com os outros a beleza que recebeu.

Há uma grande diferença entre uma comunidade e um grupo de militantes que lutam por uma causa. Uma comunidade dirá: "Venha e veja". Ela quer manifestar a verdade de maneira não violenta e propô-la aos outros. Convidará os visitantes a debater a respeito dela, a conhecer seu modo de vida. Uma comunidade sabe que as questões fundamentais da vida só podem ser abordadas num ambiente de paz e de liberdade interior. Uma pessoa não pode obrigar uma outra a amar e ser livre. Aqueles que militam por uma causa se organizam para a luta, uma luta que vise à vitória. Querem impor suas idéias de maneira agressiva. Procuram a mudança exterior mais do que a interior. É diferente quando as pessoas que lutam por uma causa vivem em comunidade.

Os clubes e os grupos fechados, que se baseiam em critérios de raça e competência para admitir seus membros, são elitistas. Querem provar a si mesmos e aos outros que são superiores. No entanto, mostram que são inferiores e que a Boa-Nova não é para eles. Dessa forma, a humanidade está despedaçada por um sistema de *apartheid* que a divide. Nela não há mensagem universal de esperança nem de liberdade.

* * *

As comunidades podem ter atividades: fabricar queijos, cerveja ou vinho; ensinar novas técnicas agrícolas; construir hospitais e escolas. Podem contribuir para o desenvolvimento da cultura publicando livros, mantendo bibliotecas ou mesmo através da arte. Mas tudo isso não comunica, necessariamente, vida. A missão de uma comunidade é ser fonte de vida para os outros, ou seja, infundir-lhes nova esperança, um novo sentido para suas vidas.

Sua missão é revelar aos outros a beleza fundamental, o valor e a importância que eles têm no universo, sua capacidade de amar, de crescer, de fazer coisas boas e de encontrar Deus. É dar-lhes nova esperança e uma liberdade interior maior. Abrir-lhes as portas de seu ser para que novas energias possam brotar. É retirar de seus ombros o peso do medo e da culpa que os esmaga. Dar vida aos outros é fazê-los perceber que são amados por Deus, assim como são com essa mistura de bem e de mal, de luz e de treva que têm dentro de si. É dizer-lhes que a pedra do túmulo que guarda e esconde toda a feiúra da sua vida pode ser retirada, que estão perdoados e podem viver na liberdade.

Jesus quer que cada um de nós nele produza frutos. Mas quer também que nos unamos para produzir muito mais e, dessa forma, nos tornemos seus discípulos (Jo 15).

* * *

Todo ser vivo dá vida. Assim, de geração em geração existem pássaros, peixes, animais, árvores, flores e frutos. É a inacreditável fecundidade da criação: a vida passa de uma geração para outra. Juntos, homem e mulher concebem e procriam.[1]

Mas não há apenas o aspecto físico e biológico da criação. Quando uma criança nasce (até mesmo antes de seu nascimento), os pais lhe dão vida e lhe revelam sua beleza mediante a forma com que a recebem e a amam. Do mesmo modo, podem lhe dar morte interior e lhe revelar sua feiúra e seu pouco valor, se a rejeitam ou superprotegem. Com nosso amor e nosso carinho, nossa escuta e nossa acolhida podemos dar vida.

O conteúdo da mensagem de Jesus é o dom da vida. Ele veio para dá-la em abundância. Veio acabar com todos os bloqueios que impedem a vida de se proliferar. "A glória de Deus — escreveu Ireneu no século II — é o ser humano vivo." Plenamente vivo! Jesus veio anunciar a Boa-Nova aos pobres, a liberdade aos oprimidos e aos presos e dar visão aos cegos. Veio libertar, abrir novas portas e

---

[1] Cf. VANIER, J. *Homme et femme il les créa*, Fleurus Bellarmim.

novos caminhos, perdoar, curar, unificar e salvar. Pede aos seus discípulos que dêem continuidade a essa missão: dar vida, fecundidade e libertação. Nisto consiste a missão de toda comunidade cristã.

* * *

Quando Jesus enviou seus discípulos em missão, recomendou-lhes que fossem pobres, que não levassem nada consigo. Deu-lhes tarefas impossíveis. Assim são as missões. As comunidades e seus membros são chamados a ser pobres e fazer coisas impossíveis: formar uma comunidade e ser instrumento de cura, de reconciliação, de perdão e de unificação. Sua missão é levar a vida de Deus aos outros, o que só é possível se as comunidades e as pessoas forem pobres, humildes e deixarem a vida de Deus fluir por meio delas. A missão implica essa pobreza dúbia. Exige, também, confiança no chamado de Deus e em seu poder, a qual se manifesta na pobreza, na pequenez, na humildade.

Quando as pessoas e as comunidades se tornam ricas, satisfeitas consigo mesmas, orgulhosas de sua competência e de seu poder, e querem fazer tudo, não conseguem mais transmitir a vida de Deus. Assim, elas dão o que possuem, ou seja, sua auto-satisfação.

* * *

MISSÃO GERAL E MISSÃO PARTICULAR

A missão de dar a vida e de libertar deve ser exercida primeiramente com os membros da comunidade. Estes entram para a comunidade para crescer na liberdade interior e para poder dá-la aos outros, expandi-la e oferecer-lhes a Boa-Nova. Essa missão se cumprirá em lugares e tempos diferentes. Dar a vida é a missão geral de toda comunidade e de toda pessoa. Mas toda comunidade tem sua missão particular, sua própria maneira de dar a vida, segundo seus fins específicos.

As comunidades fundadas por são Bento, no século VI, se apoiavam na prece. As fundadas por madre Tereza eram voltadas para as pessoas carentes, feridas e moribundas. A "Covenant House Communauty", em Nova York, cuida de crianças de rua, enquanto a "Catholic Worker" e a "Simon Comunities" atendem pessoas aflitas e sem recursos.

A comunidade de Taizé está voltada para a prece, com uma vida consagrada à unidade das Igrejas cristãs. A de Lanza del Vasto (que também se chama Arca) tem um modo de vida voltado para a natureza, baseado nos princípios da não-violência. As comunidades de base da América Latina estão voltadas para os pobres, para fazer com que seus direitos e sua dignidade fundamental sejam ouvidos a fim de lhes garantir um lugar na Igreja e na sociedade.

Cada comunidade tem três preocupações: amar o próximo, unir-se e desempenhar a missão. Cada uma tem um modo diferente de vida, um regulamento, uma estrutura e prioridades diferentes para o cotidiano. Mas a preocupação com os outros está presente em todas elas: amar, anunciar a Boa-Nova universal a toda a humanidade e fomentar a paz, a vida e a liberdade.

* * **

Cada nova comunidade é suscitada por Deus, o qual inspira um homem ou uma mulher, ou mesmo um grupo de pessoas, a dar resposta a um grito ou a uma necessidade específica da humanidade, em um momento particular da história. Esse grito pode ser evidente, como os gritos dos moribundos nas ruas de Calcutá, das crianças de rua de Nova York, ou das pessoas com deficiências físicas ou mentais. Pode também ser um grito mais difícil de ser ouvido, como a necessidade da Igreja, no VI, de oásis de prece, ou a necessidade das Igrejas do século XIII, em Assis, de comunidades que se aproximam dos pobres. Há um grito oculto no coração de Deus, no coração da Igreja e no coração dos santos: é a sede de dar vida. Há, enfim, as lágrimas abafadas dos ricos que se debatem com sua riqueza e sofrem por causa de seu egoísmo, de seu vazio interior, de suas ilusões, de seus erros, de seu pecado e que procuram um sentido para suas vidas.

Cada nova comunidade, com seu fundador, tem um carisma, um dom e uma missão, os quais respondem a uma necessidade.

* * *

Uma comunidade torna-se verdadeiramente una e irradiante, quando todos os seus membros têm um sentimento de urgência. Há, no mundo, muita gente sem esperança, muitos gritos sem resposta, muitas pessoas morrendo na solidão. Quando os membros de uma comunidade percebem que não estão nela por si mesmos, nem para sua própria santificação, mas para acolher o dom de Deus e para que ele venha abrandar os corações ressequidos mediante sua prece, seus sacrifícios, seu amor e seu espírito de servidão. Uma comunidade é chamada a ser luz num mundo de trevas, fonte de frescor para a Igreja e para todas as pessoas. Se ela se tornar seca, o mundo morrerá de sede; se não produzir frutos, os pobres morrerão de fome.

No entanto, esse sentimento de urgência não deve levar-nos à hiperatividade, ao nervosismo nem à angústia. Ele não está em contradição com o sentimento de entrega, confiança, paz e calma. É, acima de tudo, uma tomada de consciência do sofrimento e do mal do mundo e, ao mesmo tempo, da profundidade, da grandeza e da universalidade da Boa-Nova.

* * *

TER CLAROS OS FINS

Algumas pessoas querem viver juntas sem saber, de fato, o porquê. Querem apenas viver em comunidade! Se os objetivos específicos ou o porquê de uma vida comunitária não estiverem muito claros, depressa haverá conflitos, e tudo desmoronará. As tensões numa comunidade vêm, muitas vezes, do fato de as pessoas esperarem coisas diferentes e de não verbalizarem isso. Essa situação é logo descoberta.

Imagino que se passe a mesma coisa no casamento. Não se trata simplesmente de querer viver juntos. Se quisermos continuar juntos, é preciso saber o que queremos fazer juntos, o que queremos ser juntos.

Isto implica o que segue: cada comunidade deve ter uma organização ou um projeto de vida que especifique claramente por que se vive junto, o que se espera de cada um, e que, antes da fundação, a comunidade tenha um tempo mais ou menos longo para preparar essa vida comum, bem como esclarecer suas opiniões.

Em seu livro *Un lieu où renaître*,[2] Bruno Bettelheim diz:

> Estou convencido de que a vida comunitária só pode florescer se existir para uma finalidade fora de si mesma. Só é possível como conseqüência de um compromisso profundo com uma realidade que está além da realidade da própria comunidade.

Quanto mais uma comunidade é autêntica e criativa na sua busca do essencial e na realização de seus objetivos, tanto mais os seus membros são chamados a se ultrapassar, tendendo para a união. Ao contrário, quanto mais uma comunidade se esfriar em relação ao seu objetivo inicial, mais a unidade entre seus membros tenderá a diminuir e poderão aparecer tensões. Os membros não falam mais a respeito de como responder melhor ao apelo de Deus e dos pobres, mas falam de si mesmos, de seus problemas, de suas estruturas, de sua riqueza e pobreza etc. Há um laço íntimo entre os dois pólos da comunidade: seu objetivo e a união entre seus membros.

* * *

O sentido de pertença a um povo, a aliança, com a promessa que ela implica, estão no coração da vida comunitária. No entanto, permanece a pergunta: quem é o meu povo? Meu povo são somente aqueles com quem vivo e que têm as mesmas opções que eu, ou aqueles para quem a comunidade foi criada?

---

[2] R. Laffont, Paris, 1975.

Explico-me. Três pessoas vivem em comum numa favela, tentando viver a acolhida e ser uma presença discreta e cheia de amor. Chegaram aí inspiradas por um amor universal, o amor de Jesus. Foram envolvidas e querem testemunhar o amor do Pai, anunciando, por meio de sua vida, a Boa-Nova do Evangelho. Quem é o seu povo? É o grupo a que pertencem e que as sustenta espiritualmente, talvez até materialmente, ou são as pessoas da favela, os vizinhos? Por quem estão prontas a dar a vida?

A mesma pergunta é feita na Arca. A comunidade é composta de assistentes que vieram livremente, com mais ou menos as mesmas motivações, ou, sobretudo, por deficientes mentais que não escolheram vir, mas que nela foram colocados? Assistentes e assistidos querem formar uma só comunidade, não duas. Isto é verdade na teoria, mas na prática não haverá a tendência de os assistentes fazerem a comunidade entre si? Formar comunidade com os mais pobres e identificar-se com eles é mais difícil e exige certa morte de si próprio. Quanto mais próximo afetivamente alguém está dos assistentes, mais corre o risco de se afastar dos mais pobres. Não se pode pôr o coração em todo lugar, ao mesmo tempo. Podemos ir mais longe ainda. Devemos limitar a comunidade, "meu povo", aos que vivem juntos sob o mesmo teto, ou seja, aos assistentes e assistidos? Não devemos incluir também os vizinhos, pessoas do bairro e amigos?

À medida que uma pessoa cresce no amor, que seu coração se alarga e que a comunidade, no sentido mais restrito, chega a uma certa maturidade, a realidade dessa comunidade, do "meu povo", expande-se.

No entanto, toda pessoa que vive em comunidade deve fixar claramente suas prioridades. Onde deve aplicar suas energias? Por quem deve dar a vida?

No caso citado anteriormente, das três pessoas que vivem na favela, não é necessário que o grupo, ou a comunidade-mãe a que elas pertencem, seja como uma fonte, uma raiz, permitindo-lhes que sejam mais do que "seu povo" da favela? Não há, então, conflito e luta entre influência e pertença. As raízes existem para que as flores e os frutos surjam, e nos frutos estão as sementes de amanhã. Assim também na Arca, a unidade dos assistentes não existe para ajudar e encorajar cada um a estar mais próximo dos deficientes e para criar uma comunidade com todos? Uma pertença não suprime, nem exclui a outra. São uma só, pois o amor é, essencialmente, dom e não posse.

* * *

Irmãzinha Madeleine, fundadora da comunidade Irmãzinhas de Jesus, escreveu:

> Para proteger sua dignidade religiosa e sua intimidade com Deus dos perigos externos, não se sintam obrigadas a erguer barreiras entre si e os leigos. Não se coloquem à margem da sociedade... Como Jesus, unam-se a ela. Insiram-se nela profundamente e santifiquem tudo ao seu redor com a coerência de vida, com a amizade, o amor, a vida dedicada inteiramente ao serviço dos outros – como Jesus, doando-se a ponto de você e eles tornarem-se um só, não querendo ser nada além de fermento na massa, que faz crescer.[3]

As comunidades cristãs existem para levar vida e esperança àqueles que sofrem.

* * *

Entramos na comunidade para viver com os outros, mas também, e sobretudo, para viver com eles os objetivos da comunidade, para responder a um chamado de Deus e ao grito dos pobres.

"Os filhos de Israel gemeram no fundo de sua escravidão. Gritaram, e seu grito por socorro subiu, do fundo de sua opressão, até Deus, o qual ouviu seus gemidos e *lembrou-se de sua aliança.*" Javé se revelou a Moisés e lhe disse:

> Vi a miséria do meu povo do Egito e ouvi seu clamor diante de seus comandantes; sim, conheço sua dor. Desci para livrá-lo das mãos

---

[3] Irmãzinha Madeleine de Jésus. *Du Sahara au monde entier*, Paris, Nouvelle Cité, 1981. p. 410.

dos egípcios e levá-lo desse país para outro, bom e grande, para um país farto de leite e mel (Ex 3,7-8).

E enviou Moisés para libertá-lo.

Hoje, como outrora, a aliança entre Deus e os pobres permanece. Ele chama as pessoas a viver em comunidade, em resposta ao grito dos pobres e dos oprimidos.

A SEDE DE DEUS E O GRITO DO POBRE

Em todas as épocas e religiões, as pessoas tentaram compartilhar sua sede e sua busca de comunhão com Deus. Algumas dessas comunidades eram construídas no alto de montanhas ou no deserto, longe da agitação das cidades. A vida, nesses lugares, era austera, voltada ao relacionamento pessoal com Deus, à contemplação, com um ritmo marcado pelas horas de adoração e do trabalho comum. Outras comunidades — particularmente aquelas de inspiração cristã — foram fundadas para servir aos pobres, aos doentes, às crianças abandonadas ou aflitas e aos famintos dos guetos e da desordem gerados pela cidade.

A sede do eterno, do belo, do verdadeiro, do puro e a atração pelos pobres e mais magoados parecem contraditórias! No entanto, no coração ferido do Cristo, tudo isso se funde em uma coisa só. Jesus nos revela que ama o Pai, que está intimamente ligado a ele e que é, ao mesmo tempo, o Deus que ama a todos nós, especialmente os mais magoados, sofridos e rejeitados. Para manifestar esse amor, aceitou ser magoado e rejeitado, um homem que viveu dores, angústias e lágrimas. Aceitou ser crucificado.

Por essa razão, as comunidades, que se reúnem em seu nome, procuram a comunhão com o Pai por meio dele e com ele. Também procuram levar a Boa-Nova aos pobres, a libertação aos prisioneiros e aos oprimidos.

Na história da Igreja, temos ora um, ora outro aspecto dessa missão desenvolvendo-se mais que outros, segundo o lugar e a época em que o chamado de Deus se faz ouvir. De uma forma ou de outra, porém, os dois estão sempre presentes. Existem pessoas chamadas para o deserto ou para a montanha, a fim de buscar maior união com Deus, por meio do Crucificado, cuja prece renasce nos crucificados do mundo. Há também aqueles que são chamados para, juntos, dar a vida pelos crucificados. Esses procuram sempre uma união profunda e pessoal com Jesus, para poder amar como ele ama.

* * *

Toda família e toda comunidade são chamadas — ainda que de formas diferentes — a cumprir essas duas missões: rezar e estar presente, de modo especial, junto aos fracos e aos pequenos, em suas comunidades ou fora delas, segundo o chamado de cada um. Deus é a fonte da qual todos somos chamados a beber. Essa mesma fonte deve brotar, através de nós, para aqueles que têm sede: "Como o Pai me amou, eu também vos amo... Meu mandamento é que vos ameis uns aos outros".

Há pessoas que, ao começarem a beber dessa fonte do coração de Deus, descobrem que são chamadas também a oferecer dessa água aos que têm sede. Outras começam a dar de beber, mas logo sentem seus corações vazios e secos. Então descobrem a fonte do coração de Deus, que neles se transforma em "fonte da água da vida eterna".

* * *

A vida em comunidade não é, portanto, nada de extraordinário ou heróico, reservada a uma elite de heróis da espiritualidade. Ela existe para todos, famílias ou grupos, nos quais as pessoas estão voltadas umas para as outras. Essa é a maneira mais humana de viver; a que traz mais alegria; a que nos completa. Entrando em comunhão com o Pai, entramos cada vez mais em comunhão com os outros e abrimos nossos corações para os menores e mais fracos. É essa comunhão que toca o nosso coração, faz brotar as águas da compaixão e nos permite entrar em comunhão ainda mais profunda com o Pai.

* * *

Às vezes, parece mais fácil ouvir os gritos dos pobres que estão longe de nós do que os de nossos irmãos e irmãs da comunidade. Não é por nada glorioso ouvir o grito daqueles com os quais vivemos e brigamos todos os dias. Talvez seja impossível ouvir os gritos alheios, quer de pessoas de dentro, quer de fora da comunidade, se não reconhecemos e assumimos os gritos de nossas próprias feridas.

* * *

Quando conhecemos nosso povo (nosso pobre povo!), percebemos quanto precisamos dele, quanto somos dependentes uns dos outros. Nossos semelhantes abrem nossos corações e nos convidam a amar. Não somos melhores do que eles. Estamos todos juntos, uns para os outros, unidos pela mesma aliança, que vem da aliança entre Deus e seu povo, entre Deus e os mais pobres.

* * *

JESUS É O POBRE

Jesus nos mostra uma unidade ainda maior entre a contemplação pessoal do Eterno e a relação pessoal entre os machucados e rejeitados. Talvez seja esse o grande segredo do Evangelho e do coração de Cristo: chama seus discípulos não apenas a servir os pobres, mas também a descobrir neles a verdadeira presença de Deus e, por meio deles, a encontrar-se com o Pai. Jesus nos diz que está oculto no rosto dos pobres, que o pobre é ele. Por isso, pela força de seu Espírito, o menor gesto de amor às pessoas menos favorecidas é um gesto de amor feito a si mesmo. É Jesus quem tem fome e sede, que é prisioneiro, estrangeiro, nu, sem teto, doente, moribundo, oprimido, humilhado nessas pessoas. E viver com o pobre é viver com Jesus. E viver com Jesus é viver com o pobre (Mt 25, 35-36): "Quem acolhe um desses pequeninos, me acolhe, e quem me acolhe, acolhe aquele que me enviou" (Lc 9, 48).

Os que vivem com Jesus junto aos pobres não são chamados apenas a fazer coisas por eles, nem a olhá-los como objeto de sua caridade, mas a percebê-los como fonte de vida e de comunhão. Seu objetivo não é só libertar o pobre; é também ser libertados por eles; não apenas curar suas feridas, mas também ser curados por eles; não apenas evangelizá-los, mas também ser evangelizados por eles.

* * *

As comunidades cristãs continuam a obra de Jesus. São enviadas para ser esta presença junto aos pobres que vivem nas trevas e no desespero.

Aqueles que entram nas comunidades respondem também ao apelo e aos gritos dos fracos e dos oprimidos. Entram nesta aliança entre Jesus e o pobre. Encontram Jesus no pobre.

* * *

Aqueles que se aproximam do pobre o fazem, antes de tudo, com um desejo de ser generosos: fazem isso para ajudá-lo e socorrê--lo; consideram-se os salvadores e, não raro, colocam-se num pedestal. No entanto, quando se aproximam do pobre, estabelecendo com ele uma relação de amor e confiança, o mistério se desvenda. No mundo da insegurança do pobre existe a presença de Jesus. Então descobrem o sacramento do pobre e atingem o mistério da compaixão. O pobre parece quebrar as barreiras do poder, da riqueza, da capacidade e do orgulho; faz com que desapareçam as máscaras que o coração humano usa para se proteger. O pobre revela Jesus Cristo. Faz com que a pessoa que veio "ajudá-lo" descubra a própria pobreza e vulnerabilidade; faz com que descubra também sua capacidade de amar, as forças do seu coração. O pobre tem um poder misterioso: na sua fraqueza, ele se torna capaz de tocar os corações endurecidos e de lhes revelar as fontes da água viva que estão ocultas neles. É a mãozinha da criança que desliza através das barreiras de nossa prisão de egoísmo. Ela consegue abrir a fechadura. Ela liberta. Deus está oculto nessa criança.

Os pobres nos evangelizam. É por isso que eles são os tesouros da Igreja.

* * *

Na Arca, os assistentes descobrem que são chamados a levar a Boa-Nova aos pobres e a lhes revelar o imenso amor que Deus tem por eles. Ajudam muitos deles a se abrirem para uma vida de fé. No entanto, uma vez aberta a porta, são os próprios deficientes que conduzem os assistentes a penetrar mais na fé: tornam-se seus mestres.

* * *

O GRITO PELO AMOR

Quando vim a Trosly-Breuil, pequena aldeia no norte de Paris, acolhi Raphaël e Philippe. Convidei-os a vir viver comigo, por causa de Jesus e do Evangelho. Foi assim que iniciamos a Arca. Tirando-os do asilo, eu sabia que seria para sempre. Seria impossível criar laços com eles, fundar com eles uma nova família e, depois de algum tempo, mandá-los de volta ao hospital ou a outro lugar. Minha finalidade, ao iniciar a Arca, era a de fundar uma família, uma comunidade para pessoas fracas e pobres em razão de sua deficiência mental, as quais se sentem sós e abandonadas. O grito de Raphaël e de Philippe pedia amor, respeito, amizade e comunhão verdadeira. É evidente que queriam que eu fizesse alguma coisa para eles, mas no fundo desejavam ser amados com um amor que reconhecesse sua beleza e sua luz, um amor que revelasse seu valor e sua importância no universo. Seu grito pela comunhão suscitou meu próprio grito por ela. Eles fizeram com que eu descobrisse dentro de mim uma fonte de vida, uma fonte de água da vida.

Na Arca da Costa do Marfim acolhemos Innocente, portadora de profunda deficiência mental. Ela nunca poderá falar, andar, nem crescer. Sob vários aspectos, é como um bebê de alguns meses. Mas seus olhos e seu corpo emanam amor cada vez que nos aproximamos dela com amor. Um maravilhoso sorriso ilumina seu rosto e todo o seu ser irradia paz e alegria. Para ela, as idéias, por mais profundas e bonitas que sejam, não trazem muito conforto. Ela não precisa de dinheiro nem de poder e de trabalho. Não quer provar que é capaz. Só precisa de carinho e comunhão. Quando recebe o dom do amor, seu rosto brilha de alegria. Caso se sinta abandonada, fecha-se em seu sofrimento e em suas angústias, parecendo até estar próxima da morte.

Quanto mais uma pessoa é pobre, idosa, doente, deficiente mental, ou está perto da morte, mais seu grito é unicamente por comunhão e amizade, despertando o coração de quem a ouve e lhe dá uma resposta.

Outras pessoas acolhidas pela Arca têm possibilidade de crescer. No entanto, sua necessidade fundamental é a mesma de Innocente: comunhão e amizade. Não uma amizade possessiva, e, sim, uma amizade que lhes mostre a vida e as faça crescer.

O amor não é algo sentimental. É bem mais profundo: é uma força que dá ao outro maior liberdade interior e o faz crescer. O amor não se opõe à competência, está sempre sendo chamado a se mostrar competente. O amor consegue encorajar algumas pessoas deficientes a que se tornem independentes, para deixar a comunidade, expor-se ao sofrimento da separação e crescer ainda mais. Essa separação física e exterior, porém, não se opõe à comunhão. Ao contrário, pode intensificá-la, uma vez que é fruto da confiança e não do medo e da rejeição.

Sofrimento interior

O grito pelo amor, pelo reconhecimento e pela comunhão que vem do coração do pobre revela a fonte de amor que temos em nós e nossa capacidade de dar a vida. Ao mesmo tempo, revela-nos a dureza de nosso coração e de nossos medos. Esse grito é muito exigente. Muitas vezes, somos seduzidos pela riqueza, pelo poder e pelos valores de nossa sociedade. Temos vontade de ascender na escala social, queremos ser reconhecidos por nossa eficácia, nossa força e nosso valor. O grito do pobre é uma ameaça para o rico que há dentro de nós. Às vezes, estamos inclinados a oferecer nosso dinheiro e um pouco do nosso tempo, mas temos medo de dar nosso coração, entrar em comunhão com o pobre, numa relação pessoal de amor, porque se o fizermos, teremos de abandonar o nosso egoísmo e a dureza do nosso coração.

* * *

O grito de amor que vem do coração do pobre é, ao mesmo tempo, sofrimento e angústia e, às vezes, agonia. Como têm medo de não serem amados, por terem sofrido tanta opressão e rejeição! Assim como seu apelo desperta a compaixão no coração de seus semelhantes, seus medos, suas angústias e seus sofrimentos podem despertar os medos e os sofrimentos daqueles que ouviram seus gritos. Por isso, é difícil e amedrontador travar contatos profundos com pessoas machucadas. A angústia delas parece acordar nossas próprias angústias e feridas.

Muitos assistentes da Arca passaram por esse sofrimento, que pode provocar a raiva e até o ódio pelos fracos. É terrível sentir desabrochar dentro de nós forças de trevas e de ódio. Não admira que muitos queiram ir embora, enquanto outros tentam esquecer ou disfarçar seu ódio. Há também os que procuram ajuda com um guia experiente e descobrem que suas próprias feridas os tornam verdadeiramente irmãos e irmãs dos que vieram servir. Descobrem também que Jesus não está oculto apenas no pobre que está a seu lado, mas também no pobre que está dentro deles.

Viemos à Arca para servir os pobres. Só podemos ficar se descobrirmos que nós mesmos somos pobres e que Jesus veio anunciar a Boa-Nova não aos que servem aos pobres, mas aos que são pobres.

* * *

A missão exclui qualquer atitude de superioridade ou de dominação: "Nós sabemos; vocês, não. Devem ouvir-nos, se querem que as coisas dêem certo. Do contrário, serão infelizes". A missão vem de nossa pobreza e de nossa ferida, mas também de nossa confiança no amor de Deus, no seu amor por nós. A missão não é elitismo. É o recebimento da vida que ressurge do âmago de nosso ser para se tornar fonte de vida; de nossa certeza de termos sido libertados pelo perdão; de nossa fraqueza e de nossa vulnerabilidade. É anunciar que podemos viver na humilhação, na pequenez e na pobreza, porque Deus mora em nosso coração, nos dá vida nova e nos liberta. Se recebemos gratuitamente, podemos dar gratuitamente.

* * *

Enquanto houver medo e preconceito nos corações, haverá guerras e desigualdades gritantes. Para resolver os grandes problemas políticos, é preciso que os corações mudem, que se abram ao amor, à partilha e à reconciliação. A comunidade é um lugar que permite às pessoas viver como verdadeiras pessoas, caminhando para a cura interior, crescendo no amor e na verdade, enfim, um lugar em que nos voltamos para a unidade, para a reconciliação e a libertação interior. Se o medo e o preconceito diminuírem, a confiança em Deus e nos outros aumentará. Dessa forma, a comunidade poderá brilhar e testemunhar um estilo e uma qualidade de vida que poderão trazer luz aos conflitos e às divisões do nosso mundo. A resposta à guerra é viver como irmãos e irmãs; a resposta às desigualdades é a partilha; a resposta ao desespero é a confiança e a esperança ilimitadas; a resposta aos preconceitos e ao ódio é o perdão.

Acreditamos que trabalhar pela comunidade é trabalhar pela humanidade. É trabalhar pela paz na comunidade, sempre aceitando os outros como são, perdoando-os incondicionalmente. É trabalhar pela paz no mundo e para que sejam encontradas soluções verdadeiras para os problemas políticos: é trabalhar para o Reino de Deus. É, enfim, trabalhar para que toda pessoa possa conhecer e experimentar as alegrias secretas que provêm das núpcias com o Eterno.

* * *

A missão sempre implicará a luta entre as forças do mal, que procuram dividir e isolar as pessoas e os grupos num mundo de medo e agressão, por meio da angústia e da insegurança; e, por outro lado, as forças do amor e da confiança, que abrem as portas do perdão, da humildade, da compreensão, da compaixão, da acolhida, da unidade e da paz. Essa luta se dá no íntimo da cada pessoa, de cada comunidade, e entre a comunidade e o mundo que a cerca. Se as comunidades viverem o chamado à missão, estarão sempre na contracorrente da cultura. O mundo, com seus valores equivocados, tentará isolá-las, tachá-las de estúpidas, utópicas, inviáveis e infiltrá-las com falsos valores que as dividirão ou, por meio da riqueza e da segurança, as levarão a perder a chama e o espírito que lhes dá vida.

As comunidades sobreviventes sempre serão perseguidas, de uma maneira ou de outra. Os membros da comunidade devem estar conscientes da gravidade da luta e prontos a sustentá-la com coragem e a prece. Satã e os espíritos do mal não desejam que comunidades de amor existam. Farão todo o possível para desencorajá-las, desmembrá-las e, por fim, tentarão destruí-las.

* * *

Para poder encontrar Jesus nos momentos de comunhão com os pobres e os prejudicados, é preciso, antes de tudo, encontrá-lo na prece e na Eucaristia. "Aquele que come da minha carne e bebe do meu sangue permanece comigo, e eu com ele."

* * *

Depois de muitos anos, descobri que minha vida com os pobres não se opõe à minha vida de prece e de união com Deus. É verdade que Jesus revela-se para mim na Eucaristia e que tenho necessidade de passar algum tempo com ele em prece silenciosa. Mas ele também se revela para mim na vida com meus irmãos e irmãs. Minha fidelidade a Jesus se realiza na minha fidelidade aos irmãos e irmãs da Arca, especialmente os mais pobres.

Se prego retiros, é pela aliança. É ela que dá a base de minha vida. Tudo o mais é apenas servir.

Na Igreja, muitas pessoas se consagram a Deus com uma vida de preces e adoração. Outras escolhem a missão de anunciar a Boa-Nova ou assumir atitudes de misericórdia em nome da Igreja.

Sinto que meu lugar, na Igreja e na sociedade humana, é caminhar com os pobres e os fracos. Somos chamados a crescer juntos rumo à liberdade interior, a nos ajudar mutuamente para atingir maior liberdade interior e autonomia exterior.

* * *

AS ÁGUAS QUE BANHAM A HUMANIDADE

O profeta Ezequiel (Ez 47) teve uma visão: uma água que saía do templo: no começo, era apenas um fio, o qual foi aumentado até se transformar num rio impossível de ser atravessado. Em suas margens havia inúmeras árvores que sempre davam frutos. As folhas e as águas serviam de remédios. Por onde as águas passavam, a vida era abundante e os peixes, numerosos. João, o evangelista, teve uma visão semelhante (Ap 22): o rio de vida, límpido como o cristal, brotando de Deus e do Cordeiro, gerando vida e dando frutos.

O templo não é o corpo de Cristo, o lugar em que Deus habita? Não é do coração ferido do Cordeiro, na cruz, que surge a água da vida que banha a humanidade? O templo, ou seja, a Igreja, não é o corpo de Cristo?

Cada comunidade é enxertada no coração de Cristo e em seu corpo, a Igreja. A comunidade não é a fonte original. Faz parte de algo muito maior: é sinal, revelação e fruto da fonte de vida encarregada de banhar a humanidade, de purificá-la, de curá-la, de lhe dar vida, liberdade e condições de produzir frutos. Nenhuma comunidade está isolada. Cada nova comunidade se origina de outra. Nasce graças à fé de homens e de mulheres que deram vida a comunidades, de geração em geração, desde que Cristo morreu na cruz. Foi lá que ele exclamou: "Pai, perdoai-os...". Foi lá que a água brotou de seu corpo e uniu Maria e João numa aliança de amor.

O dom da fé e do amor universal, do perdão e da esperança, é transmitido de pessoa para pessoa, de uma comunidade a outra, de geração em geração. Cada comunidade faz nascer outras pessoas e outras comunidades. O espírito da comunidade é como um fogo que ilumina e aquece e se comunica pela comunhão dos corações.

Uma comunidade não existe apenas para si mesma e para sua própria glória, mas para algo bem maior e mais profundo, do qual faz parte: o coração de Deus, que tem sede de encaminhar a humanidade para a sua consumação. A comunidade nunca é um fim em si mesma. É um sinal que convida a ir mais longe e "para trás", que convida ao amor: "Vem beber da fonte que brota do Eterno e se manifesta em cada ato de amor na comunidade, em cada momento de comunhão".

É por isso que as comunidades não se devem isolar umas das outras. São chamadas para viver em comunhão e para colaborar entre si. Fazem parte de um imenso corpo que une céu e Terra, daqueles que nos precederam e dos que ainda vivem na Terra. Todos, unidos, preparam as sementes que florescerão e frutificarão nas próximas gerações; preparam os caminhos do amanhã que permitirão ao corpo de Cristo atingir sua plenitude. Cada comunidade é um sinal libertador de Deus. Há as que o manifestam pela contemplação e pela adoração, permanecendo no silêncio e no êxtase do amor e da vida mística; há as que o manifestam, proclamando a palavra da verdade; e há as que se ocupam com carinho dos corpos e dos corações feridos, a fim de lhes dar vida, reconciliação e paz.

Cada comunidade necessita comunicar-se com outras a fim de estimular-se, encorajar-se, sustentar-se e afirmar-se mutuamente. As comunidades que vivem uma situação de sofrimento-limite, lutando contra a força das trevas, da violência e do poder, precisam ser irrigadas e alimentadas por canais subterrâneos de amor: os contemplativos dos monastérios, que levantam à noite para orar, e os contemplativos do mundo, pessoas idosas e doentes em suas casas ou nos hospitais.

A comunidade que se isola, seca e morre; a comunidade que vive em comunhão com outras e com pessoas que rezam, recebe e dá vida. É a Igreja que penetra toda a humanidade para irrigá-la.

Essa Igreja vive não apenas nos que acreditam no nome de Cristo, mas em todos aqueles que procuram, nos séculos que antecederam e precederam sua vinda, guiados pelo Espírito, a luz da verdade universal e do mistério de Deus, o calor da compaixão e da libertação que abre caminho para o perdão. Somos todos unidos em um só corpo, o corpo da humanidade, que é o corpo de Cristo, desde que o Verbo se fez carne para ser um de nós.

Somos chamados a ser, juntos, no amor e na compaixão, testemunhas e sinal da água que brota do coração de Deus e convoca toda a humanidade às núpcias eternas do Amor.

Devemos sempre nos lembrar de que essa água não brota apenas do Alto e dos lugares iluminados, mas também de uma terra machucada: das doces fontes da água da vida que brota dos corações machucados dos pobres. Devemos aprender a nos aproximar deles para saciar a nossa sede, pois são eles que tornam presente o coração ferido e partido de Jesus, o crucificado.

CAPÍTULO

4

Crescimento

UMA COMUNIDADE CRESCE COMO UMA CRIANÇA

Cada um de nós está fazendo uma viagem: a viagem da vida. Cada pessoa é uma peregrina neste caminho. O crescimento humano da criança no seio de sua mãe até o dia de sua morte é, ao mesmo tempo, longo e muito curto. E se situa entre duas fraquezas: a do bebê e a do moribundo.

No plano da atividade, há um crescimento e, depois, um decrescer. A criança e o adolescente caminham para a maturidade do adulto. Precisam de muitos anos para chegar a essa maturidade, a qual implica uma certa autonomia e uma certa força. Depois, chegam as doenças e o cansaço. Então, nos tornamos sempre mais dependentes até chegar àquela dependência total em que se volta a ser como uma criancinha.

Se, no plano da atividade e da eficácia, há crescimento e depois um decrescer, no plano do coração, da sabedoria e da comunhão com Deus e com os outros, pode haver um crescimento contínuo. Nesse crescimento do coração, há etapas bem marcantes: o bebê vive do amor e da presença da mãe. O tempo da infância é o da confiança. O adolescente vive de generosidade, de utopias e de esperança. O adulto realiza, compromete-se, assume responsabilidades: é o tempo da fidelidade. Finalmente, o idoso reencontra o tempo da confiança, que é também o da sabedoria. A pessoa idosa, porque incapaz de grandes atividades, tem tempo para olhar, contemplar, perdoar. Tem o sentido do que é a vida humana:

aceitação da realidade. Sabe que viver não é somente fazer e correr, mas também acolher e amar. O idoso ultrapassou aquela fase em que se deve provar o valor pela eficácia.

Entre cada uma dessas etapas, há outras a serem vencidas; cada uma delas implica uma preocupação e uma educação. Cada uma delas se vive com maiores ou menores sofrimentos, frutos de renúncias.

A vida humana é esta viagem, este caminhar, este crescimento para um amor mais realista e mais verdadeiro; é uma viagem rumo à unidade. Com efeito, quando o bebê está unificado na sua fraqueza e em sua relação com a mãe, quanto mais ele cresce, mais divisões surgem entre sua vida sexual e sua vida de relacionamento, entre sua vontade e suas tendências psicológicas (ou seus "impulsos"), entre a interioridade e a exterioridade, entre o que vive e o que diz, entre seus sonhos e a realidade. Tornando-se sempre mais autônomo, seus medos em relação à sua fraqueza, sua vulnerabilidade e aos seus limites, ao sofrimento e à morte tornam-se mais conscientes, bem como as barreiras que existem à volta de sua vulnerabilidade. Cada um de nós caminha para a integração do próprio ser profundo com as qualidades, as fraquezas, as riquezas, as pobrezas, a luz e as trevas que temos.

* * *

Crescer é emergir, pouco a pouco, de uma terra em que nossa visão é limitada, onde somos governados por uma busca de prazer egoísta, por nossas simpatias e antipatias, a fim de caminhar para horizontes ilimitados, para um amor universal, em que amaremos todos os humanos desejando-lhes felicidade.

* * *

Assim como na vida humana há etapas sucessivas a serem atravessadas, também na vida de uma comunidade há etapas que pedem uma preparação, uma educação, as quais se realizam com maior ou menor sofrimento.

Há o tempo da fundação, o tempo da entrada em órbita e, por fim, o tempo de firmar um ritmo, naturalmente. A comunidade começa a se revelar e a crescer. Existe, muitas vezes, um tempo de adolescência: sentimos que a comunidade é única e abençoada por Deus, que é algo à parte. Então, nos revelamos ingênuos e "donos da verdade", generosos e idealistas. Pouco a pouco, no entanto, descobrimos, às vezes por meio de crises, que não somos perfeitos, que cometemos erros graves e que outras comunidades, com as quais seria interessante colaborar, também são abençoadas por Deus. Então, com o passar do tempo, menos pessoas entram na comunidade e a idade média de seus membros eleva-se. É durante esse período que pode haver tensões causadas pela definição dos objetivos e do estilo de vida. A seguir, depois da morte do fundador, pode se dar uma verdadeira crise, se a passagem para os novos responsáveis não for bem amadurecida. Por fim, pode haver momentos em que a comunidade pode parecer envelhecida e doente.

Essas etapas são menos claras que as da vida humana, mas existem. De certo modo, são cíclicas, ou seja, voltarão, enquanto a comunidade durar. As comunidades nascem, crescem, geram vida, envelhecem... Depois, renascem.

Há etapas diferentes no modo de exercer a autoridade e na evolução das estruturas de decisão. A comunidade e seus responsáveis devem permanecer vigilantes para vencê-las.

Muitas tensões em comunidade vêm do fato de alguns membros se recusarem a crescer, uma vez que tal crescimento implica o crescimento de cada pessoa. Há sempre os que resistem às mudanças e recusam a evolução. Querem que tudo permaneça como sempre foi. O mesmo acontece na vida humana: muitos não querem o crescimento e as exigências de uma nova etapa e se recusam a envelhecer. Mas a comunidade deve sempre estar em fase de crescimento.

* * *

O caminho para a comunidade é feito de descobertas contínuas. Não conhecemos quase nada a respeito dele. Não é uma viagem com um mapa detalhado e um itinerário que nos informa quando chegaremos às paradas previstas. O próprio ponto de chegada nos é desconhecido.[1]

* * *

A comunidade de Taizé é um ótimo exemplo de crescimento e adaptação aos acontecimentos, às circunstâncias novas e à inspiração no Espírito Santo. Kathryn Spink, que escreveu um livro sobre essa comunidade, disse:

> O irmão Roger tem consciência de que nada se realiza sem lenta maturação e que a comunidade deve progredir, dia após dia, sabendo que foi, pouco a pouco, que Cristo tornou-se a essência do amor. Devemos, diz ele, estar prontos a amar Cristo sem vê-lo e, dessa forma, crescer no Espírito... A história da vida comunitária de irmãos é caracterizada por uma procura contínua do modo de existência mais favorável a esse crescimento. Certos elementos evoluem ou mudam constantemente... Na Taizé, a busca e a criatividade não cessam. De formas diversificadas, os anos mais recentes foram tão criativos quanto os primeiros.[2]

Não é mais fácil viver em comunidade, depois de vinte anos de vida comunitária, do que se vivia no início. Pelo contrário, quem entra na comunidade é um pouco ingênuo: está cheio de ilusões, mas tem a graça necessária para sair de uma vida individualista e egoísta.

Quem vive na comunidade há vinte anos sabe que não é fácil. Está muito consciente de seus próprios limites e dos limites dos outros. Conhece todo o peso de seu próprio egoísmo.

A vida comunitária é um pouco esta caminhada no deserto para a terra prometida, para a libertação interior. O povo judeu só começou a murmurar contra Deus depois da passagem do Mar Vermelho. Antes, estava preso pelos aspectos extraordinários: despertado pela aventura, o gosto do risco e tudo o mais que lhes pareciam preferível ao fardo da escravidão.

---

[1] CLARK, David. "Yes to Life". *Fount Paperbacks*. Londres. 1987, p. 25.
[2] SPINK, Kathryn. *A Universal Heart*. Londres, SPCK, 1986, pp. 162-163.

Foi só mais tarde, quando o povo se esqueceu do que era ser tiranizado pelos egípcios e quando o extraordinário deu lugar ao cotidiano comum e regular, que murmurou contra Moisés. Estava farto!

É fácil manter a chama do heroísmo no momento da fundação de uma comunidade: a dialética com o ambiente que rodeia a comunidade estimula os corações generosos. Ninguém quer deixar-se abater.

É bem mais difícil quando os meses, os anos passaram e uma pessoa se confronta com as próprias limitações. A imaginação não é mais estimulada pelos aspectos heróicos e o cotidiano parece muito enfadonho. Depressa as coisas das quais pensávamos estar desapegados voltam como sedutoras; o conforto, a lei do menor esforço, a necessidade de segurança, o medo de ser incomodado. E não se tem mais força para resistir. Tem-se menos força para controlar a língua e para perdoar. Levantam-se barreiras e a pessoa se isola. Desta forma, é mais fácil deixar-se invadir pela angústia.

Algumas pessoas dizem que a comunidade começa no mistério e termina na administração. Começa com grande entusiasmo, com um amor pronto a vencer todas as dificuldades, com vontade de arriscar-se e com uma fé inabalável na Providência, mas acaba sem entusiasmo, dominada pela burocracia, com preocupações materiais, com uma conta no banco e com medo de correr riscos.

O grande desafio para uma comunidade que cresce está em adaptar suas estruturas, para que elas estejam sempre a serviço do crescimento das pessoas, dos objetivos essenciais da comunidade, e não a serviço de uma tradição a ser mantida e, muito menos, de uma autoridade ou de um prestígio a ser preservado.

Em nossos dias, as pessoas opõem espírito e estruturas. Sim, o desafio reside em criar estruturas em função do espírito, que sejam nutritivas em si mesmas. Há um modo de exercer a autoridade, de discernir e até de administrar as finanças, conforme o Evangelho e as bem-aventuranças e que, por isso mesmo, é fonte de vida.

* * *

Comunidade é comunhão de corações e de espíritos; é uma rede de relações. Contudo, a relação implica que se responda ao grito dos nossos irmãos e irmãs, sobretudo dos pobres, dos mais fracos e mais prejudicados, e que se responsabilize por eles. Isso exige muito e é incômodo.

É por isso que, muito facilmente, a relação e as exigências que ela implica são substituídas pela lei, pelo regulamento e pela administração. É mais fácil obedecer a uma lei do que amar. É por isso que certas comunidades terminam em regulamentos e administração, em vez de crescer na gratuidade, na acolhida e no dom.

* * *

Do heroísmo ao cotidiano

A fundação de uma comunidade é bastante simples. Há muita gente cheia de coragem e à procura de heroísmo, pronta a dormir no chão, a trabalhar muitas horas por dia, a viver em casas em ruínas. É fácil acampar. Todos estão prontos para viver no duro, durante um certo tempo. O problema não é iniciar a comunidade (há sempre bastante energia para fazer subir o foguete). O problema é entrar em órbita e viver o cotidiano, muitas vezes aborrecido, como, por exemplo, viver com irmãos e irmãs que não escolhemos, mas que nos foram dados, e visar sempre, verdadeiramente, aos objetivos da comunidade.

A comunidade, que é só um foguete de heroísmo, não é verdadeira comunidade. Ela implica um estilo de vida, uma atitude, um modo de viver e olhar a realidade e, sobretudo, a fidelidade no cotidiano. E esse cotidiano é feito de trabalhos simples: preparar as refeições, usar e lavar a louça, arrumá-la, participar das reuniões etc. É feito de dom, de alegrias e festas, de perdão setenta vezes sete vezes.

Uma comunidade só está em via de criação quando seus membros aceitarem não fazer grandes coisas, não ser heróis, mas viver cada dia com uma esperança nova, como crianças que olham, maravilhadas, o nascer do Sol e dão graças quando ele se põe. Uma comunidade só está em via de criação, quando seus membros reconhecerem que a grandeza da pessoa está em aceitar sua pequenez, sua condição humana, seu terra a terra e dar graças a Deus por ter colocado, num corpo limitado, sementes de eternidade, as quais se manifestam por meio de pequenos gestos cotidianos de amor e de perdão.

TORNA-SE CLARA A VISÃO DE MUNDO

Depois do tempo de heroísmo, de luta e de encantamento, vem o momento em que a visão, os objetivos e a espiritualidade da comunidade tornam-se claros e são relacionados por escrito. Igualmente, tornam-se mais claros sua identidade e seu lugar na sociedade, na Igreja e na história da humanidade. É nesse momento que percebemos o quanto ela caminha na contracorrente da cultura, em que medida é profética, quais são os perigos a que ela e seus membros se expõem e de que formação específica eles têm necessidade. É importante, para a vida da comunidade, ter uma visão e uma compreensão intelectual. Estas, porém, precisam sempre brotar do encantamento e da ação de graças que devem habitar o coração da comunidade.

Na Arca, necessitamos de um certo tempo para compreender que o nosso carisma consistia em viver apenas com pessoas deficientes ou mentais, e não com todos os tipos de deficientes ou de formas de pobreza. Só depois de alguns anos descobrimos o sentido de nossa vida comunitária. Atualmente, ainda precisamos de um certo tempo para conseguir exprimir, com clareza, a nossa espiritualidade e de que maneira somos alimentados pelo povo. Só, então, poderemos ver, com maior discernimento, o que caracteriza a Arca, o que a diferencia de outros lares e de outras comunidades religiosas, como, por exemplo, os irmãos e as irmãs de Madre Teresa.

Uma comunidade deve ter bem clara sua espiritualidade e ajudar os seus membros a vivê-la, pois será ela que os ajudará a crescer na unidade interior e na união com Deus. Cada comunidade dá vida a um aspecto do Evangelho e da vida de Jesus. Assim, Francisco de Assis revela a beleza e o dom da pobreza, enquanto Bento mostra uma vida de prece e de trabalho. Outras testemunham a paz, num mundo de conflitos, por meio do espírito da não-violência. A espiritualidade de uma comunidade é seu carisma e sua fidelidade. Manifesta-se na nossa maneira de trabalhar e de orar, nos encontros e na celebração, no ritmo de vida e no modo de viver o cotidiano, nas prioridades, comunidades etc.

A espiritualidade da Arca manifesta-se na nossa maneira de viver com os deficientes e ver neles Jesus. Essa espiritualidade sempre se orienta para uma vida mística. Sua finalidade: a comunhão com Jesus e com seu Pai, no Espírito Santo, e a comunhão com os nossos irmãos e nossas irmãs.

* * *

Desde o início, sempre há o perigo da planificação de uma comunidade em todos os detalhes: sua vida, sua organização e sua espiritualidade, devido à necessidade de segurança. Dessa forma, são as idéias que precedem a vida e a governam. O espírito, no entanto, nem sempre trabalha dessa maneira. A comunidade que nasce deve, antes de tudo, viver. E essa vida precisa preceder o que está escrito e a estrutura. A comunidade cresce, aprofunda-se e evolui com o tempo e sob a inspiração do Espírito Santo, seguindo, naturalmente, determinada direção e os princípios claros que são os de sua fundação. Nem tudo, porém, deve estar planejado desde o início: é preciso distinguir o acidental do essencial. Ao entrar na comunidade, a pessoa tem uma contribuição a dar para o seu desenvolvimento, com sua maneira de ver o mundo e sua inspiração.

Os acontecimentos modificam a maneira de fazer as coisas, e, pouco a pouco, surge uma visão comum de mundo. Fazer um plano muito detalhado intelectualmente, antes da fundação de uma comunidade, pode sufocar o Espírito. Mesmo com o desejo de permanecer aberto e indefinido em relação a tudo e a qualquer coisa, esse tipo de planejamento pode impedir o crescimento.

Há um tempo para tudo: um tempo para a concepção, o nascimento e o crescimento. Em seguida, há um tempo para se "reler" o que se realizou e refletir sobre isso. Deus nos dá um coração para que possamos inspirar-nos em seu amor e em seu Espírito, mas também nos dá um espírito para que possamos ler, compreender, discernir e colocar, por escrito e nas estruturas, o que ele nos disse e o que nos deu ao longo de nossas vidas e de nossa história.

* * *

O temperamento latino tem tendência a anunciar e até a impor uma visão, para depois julgar e ajustar a realidade a ela. Existe, às vezes, dificuldade em ouvir, ler e avaliar a realidade. Essa visão é teórica demais. O temperamento anglo-saxão é mais pragmático: sabe ouvir e avaliar a realidade, mas, às vezes, não tem visão. Uma comunidade tem necessidade desses dois temperamentos. Necessita de visão, mas também precisa ouvir o Espírito Santo e ler a realidade que lhe permitirá mudar essa visão.

* * *

Hoje, mais do que nunca, temos necessidade de compreender o que é a comunidade, quais são as leis de crescimento e de aprofundamento, quais são as suas necessidades vitais e quais os seus perigos. É preciso adquirir uma consciência intelectual, pois estamos tão guiados pela *mass media* e por uma cultura do sucesso, do prazer e da independência, que os valores da comunidade permanecem desconhecidos.

Muitas pessoas querem permanecer na comunidade pelo prazer de estar em grupo, mas recusam as exigências da vida comunitária. Querem, ao mesmo tempo, liberdade e comunidade: liberdade para fazer apenas o que desejam, quando quiserem, e comunidade, pela alegria da partilha. Mas a comunidade implica certas estruturas e certos valores. Não se pode ter tudo ao mesmo tempo! É preciso escolher! Ora, para ser capaz disso, necessita-se de um pouco de lucidez.

No domínio da sexualidade, isso é claro: não se pode fazer o que se quer numa comunidade. A vida comunitária implica uma ética comum, como também uma tomada de posição em relação à riqueza e ao exercício do poder. Há pessoas que querem uma comunidade sem autoridade. Talvez isso seja possível durante alguns meses ou anos, contanto que seja uma comunidade pequena e que as pessoas sejam maduras. Contudo, no momento em que surgir uma crise, isso se tornará impossível.

Viver em comunidade implica, portanto, refletir sobre todos esses assuntos. Cada membro deve assumir a visão da comunidade, com todas as suas implicações. Caso contrário, uma outra visão começará a se infiltrar, mesmo inconscientemente.

Numa comunidade, sempre existe o perigo de se encontrar pessoas que permanecem infantis, muito dependentes das figuras paternais. Conseguem viver, trabalhar e orar normalmente, no entanto, não refletem sobre o que estão passando. Se as pessoas recusam essa tomada de consciência intelectual, se apegam unicamente à "inspiração do Espírito", ou se deixam levar pela afetividade, a comunidade corre perigo.

É lógico que devemos permanecer como crianças, conservando o espírito de encantamento, mas também devemos ter sabedoria para dirigir e aprofundar a comunidade, para proteger a semente do amor contra as forças do mal, da sedução e da opressão, forças essas que poderiam esmagá-la.

* * *

Quanto mais uma comunidade cresce e cria raízes, mais deve descobrir o sentido profundo que dá à sua própria vida e missão. Ela não pode estar alheia às questões fundamentais do mundo e da Igreja. Uma comunidade viva é feita de relações humanas autênticas. É mais uma comunidade de vida do que um agrupamento de pessoas que *fazem* coisas. E quanto mais viva ela for, mais deve ter clareza sobre as questões fundamentais da vida humana: o sofrimento e a morte, o crescimento humano e a cura interior, o lugar do homem e da mulher na sociedade e no mundo, o sentido de sexualidade, a família e o celibato. Precisa ter opinião formada a respeito do exercício do poder, o papel da autoridade, o sentido do crescimento rumo à liberdade e responsabilidade. Deve ter senso profundo do lugar de Deus, da oração e da religião na existência humana, ter uma posição quanto à pobreza e à riqueza e uma visão nítida do amor e da competência.

Uma comunidade deve ter consciência de seu lugar, hoje, na Igreja e no mundo; saber como se situar em face dos terríveis sofrimentos, desigualdades e injustiças que há na humanidade. Precisa igualmente saber como atender ao grito e ao desespero dos jovens. Deve encontrar símbolos que signifiquem o sentido que ela dá a essas realidades fundamentais, ou como as compreende. Não podemos crescer juntos e aprofundar nossas relações sem abordar essas questões. A tradição da comunidade necessita de formas de veicular uma resposta a essas questões. É preciso, pouco a pouco, tomar consciência do significado e da inteligibilidade dessa tradição.

* * *

DA MONARQUIA À DEMOCRACIA

No início de uma comunidade, o fundador decide e faz tudo. Pouco a pouco, surgem os colaboradores, irmãos e irmãs, e criam-se laços. O responsável começa a pedir a opinião dos outros. Não é mais ele quem vai ditar o que deve ser feito. Agora, vai ouvir os outros.

Nasce, desta forma, um espírito comum. O responsável começa a descobrir o dom e o carisma de cada um de seus colaboradores. Dá-se conta de que são mais capazes do que ele, em determinados assuntos, e que possuem dons que ele não tem. A esta altura, o fundador deve exercer sua autoridade: confiar-lhes responsabilidades cada vez maiores e aprender a brilhar menos para ceder lugar ao brilho dos outros. Ele continua sendo aquele que une, referencial, o coordenador, aquele que encoraja as pessoas em suas responsabilidades e vela pela perpetuação do espírito e da unidade harmoniosa do conjunto. De vez em quando, nos momentos de crise, será chamado para afirmar sua autoridade, pois é o responsável principal. E, quando a disciplina está enfraquecida, deve chamar a comunidade à ordem. Ele é uma referência distante, mas muito presente, até o dia em que desaparecer totalmente e deixar seu lugar a outro que irá substituí-lo. É dessa forma que seu trabalho e sua obra se completarão. Sua função era justamente desaparecer.

Existe aí uma analogia com a autoridade dos pais. No começo, fazem tudo para os filhos. Mas aos poucos, tornam-se apenas amigos, companheiros de conversa. Quando se tornam idosos, chegam até a se tornar filhos de seus filhos. Qualquer pai deve sempre estar pronto para abandonar uma atitude de posse; estar pronto a permitir que a vida de seu filho se desenvolva e a jamais esmagá-la. O mesmo acontece com o fundador de uma comunidade: é preciso que aprenda a apagar-se cada vez mais, e não a defender sua autoridade.

* * *

Um dos momentos mais importantes de uma comunidade é aquele em que seu fundador ou sua fundadora atinge real consciência de que a comunidade não é um projeto seu, e sim de Deus, e que ele (ou ela) não passa de instrumento chamado a desaparecer.

* * *

Importa que as pessoas tenham projetos pessoais e responsabilidades que lhes permitam tomar iniciativas. Mas é também importante que esses projetos pessoais sejam confirmados pela comunidade, ou que brotem do discernimento comunitário. Caso contrário, eles irão contra a comunidade. Se isso se der, é porque a pessoa que está querendo provar que seu projeto é melhor do que o da sua comunidade, ou quer demonstrar que deseja separar-se. Nas comunidades, há pessoas que se julgam superiores, salvadoras.

O discernimento comunitário implica que todos os membros da comunidade, ou pelo menos os responsáveis, tentem ver em que ponto estão os verdadeiros projetos da comunidade e em que direção devem ir. Quanto a isso, é preciso não se deixar levar nem pela paixão, nem pela vontade de convencer os outros, querendo fazer prevalecer suas próprias idéias. É mister que todos ouçam as idéias uns dos outros e, aos poucos, sem paixão, a verdade virá à tona. Pode levar muito tempo, mas vale a pena, porque só então cada membro da comunidade irá aderir pessoalmente ao projeto.

* * *

Às vezes, tem-se a impressão de que certas comunidades foram fundadas por pessoas que têm necessidade de ser o chefe, de provar alguma coisa, de formar a "sua" comunidade, o "seu" projeto. É mister ajudar os fundadores a não caírem nessa armadilha, a fim de que vejam claras suas motivações e deixem de lado algumas de suas idéias. Desde o começo, é preciso evitar que eles fiquem sozinhos. É melhor que a comunidade seja fundada por duas ou três pessoas que discernam juntas e se controlem mutuamente. Caso contrário, o fundador corre o risco de se aprofundar nesta criação: faz tudo e se torna possessivo em relação a este "filho". Não ouve crítica alguma e só dá ouvidos aos lisonjeadores (há sempre gente desse tipo à volta das comunidades). Pensam que apenas eles são inspirados e proféticos. Uma comunidade morrerá de asfixia se o seu fundador tiver a tendência de sufocar as pessoas que vierem ajudá-lo — seus irmãos —, se não tiver confiança neles, não repartir com eles as responsabilidades, não os deixar ter iniciativas.

Se aquele que começa uma comunidade o fizer com o desejo de provar alguma coisa mediante o "filho" que vai criar, há aí uma base de orgulho, algo de doentio que deve morrer. A comunidade existe para as pessoas que nela vivem, e não somente para o fundador. A responsabilidade é uma cruz que ele carrega, mas que deve logo repartir para que os dons de cada um se possam manifestar. Se o fundador não aprender, pouco a pouco, a desaparecer, a comunidade morrerá ou será obrigada a rejeitá-lo.

* * *

De vez em quando, encontro pessoas que querem criar uma comunidade. Depois de vinte e cinco anos de experiência de vida comunitária, não aconselharia ninguém a criar uma comunidade, salvo, é claro, exceções baseadas em sinais de Deus. Eu as aconselharia, antes, a viver numa comunidade já existente, pois quando chegar o momento, serão enviadas por essa comunidade para fundar uma outra. Quando se cria uma comunidade, é preciso ter um sentimento de pertença a ela e também de ser enviado. É preciso alguém que nos confirme, nos apóie, nos controle e nos aconselhe. Assim, as primeiras comunidades cristãs foram fundadas por homens que faziam parte da comunidade dos apóstolos e dos discípulos, os quais estavam em oração, no dia de Pentecostes, com Maria, a Mãe de Jesus. Tinham sido enviados e confirmados pelos apóstolos.

* * *

A ABERTURA PARA O BAIRRO E PARA O MUNDO

Antes de fundar uma comunidade, é importante entrar em contato com o lugar ou bairro em que ela vai ser implantada. Muitas comunidades nascem sem esses contatos prévios. Se essas comunidades acolherem pessoas deficientes ou que estão sofrendo, acontecerá uma catástrofe. Os vizinhos e todos que a rodeiam iriam rejeitá-la. Então, a comunidade não seria mais um sinal, mas tornar-se-ia um abscesso. Se os fundadores tivessem explicado aos vizinhos seu próprio projeto, teria havido um acolhimento mais compreensivo. E se as pessoas deficientes do lugar puderem ser acolhidas, a comunidade tornar-se-á plenamente integrada. Não é perda de tempo passar vários meses fazendo contatos e criando laços de amizade com os vizinhos, antes de começar.

Falo com conhecimento de causa, porque, no início da Arca, cometi muitos erros. Acolhia cada vez mais doentes mentais que vinham de hospitais psiquiátrico, entusiasmado com eles, ou, talvez, também para reagir às injustiças de que eles haviam sido vítimas. Mas eu estava pouco consciente do que as pessoas da cidade sentiriam ao nos verem abrir novas casas. Desse modo, o que deveria ter acontecido, aconteceu: alguns deles agruparam-se e assinaram uma petição contra a Arca. Vivemos muitos meses de tensão e sofrimento, os quais poderiam ter sido evitados se tivéssemos cooperado mais com a cidade desde o início.

* * *

Para que uma comunidade se torne sinal, é preciso que seus vizinhos a vejam como um bem para o bairro ou para o lugar. É bom que haja, na comunidade, alguém que possa ajudar os idosos ou os doentes da vizinhança e que a comunidade saiba acolher os que sofrem ou passam necessidade.

* * *

Quanto mais uma comunidade se aprofundar e crescer, mais deverá inserir-se no bairro. No começo, a comunidade permanece como que contida entre as quatro paredes da casa. Mas, pouco a pouco, abre-se aos vizinhos e amigos. Certas comunidades assustam-se quando começam a perceber que seus vizinhos demonstram o desejo de comprometer-se com elas. Têm medo de perder a identidade e o controle.

Mas não será isso a verdadeira expansão da comunidade? Importa, em certos momentos, deixar cair suas paredes. Isso implica que cada um respeite o compromisso do outro e que suas responsabilidades e seus direitos sejam claramente explicitados. É preciso que cada pessoa traga algo para as outras, na gratuidade, e que se criem verdadeiros laços. É assim que uma pequena comunidade pode tornar-se, pouco a pouco, fermento na massa, um lugar de unidade entre todos e para todos.

É verdade que, à medida que uma comunidade se enraíza num bairro, que se amplia e que bens vizinhos se comprometem, descobrirá que certas leis do país e certas injustiças impedem o crescimento das pessoas, em particular das minorias desfavorecidas. A comunidade é, então, levada a tomar posição do ponto de vista político. Ela procura ajudar as pessoas, modificar as leis e lutar contra as injustiças. Tornar-se-á, talvez, malvista pelo governo do país. Também pode acontecer de a oposição procurar, a todo custo, ganhá-la para a sua luta. É difícil para tal comunidade encontrar o caminho entre esses dois extremos.

* * *

Margarita Mayano lembrava-nos, na Arca, de que a borboleta, para sair, deve quebrar a crisálida e que a criança, ao nascer, comete uma violência. Para dar à luz uma nova sociedade, é necessário, às vezes, haver certas violências. Estas, no entanto, devem brotar da comunhão e da confiança, como também reforçá-las.

* * *

À medida que vai crescendo, uma comunidade descobre, pouco a pouco, que não existe para si mesma. Pertence a toda a humanidade e existe para a humanidade. Recebeu um dom que deve fazer frutificar para todas as pessoas. Se se fechar sobre si mesma, morrerá de asfixia.

A comunidade, no início, é como uma semente que deve crescer e transformar-se numa árvore que dará frutos em abundância. Nela, os pássaros do céu poderão fazer seus ninhos. Deve abrir generosamente os braços, na gratuidade, para dar aquilo que também recebeu de graça. Quando as sementes caem de uma árvore, geram novas árvores. É dessa forma que a vida faz seu ciclo e o crescimento se opera. É, também, dessa forma que nascem novas comunidades.

A comunidade deve lembrar-se sempre de que é um sinal e um testemunho para toda a humanidade. É uma fonte de esperança para todos.

* * *

A comunidade deve permanecer separada da sociedade humana e, ao mesmo tempo, aberta a ela. À medida que vive valores diferentes dos propagados pela sociedade, deve, necessariamente, permanecer separada. Se for muito aberta, não poderá conservar e aprofundar verdadeiramente seus próprios valores. Não terá identidade nem vida própria. Tenderá a assumir um compromisso com o espírito da cultura e os valores da sociedade, ou deixar-se influenciar por eles. Não mais será livre para permanecer fiel à verdade. Contudo, se for fechada demais, não poderá crescer nem ver os valores reais que existem na sociedade e nos outros. Entrará numa dialética: "Eu tenho razão; eles é que estão errados". Será incapaz de ver as trevas e os erros em si mesma. A comunidade é chamada a crescer, pouco a pouco, no relacionamento com os outros, com as pessoas do bairro. Assim, por meio desses novos amigos, a comunidade crescerá, cada um ajudando o outro a crescer. Não haverá uns que têm razão e outros que estão errados, mas todos se ajudarão.

Tenho a impressão de que, na Igreja, houve uma época em que as ordens religiosas eram fechadas demais em si mesmas. Morriam de asfixia. Sentiram isso e abriram-se à sociedade. Todavia, algumas o fizeram depressa demais: começaram a deixar seus hábitos religiosos para ficar mais perto do povo, mas também deixaram suas tradições, o sentido de sua fundação e perderam a identidade. Não existia mais comunidade.

Quando uma comunidade sente que está morrendo, não é o momento de mudar as coisas exteriores, o regulamento ou o hábito. Caso contrário, não haverá mais nada para manter as pessoas juntas. É, então, momento de uma renovação interior, de renovar a confiança no relacionamento pessoal e na oração, de ficar próxima dos pobres e dos que sofrem. A comunidade só poderá modificar-se externamente quando sua vida interior for forte, inspirada e guiada pelo amor. Não antes disso!

A PROVAÇÃO: UMA ETAPA NO CRESCIMENTO

A provação é um fator de crescimento na comunidade. Por provação entendo tudo o que é difícil, que é pobreza, perseguição, tudo o que desloca a comunidade e revela a sua fraqueza, as tensões e as lutas interiores e exteriores. Todas essas dificuldades que vêm de uma nova etapa a vencer.

Para se criar uma comunidade, é preciso lutar contra todos esses elementos. Todavia, quando a comunidade já está a caminho, certas energias parecem desaparecer, procuram-se logo compensações no conforto, na segurança, nas distrações e no compromisso com outros valores.

Numa comunidade terapêutica, isso é muito visível: no começo, aceitam-se pessoas difíceis, depressivas, que passam dos limites. Depois, pouco a pouco, todos se acomodam: se uma pessoa difícil chega, já não a podem aceitar. As energias que estavam presentes, para se enfrentar toda espécie de dificuldades e assumir as pessoas difíceis, desaparecem. Chega o momento em que as pessoas se sentem bem juntas. E esse bem-estar já é uma baixa na tônica da unidade. É por isso que as provações são um bem para uma comunidade: elas obrigam as pessoas a olhar o que se passa consigo mesmas e na comunidade, a situar-se em relação a seus objetivos e sua vida de oração, a encontrar um tipo de unidade e de energia para enfrentar as dificuldades.

* * *

A comunidade que enriquece, que se torna segura, e não pensa a não ser em proteger seus bens e sua reputação, está prestes a morrer, deixou de crescer no amor. Uma comunidade vive quando é pobre, quando seus membros sentem que devem trabalhar juntos, permanecer unidos e depender uns dos outros, nem que seja pelo pão de cada dia!

* * *

Não raro, é quando uma comunidade começa a se desfazer que as pessoas começam a aceitar o diálogo e a se olhar nos olhos, pois percebem que é questão de vida ou de morte; se não se fizer algo decisivo e radicalmente diferente, tudo desaparecerá. Muitas vezes, é preciso ir até o fundo do abismo para atingir o instante de verdade, reconhecer sua pobreza, que uns precisam dos outros e gritar a Deus por socorro.

A provação unifica a comunidade à medida que existir uma confiança muito grande para acolhê-la. Se um membro da comunidade for morto ou ferido gravemente num acidente, as agressividades e os pequenos interesses pessoais deverão desaparecer.

O choque aprofunda a unidade e coloca todos diante do essencial. Uma solidariedade nova renasce para ajudar a suportar a provação e superá-la.

* * *

As provações que quebram uma segurança superficial libertam, muitas vezes, energias novas que estavam, até então, ocultas. A partir dessa ferida, a comunidade renasce na esperança.

AS TENSÕES

As tensões são momentos necessários para o crescimento e aprofundamento de uma comunidade. Elas nascem de conflitos pessoais, originados da recusa em crescer e das evoluções pessoal e comunitária, conflitos entre os egoísmos das diferentes pessoas, causados pela pouca gratuidade do conjunto da comunidade, pelos temperamentos diferentes, pelas dificuldades psicológicas de cada membro. Essas tensões são naturais. É normal uma pessoa sentir-se angustiada quando se vê diante de suas limitações, de suas trevas, quando descobre sua ferida profunda. É normal ficar tenso diante de responsabilidades que aumentam e as quais não se consegue enfrentar, por questão de insegurança. Em face das mortes sucessivas de interesses próprios, grita-se interiormente. É normal que uma pessoa se rebele, que tenha medo, que marque passo, que não ande mais, que se sinta tensa diante de novos membros difíceis, os quais ainda não se libertaram de seus medos e de suas agressividades.

É normal que, em certos momentos, haja uma baixa de nossas próprias forças de gratuidade, em razão do cansaço, de tensões pessoais, de sofrimentos diversos.

Há mil razões para essas tensões. Cada uma delas coloca a comunidade toda e cada membro diante de sua pobreza, de suas incapacidades, de seu cansaço, de suas agressividades, de suas atitudes depressivas. Isto pode tornar-se um tempo importante, o de uma tomada de consciência de que o tesouro da comunidade está em perigo. Quando tudo vai bem, quando a comunidade julga viver um sucesso, seus membros correm o risco de afrouxar suas energias de amor e permanecem menos atentos aos outros. As tensões obrigam-nos a voltar para a realidade da própria pobreza e a consagrar mais tempo às orações e ao diálogo, a se esforçar pacientemente para superar a crise e reencontrar a unidade perdida. As tensões levam a compreender que a comunidade é mais do que uma realidade humana, que precisa do espírito de Deus para viver e para se aprofundar. Marcam, também, etapas necessárias na caminhada para uma unidade maior, revelando falhas que obrigam a uma reeducação, uma reorganização, uma humildade maior. A explosão, às vezes brutal, revela apenas uma tensão real, latente. Só quando uma tensão explode é que se pode tentar tratar as causas até a raiz.

Aprendi que, em chinês, a palavra crise quer dizer *ocasião* e *perigo*. Qualquer tensão ou crise pode transformar-se em ocasião de uma vida nova, se a abordarmos com sabedoria. Do contrário, pode trazer o fim e a divisão.

As tensões e o estresse surgem da desproporção entre as dificuldades que devemos enfrentar e o apoio e a formação que recebemos para isso. Se as dificuldades são grandes e o apoio, mínimo, teremos muito estresse interior, o qual não se revelará apenas pelo mau humor ou pelo comportamento irracional, que funcionarão como válvulas de escape, mas também pela necessidade de compensações como o café, o álcool, o carinho etc. Nos períodos de estresse, nosso sofrimento pode nos levar a procurar conforto, distrações e compensações, valores que havíamos abandonado quando entramos na comunidade. Para que esse sofrimento se transforme num grito para Deus, temos necessidade de ser bem acompanhados. Assim, as tensões podem destruir-nos ou levar-nos ao essencial.

Não há nada pior e mais prejudicial para a vida comunitária do que encobrir as tensões, agir como se não existissem, ocultá-las atrás de gestos de boa educação e fugir da realidade e do diálogo. Uma tensão ou uma perturbação podem ser o sinal da vinda próxima de uma nova graça de Deus. Porém, devem ser vistas com verdadeira sabedoria humana. Pode ser perigoso espiritualizar precipitadamente uma tensão, ou seja, considerá-la como uma provação que devemos suportar sozinhos, diante de Deus, em vez de falar com uma terceira pessoa ou uma autoridade exterior para tentar resolvê-la.

* * *

Muitas vezes, as tensões ou as provações vêm do fato de a comunidade ter perdido o sentido essencial, a visão inicial, de ter sido infiel ao apelo de Deus e dos pobres. Elas são, então, um novo apelo à fidelidade. Para reencontrar a paz, é preciso que a comunidade reconheça suas feridas, peça perdão a Deus e lhe suplique a luz e uma nova força.

* * *

Trata-se de aceitar as tensões como algo cotidiano, tentando resolvê-las numa busca de aprofundamento e de verdade. E resolvê-las não significa provocar confrontações apressadas. Não é fazendo explodir abertamente uma tensão, na presença de todos os interessados, que se reencontrará a unidade. Fazer alguém tomar consciência de suas limitações, de seu medo, de seu egoísmo, de seu ciúme, de sua incapacidade de diálogo, não o ajuda, necessariamente, a superá-los. Pode, pelo contrário, torná-lo presa de uma angústia ainda maior, próxima do desespero.

De um modo geral, não se pode fazer alguém tomar consciência de suas limitações sem, ao mesmo tempo, ajudá-lo a encontrar a força para superá-las, a descobrir suas capacidades de amor, de bondade, de ação positiva e a retomar a confiança em si próprio e no Espírito Santo. Ninguém pode aceitar o mal do seu ser, se não se sentir amado e respeitado, se não sentir confia nele. Ninguém pode superar suas dificuldades e suas trevas interiores, se não for levado a descobrir que é digno de amor. Esse é o papel do responsável: captar a beleza e o valor de uma pessoa tensa e agressiva e ajudar os membros da comunidade a fazer o mesmo. Assim, pouco a pouco, essa pessoa, sentindo que não é rejeitada, e, sim, aceita e amada, poderá deixar florescer suas energias positivas a serviço dos outros. E quando os medos diminuírem, quando as pessoas começarem a escutar-se umas às outras, sem preconceito, sem rejeição *a priori*, quando começarem a compreender por que determinada pessoa age de um certo modo, as tensões desaparecerão. Trata-se de aceitar os outros e de os amar com seu egoísmo e sua agressividade. Essa aceitação mútua, que pode tornar-se, pouco a pouco, acolhida verdadeira dos semelhantes, exige tempo e paciência. Pode requerer encontros múltiplos, entrevistas às vezes difíceis, diálogos delicados, como pode exigir uma aceitação silenciosa, cheia de paz, feita de ternura.

Não se deve nem ocultar as tensões, nem fazê-las explodir prematuramente, mas abordá-las por meio da prece, com muita delicadeza, com uma confiança e uma esperança muito grandes, sabendo que será necessário sofrer. É preciso abordá-las com profunda paciência e compaixão, sem pânico nem otimismo ingênuo, e, sim, com uma atitude realista, feita de escuta e de busca da verdade, mesmo que ela seja dolorosa ou exija muito de nós.

* * *

Com os elementos subjetivos e emocionais sempre presentes nas tensões, há elementos de verdade objetiva, e há também divergências de opinião que não se podem esconder. É perigoso não encarar de frente uma realidade problemática, sob o pretexto de que a outra pessoa tem problemas emocionais. Também não é justo não admitir que certas pessoas possam servir-se de divergências para exprimir seus problemas emocionais.

* * *

Há tensões que vêm do fato de certas pessoas se agarrarem às suas idéias. Com o tempo, abrem-se, descobrem outras dimensões da realidade, sua visão se modifica e as tensões desaparecem. É por isso que é preciso ser paciente diante das tensões e não querer resolvê-las rapidamente. Quando se quer agir com rapidez, corre-

-se o risco de as pessoas exagerarem o seu ponto de vista, em vez de permanecerem maleáveis.

* * *

Certas tensões na comunidade vêm do fato de estas terem valores quase opostos. O talento da comunidade existe para se tentar harmonizá-los. É por isso que, às vezes, na Arca, as pessoas querem ser uma comunidade cristã e trabalhar conforme as exigências do Estado. Devemos ser homens e mulheres de coração, dedicados à prece, mas também ser competentes.

Há pessoas que vivem um valor mais do que outro, e isto é bom. No entanto, não raro, essa atitude provoca tensão entre elas. Tais tensões diminuem à medida que a comunidade e as pessoas adquirem mais maturidade e sabedoria.

* * *

Outras tensões vêm do fato de a comunidade estar evoluindo e de aparecerem novos dons ou novas realidades, que exigem, pouco a pouco, um novo equilíbrio, talvez mesmo uma evolução de estruturas. É preciso, sobretudo, não entrar em pânico diante dessas tensões que não podem ser sempre claramente verbalizadas. É necessário saber esperar o momento em que a comunidade estiver pronta para abordar essa questão, na paz e na verdade.

* * *

O Espírito Santo sempre tira novidades daquilo que é velho. A história da Igreja, com seus sofrimentos e suas lutas, me surpreende muito. Sempre surgem acontecimentos novos. Aparecem novos profetas, novos santos, para anunciar, de maneira nova, aquilo que já sabemos. Existe sempre na Igreja um conflito entre os "antigos e os modernos". Os antigos têm medo do novo e o encaram como uma ameaça, um perigo, um erro; por essa razão, eles o condenam e, muitas vezes, o destroem. O novo incomoda. Os modernos também se irritam com o que é antigo e o rejeitam como errado, corrompido, ruim, conservador. Por isso, rompem com ele. Essas mesmas tensões existem numa comunidade, à medida que ela evolue em direção às inspirações do Espírito Santo e segundo as necessidades do momento. Ou, então, recusam as mudanças.

Quem tem responsabilidade pode ser crucificado por causa dessas tensões, criticado e condenado por ambos os lados do conflito. Deve procurar ver o que há de bom em cada lado do conflito, mantendo o olhar fixo no que eles têm de essencial. Cabe-lhe tentar discernir, de uma parte, o que há de profético no novo, daquilo que é apenas necessidade de mudança, e de outra parte, distinguir o que é legítimo no antigo e que, por esse motivo, deve permanecer, daquilo que é medo de mudar e de insegurança. É preciso esperar, com paciência, que a luz do Espírito Santo surja e fazer com que os outros também sejam pacientes.

É tocante perceber que os conflitos, numa comunidade, são um dom e uma graça. Alguns deles são apenas dores do crescimento. Quando pessoas diferentes reforçam e defendem aspectos diferentes e, na aparência, contraditórios, a respeito de uma mesma questão, essas pessoas parecem estar se opondo umas às outras, mas não é bem assim. Apenas significa que Deus ainda não deu luz, ocasião nem novas estruturas que permitam a harmonia. É preciso continuar a sofrer o conflito, aguardando o momento da ressurreição, assim como Maria esperou o Sábado Santo. O sofrimento mantém as pessoas na humildade e na sua pequenez, na prece, na súplica, e vigilantes para procurar amar mais a verdade do que as suas próprias idéias.

* * *

O crescimento de uma pessoa para o amor e para a sabedoria é longo. Quando se trata de uma comunidade, esse crescimento é ainda mais lento. Os membros de uma comunidade devem contar sempre com o tempo, saber que muitas coisas se resolverão se lhes for dado o tempo necessário. Pode ser um grave erro, em nome da clareza e da verdade, apressar as coisas e esclarecê-las depressa demais. Há pessoas que gostam dos confrontos e das manifestações de divisões. Isso não é sempre sadio. Mais vale ser amigo do tempo. Contudo, é evidente que cada um tem de estar vigilante para não escamotear os problemas, recusando-se a ouvir as insatisfações da comunidade, a fim de conscientizar-se das tensões e intervir na hora certa.

* * *

Em muitas comunidades, há uma pessoa mais frágil, mais difícil, que parece catalisar a agressividade de todos. É sempre sobre ela que se cai, é sempre ela que se critica ou de quem se zomba. Cada membro da comunidade, num canto oculto do seu ser, tem sentimentos de frustrações e, às vezes, de culpa. Esses sentimentos podem tomar logo a forma de uma certa angústia, de se sentir pouco à vontade na própria pele. Então, projetam-se sobre o outro, mais fraco, as próprias limitações e covardias. Em muitas comunidades, existe esse "bode expiatório" das angústias pessoais e coletivas.

Uma vez lançado esse movimento de crítica ou de rejeição, e disparadas as agressividades, não é fácil pôr fim a elas. No entanto, para a saúde da comunidade, é indispensável que essas atitudes de rejeição sejam desviadas do alvo, pois não é possível que uma comunidade permaneça viva, quando um dos seus membros é perseguido. É preciso, então, que um outro, consciente ou inconscientemente, sob a inspiração do Espírito, comece a tomar sobre si essas agressividades. Pode ser dessa forma: fazendo-se de palhaço. Então, pouco a pouco, a agressividade brutal e cheia de desprezo é transformada e a eletricidade da tensão desaparece em meio às risadas.

* * *

Muitas tensões aparecem por não se aceitar que a autoridade tenha falhas. Procura-se sempre o "pai" ou a "mãe" ideal, e a decepção gera angústia. Essas tensões são boas. É preciso que cada um descubra que a autoridade é também uma pessoa e que pode enganar-se, sem se perder a confiança nela. Cada pessoa deve crescer em maturidade e encontrar um relacionamento autêntico e livre com a autoridade. Mas também é preciso que a autoridade esteja pronta a evoluir, a ter menos medo.

A EXPULSÃO DE UM IRMÃO OU DE UMA IRMÃ

Algumas comunidades se desfazem por causa de cismas e cizânias internas. É impressionante ver que, muito depressa, nas primeiras comunidades cristãs, depois do tempo da graça e da unidade, comece a aparecer divisões. Surge um espírito partidário. Uns eram a favor de Paulo; outros, de Apolo (1Cor 3).

São João, em sua primeira carta, fala dessas divisões profundas. Houve verdadeiras cisões no interior da comunidade. Alguns foram embora, recusando a comunhão com os outros irmãos, a doutrina dos apóstolos e, em particular, a autoridade de João (1Jo 2,19).

O próprio Judas viveu com Jesus, mas seu coração estava cheio de malícia e de ciúme. E, bem antes de Satanás o ter levado ao ato final de traição, ele estava separado dos companheiros pelo coração. Jesus o tinha chamado. No entanto, por motivos que ignoramos, ele quis aproveitar-se do fato de pertencer ao grupo do Mestre, para sua própria glória e seu projeto pessoal. Para Judas, não se tratava mais de servir Jesus com os outros apóstolos, mas de usá-lo para seus próprios fins orgulhosos.

Em que momento se deve expulsar uma pessoa que parece já totalmente separada, pelo coração da comunidade, embora continue a viver nela, que semeia cizânia e procura influenciar os mais fracos, para os atrair e os usar para seus próprios fins de destruição? Essas pessoas, cujo coração é cheio de inveja, são, muitas vezes, excessivamente inteligentes e têm grande capacidade de captar e explorar as falhas da autoridade legítima ou mesmo as da comunidade. Então, apresentam-se como pessoas clarividentes, capazes de eliminar as injustiças. Alguns, mais frágeis ou insatisfeitos com a vida comunitária, podem deixar-se atrair por tais pessoas. São capazes de dividir, causar discórdia, semear desordem e confusão e até de enfraquecer a autoridade. Se todas as tentativas de diálogo falharam, deixá-las continuar dividir a comunidade parece impensável. Mandá-las embora, quando já caminharam tanto tempo com a comunidade, parece também insuportável. Contudo, Jesus diz:

Se teu irmão vier a pecar, vai, repreende-o a sós. Se te escutar, ganhaste um irmão. Se não te escutar, volta com uma ou duas pessoas para que tudo seja feito com testemunhas. Se ainda não te escutar, dize à Igreja, e se também não escutar a Igreja, que ele seja para ti como um pagão e um publicano (Mt 18,15-17).

Só os responsáveis e os antigos na comunidade podem tomar a decisão de mandar alguém embora. Entretanto, ao fazê-lo, também devem reconhecer sua parte de culpa. Talvez não tenham ousado repreender a pessoa ou dialogar com ela desde o início, quando surgiram as primeiras manifestações de divisão; deixaram a situação se arrastar por ingenuidade, esperando que tudo se consertasse. Talvez se tenham aproveitado da pessoa, de suas capacidades no plano de trabalho. O fato, porém, de reconhecer seus erros, talvez tarde demais, não deve impedir a comunidade de agir com firmeza. Se alguém for um escândalo para os mais jovens da comunidade, esta deve ser capaz de se separar dele.

Contudo, ao mesmo tempo, em que a autoridade não comece a criar escândalo nem expulsar as pessoas depressa demais, só porque elas contestam. Aliás, muitas vezes é por se recusar a escutar essas primeiras contestações que se provoca um bloqueio de orgulho. Se elas tivessem sido ouvidas, se tivessem sido admitidas as fraquezas e, às vezes, até os erros da comunidade, e se esta tivesse feito o necessário para corrigi-los, talvez essas contestações teriam desaparecido, ou melhor, se teriam tornado forças positivas de reforma.

Para a autoridade e a comunidade, não se trata de mandar embora as pessoas simplesmente porque atrapalham, porque têm caráter difícil, porque não estão no seu lugar, ou porque questionam. Contudo, é preciso mandar embora unicamente aqueles que se desligaram interiormente da comunidade, que são um verdadeiro perigo de escândalo, que influenciam alguns contra a autoridade legítima e minam a confiança nela. Essas pessoas dividem a comunidade e fazem-na desviar-se dos objetivos primordiais.

Neste campo difícil das divisões e dos cismas, não é possível estabelecer a menor regra, exceto a da paciência, da vigilância, da firmeza e do respeito pelas estruturas e pelas instâncias de diálogo. De fato, enquanto a pessoa estiver bem rodeada, não podendo espalhar o veneno da cizânia, não haverá motivo para expulsá-la. Trata-se de carregá-la, suportá-la e ajudá-la com os meios fracos que se tem. Só há perigo quando essa pessoa começa a influenciar as outras.

É preciso que cada membro da comunidade fique constantemente de sobreaviso para não provocar, consciente ou inconscientemente, a cizânia. Cada qual deve procurar, com constância, ser instrumento de unidade. Isto não quer dizer, evidentemente, que temos de estar sempre de acordo com a autoridade. No entanto, é preciso enfrentar a autoridade na verdade. Nenhum de nós, que vivemos em comunidade, está livre de ter uma ponta de orgulho nascida de uma suscetibilidade ferida. Esta, porém, pode invadir todo o ser, caso não se tenha cuidado.

* * *

Necessita-se de muito tempo e sabedoria para construir uma comunidade. De outro lado, em pouco tempo, podemos dividi-la e destruí-la, se admitirmos, como membros, não pessoas destinadas à comunidade, mas as fortes e inteligentes, só porque necessitamos de suas qualidades. Se tais pessoas forem orgulhosas e destruidoras, se buscarem o poder, e não houver, na comunidade, outras pessoas fortes o suficiente para interpelá-las e enfrentá-las, tal comunidade correrá o sério risco de ruir e morrer.

Nunca devemos nos esquecer de que Satanás é contra o amor e a comunhão. Ele odeia as comunidades que crescem no amor e no encontro com Jesus. Faz o possível para semear discórdia, criar tensões e divisões, para destruí-las.

O OLHO OU A AUTORIDADE EXTERIOR

Percebo, cada vez mais, que as comunidades, pequenas ou grandes, não conseguem resolver seus problemas sem ajuda externa.

Na maioria das vezes, seus membros se acham tão envolvidos com as questões imediatas que não conseguem afastar-se para enxergar quais os verdadeiros problemas da comunidade. Precisam da ajuda de uma pessoa de fora, benevolente e competente, que tenha verdadeira autoridade, para ajudá-los a compreender a maneira pela qual a comunidade evolui e a encontrar novas estruturas para as diferentes etapas do próprio crescimento. Acho que toda comunidade precisa ser visitada regularmente por alguém que ouça e faça perguntas pertinentes a respeito do que cada membro pensa e vive na comunidade. Uma pessoa à qual todos possam se dirigir, sempre que necessário, que possa ser conselheira dos responsáveis e ajudar a comunidade a evoluir e a descobrir a mensagem de Deus oculta nos conflitos.

Esse olho exterior deve ser alguém de bom senso, compreensivo, conhecedor das relações humanas e comunitárias; alguém que ame os objetivos fundamentais da comunidade e que respeite suas estruturas.

Essa pessoa também deve ajudar, ocasional e livremente, as comunidades a avaliar sua vida comunitária, descobrir onde é mais necessário colocar suas forças, perceber se estão perdendo a criatividade e caindo na rotina e no que é habitual. É preciso avaliar as reuniões, ver se realmente são construtivas e animadas, ou se são perda de tempo. Tudo isso é bem mais fácil de ser feito com a ajuda de um olho exterior.

* * *

Yves Bériot dizia, há algum tempo, como é importante ter pessoas que visitem as nossas comunidades e que tenham a função de esponjas para absorver as angústias que nelas se encontram. De fato, cada comunidade sente-se longe de seu ideal, sem defesa diante das violências e depressões das pessoas que ela acolhe. Estamos todos longe do ideal dos evangelhos. Isso leva àquela angústia latente e àquela culpa que diminuem o impulso da criatividade e à tristeza e ao desespero.

* * *

Esse olho exterior tem também uma função de memória. É sempre importante que alguém venha de fora para nos dizer: "Você se lembra?". Faz-nos recordar, assim, a origem, a história e as tradições, os dias de alegria e também os dias sombrios. Para fazer projetos para o futuro, uma comunidade deve ter assimilado bem o seu passado e ter o sentido das tradições. Essa é uma das razões pelas quais a autoridade exterior não deve mudar com freqüência. A continuidade é importante.

* * *

O papel da autoridade exterior é delicado. Consiste em ver, o mais claro possível, as forças positivas da comunidade para incentivá-las e, também, para revelar as forças negativas. A autoridade exterior não pode dizer às pessoas o que devem fazer, mas deve adverti-las, dar-lhes sugestões e orientações. Deve também encorajá-las, ajudá-las a renovar sua esperança e a não dramatizar os fatos. Deve, enfim, estar consciente de que sua função é passageira, uma vez que é a comunidade que irá continuar com seus membros.

O olho exterior é particularmente importante durante os invernos da comunidade, para convidar os membros a confiar, a ser pacientes e a rezar.

A comunidade tem necessidade de uma autoridade exterior que saiba confirmar, confortar e encorajar os responsáveis, e, ao mesmo tempo, supervisioná-los e interpelá-los quando for necessário. Também lhe cabe poder intervir claramente quando os responsáveis forem indiscutivelmente incompetentes e incapazes de manter o espírito e os objetivos da comunidade, ou quando começarem a utilizá-la para seus próprios objetivos, ou, ainda, quando houver injustiças.

Essa autoridade exterior é necessária, porque os seres humanos são fracos e falíveis e as forças do mal, dentro e fora da comunidade, são tais que, se não houver uma autoridade exterior, cedo ou tarde a comunidade correrá o risco de se desagregar, morrer, ou até cometer grandes injustiças.

Em certas comunidades terapêuticas, o Estado, ou um conselho administrativo, desempenha esse papel, estabelecendo um sistema de controle e de avaliação. Muitas comunidades cristãs são ligadas ao bispo. É ele, ou seu representante, quem aprova a comunidade, com uma carta e uma constituição. É ele quem desempenha o papel de supervisor. Outras comunidades estão ligadas a uma autoridade escolhida numa gama de comunidades-irmãs. Essa autoridade é chamada de superior provincial, superior regional, servidor ou coordenador.

* * *

Tenho um certo receio de certas comunidades sem tradição, que recusam toda autoridade exterior. Não sobreviverão por muito tempo, depois da morte do fundador. Até ele mesmo correrá o risco de cometer erros, se não houver um certo controle.

* * *

CRESCIMENTO PESSOAL E CRESCIMENTO COMUNITÁRIO

Cada pessoa que, na comunidade, cresce em amor e sabedoria, faz crescer toda a comunidade. Aquela, porém, que se recusa pessoalmente a crescer, que tem medo de avançar, impede a comunidade de também fazê-lo. Cada membro da comunidade é responsável por seu próprio crescimento e pelo da comunidade inteira.

* * *

Crescer humanamente é unificar a capacidade de ação e de coração. Muitas vezes, a ação brota do medo: medo dos relacionamentos, de nossa vulnerabilidade e até mesmo do amor. Medo da dependência, da sexualidade e do nosso ser profundo oculto. A ação é, muitas vezes, uma fuga ou um desejo de provar alguma coisa.

Quando estamos em paz, quando queremos assumir nossas feridas profundas e nossa fraqueza e quando estamos em contato com o fundo do nosso coração e com a nossa capacidade de carinho, a ação brota do nosso íntimo e se torna fonte de crescimento.

* * *

Uma comunidade cresce verdadeiramente quando cada membro introjeta a visão de mundo e o espírito dela em seu coração e em sua mente. Isso acontece quando a pessoa escolheu a comunidade tal como ela é e também se tornou responsável por ela. Quando não introjetamos em nós a visão de mundo da comunidade, somos levados a imitar os outros ou simplesmente a buscar nela um lugar de participação. Isso é perigoso e pode impedir o crescimento da unidade interior.

* * *

Há pessoas que entram em nossas comunidades da Arca para poder ajudar os deficientes. Isto é bom! Há outras que entram porque querem crescer e sentem necessidade de outros para ajudá--las, estimulá-las, encorajá-las. A comunidade é, para elas, o lugar do crescimento e da aprendizagem. Isso é bem melhor, contanto que estejam conscientes de que seu crescimento está ligado ao dos outros.

Aqueles que entram porque pensam que têm algo a oferecer para a vida das pessoas deficientes, muitas vezes ficam chocados quando começam a tomar consciência de suas próprias fraquezas, dos próprios limites dos outros assistentes. É sempre mais fácil aceitar as fraquezas dos deficientes (já esperávamos isso e estamos lá por esse motivo) do que aceitar nossas próprias fraquezas. De nós mesmos e dos assistentes, só queremos ver as qualidades.

Falar com homens ou mulheres dependentes de álcool sempre me intriga. A necessidade de beber, que é psicológica e biológica ao mesmo tempo, é extremamente forte nessas pessoas. Geralmente, essa necessidade nasce de um hábito adquirido para preencher o vazio interior e apaziguar o sofrimento, a angústia, o isolamento e a culpa que essas pessoas sentem.

Todos nós, de uma forma ou de outra, temos uma tendência por calmantes. Alguns deles podem até nos destruir, assim como a bebida e as drogas; outros, mesmo aparentemente menos destruidores, têm o mesmo poder de destruição. É o que acontece, por exemplo, com as pessoas que acalmam suas angústias com sobrecarga de trabalho e de programas de televisão, com relacionamentos possessivos, ou até com a necessidade de sempre se colocar diante de todos e ser aplaudidas.

Todos nós sempre podemos dedicar-nos a alguma coisa que, sob a aparência de virtude e do bem, possa encobrir e acalmar a nossa angústia. Todos tendemos a aliviar o nosso sofrimento interior, quando nos deixamos levar por esse tipo de atitude. Temos dificuldade em resistir, em aceitar o sofrimento do vazio e da angústia, em progredir em direção à verdade, à cura, à comunhão com Deus e à compaixão.

* * *

Existem pessoas que fogem do sofrimento de não se sentir amadas "fazendo coisas". Isso dificulta o envolvimento em relacionamentos profundos. Outras pessoas entram para fazer parte da comunidade para fugir desse mesmo sofrimento, mas pelo caminho inverso: fazendo tudo o que lhes é pedido. Inconscientemente, elas seguem este tipo de raciocínio: "Se correspondo às suas necessidades, você, a comunidade ou Deus me reconhecerão, ficarão contentes com minha vivência e me amarão".

No fundo, tal atitude não levará a um desabrochar nem a um crescimento verdadeiros. É importante que, nas comunidades nas quais as necessidades são muitas, estejamos atentos a essas falsas respostas que tão facilmente se ocultam atrás da máscara da generosidade e da bondade. Devemos sempre ajudar as pessoas a viverem cada vez mais, profunda e verdadeiramente, a convicção interior de que Deus as ama da maneira como elas são.

* * *

Às vezes, sou levado a agir como se todas as pessoas pudessem viver em comunidade e crescer, por seus próprios esforços, no amor universal. Com a idade e com minha experiência de vida comunitária, talvez também com a fé sempre maior, tomo cada vez mais consciência das verdadeiras raízes do crescimento no amor; tomo consciência dos limites e das fraquezas das energias humanas, das forças do egoísmo, das profundas feridas psicológicas, do medo, da agressividade e da necessidade que as pessoas têm de se impor, de mandar na vida dos outros e que se acham na origem de todas as barreiras existentes entre elas. Só poderemos sair das nossas cavernas e dos nossos limites se o Espírito de Deus nos tocar, destruir essas barreiras atrás das quais nos fechamos e, assim, nos curar e nos salvar.

Jesus foi enviado pelo Pai, não para nos julgar, e menos ainda para nos condenar às prisões, aos limites e às trevas do nosso ser, mas para nos perdoar e nos libertar, colocando na terra do nosso ser a semente do Espírito.

Crescer no amor é deixar crescer este Espírito de Jesus em nós. O crescimento toma outra dimensão quando deixamos Jesus penetrar em nosso interior para nos dar nova vida e nova energia.

* * *

A esperança não consiste em nos esforçar para amar; não consiste também na psicanálise que procura esclarecer os nós e os bloqueios da nossa vida, nem numa reorganização mais justa das estruturas políticas e econômicas, as quais regulam a vida das pessoas e influenciam sua vida pessoal. Tudo isso pode ser necessário. O verdadeiro crescimento, porém, vem de Deus, quando clamamos por ele do fundo do nosso abismo e deixamos o seu Espírito penetrar em nós. O crescimento no amor é, então, um crescimento no Espírito. As etapas pelas quais é preciso passar para crescer no amor são as mesmas pelas quais devemos passar para ser mais totalmente unidos a Deus na profundidade do nosso ser.

* * *

Para crescer no amor, importa que os grilhões do nosso egoísmo sejam quebrados. Isso implica sofrimento, esforços constantes, escolhas repetidas. Para atingir certa maturidade no amor, para carregar a cruz da responsabilidade, precisamos nos livrar dos impulsos, das utopias e das ingenuidades da adolescência. Durante esse crescimento, temos necessidade de um amigo, de um guia, de um conselheiro sábio, de alguém que nos acompanhe ao longo de nossa caminhada e nos ajude a superar os momentos difíceis.[3]

* * *

Há pessoas que se perguntam como saber se existe crescimento na comunidade. São Paulo nos indica claramente, no capítulo 13 da Epístola aos Coríntios: o amor não consiste em atos heróicos nem extraordinários, como: falar em línguas, profetizar, conhecer todos os mistérios e toda a ciência, ter até mesmo uma fé excepcional, dar todos os bens aos pobres, ser martirizado. Ao contrário, o amor é ser paciente, prestativo, não ser ciumento nem orgulhoso, não falar todo o tempo de si, exagerando as próprias qualidades. O amor é não fazer nada que prejudique os outros; é não procurar os próprios interesses, e sim o dos outros; não ser irritável, amargo, agressivo; não procurar o mal no outro, nem se alegrar com a injustiça, mas procurar a verdade em todas as coisas.

No capítulo 5, da sua Carta aos Gálatas, Paulo diz que o crescer no amor é crescer na alegria e na paciência, na bondade e na generosidade, na fidelidade, na doçura, no domínio de si, em oposição a todas as tendências de divisão que habitam em nós: ódio, brigas, ciúmes, raivas, disputas, dissensões, cisões, invejas e todas as inclinações tenebrosas que nos levam à fornicação, à impureza, aos debochas, à idolatria, à feitiçaria, às orgias e às festanças.

* * *

A qualidade essencial para se viver em comunidade é a paciência: reconhecer que eu, os outros e a comunidade inteira precisamos de tempo para crescer. Nada se faz num só dia. Para

---

[3] Toda a questão do acompanhamento será tratada no capítulo 7, sobre os dons.

viver em comunidade, é preciso saber aceitar o tempo e fazer dele um amigo. Aquele que é amigo do tempo não diz com freqüência: "Não tenho tempo!". Não luta contra ele, mas aceita-o e admira-o.

* * *

PERDER AS ILUSÕES

É perigoso para as comunidades, assim como para as pessoas, viver de ilusões. É o que fazemos sempre que nos fechamos ao outro. A comunidade que se fecha aos outros vive na ilusão de ser a única a possuir a verdade, tem medo das mudanças, interpelações, de aparecer tal como é em toda a sua pobreza. Nessa comunidade, os responsáveis recusam-se a ouvir os outros. Procuram todo tipo de provas e motivos de ordem religiosa para reforçar a convicção de que são os únicos habitados pelo Espírito Santo e em comunicação direta com Deus.

Talvez estejamos, aqui, discorrendo sobre um caso extremo. Todavia, em cada um de nós, como em toda comunidade, existe o medo de ser interpelado e o perigo de ocultar tensões e acontecimentos que vão mal, ou, pelo menos, não de querer enfrentá-los.

"A verdade é a realidade", escreveu Scott Peck.

O que é mentira, é irreal. Quanto mais vemos a realidade do mundo, mais estamos aptos a lidar com ele. Quanto menos vemos a realidade do mundo (porque nosso espírito está obscurecido pela mentira, idéias falsas e ilusões), menos seremos capazes de determinar a linha de conduta que convém e de tomar decisões sábias.[4]

Procuramos evitar a realidade, ou a verdade, quando ela incomoda ou provoca sofrimento. Não podemos questionar nossa linha de conduta se não tivermos a disciplina interior necessária para superar esse sofrimento. Essa disciplina pressupõe que sejamos

---

[4] PECK, Scott. *The Road Less Travelled*, MD. Nova York, Simon and Schuster, 1987. p. 44.

completamente voltados para a verdade, ou seja, que a sustentemos, à medida que possamos discerni-la como algo essencial para nossa vida, mais até que o conforto.[5]

Ter uma vida totalmente voltada para a verdade também é consentir em ser interpelado... Mas a tendência a se esquivar de toda interpelação está tão presente nos seres humanos que praticamente podemos considerá-la como uma característica inerente à sua natureza.[6]

Uma das coisas mais importantes para o crescimento das pessoas e das comunidades é justamente dar-se, dessa maneira, à verdade, mesmo (e talvez principalmente) se ela for dolorosa. Não há crescimento possível quando se vive na mentira e na ilusão, quando se tem medo de que a verdade seja revelada. Muitas vezes, escondemos nossos medos, nossas injustiças, nossa incompetência e nossa hipocrisia. Podemos até nos esconder atrás de preconceitos religiosos, como faziam os fariseus e os escribas. No entanto, devemos nos abrir à verdade e deixá-la revelar-se, mesmo que descubra nossa pobreza radical e nosso pecado. Então, gritaremos a Jesus, o Salvador, o qual nos enviará o seu espírito, nos guiará e nos perdoará. Apenas a verdade nos libertará.

* * *

Seguindo Jesus, Pedro deve ter vivenciado quatro crises. A primeira, quando Jesus o chamou: provavelmente, deve ter lamentado deixar sua vida em família e de pecador. Mas seu amor por Jesus e sua esperança fizeram-no superar tudo isso. Depois, quando descobriu que Jesus não era o que ele gostaria que fosse, deve ter tido nova crise. Ele teria preferido um Jesus profético e messiânico, que não tivesse insistido para lavar-lhes os pés, e não tivesse falado em morrer. A crise seguinte foi a maior das três: quando Jesus aceitou tornar-se frágil e morrer. Foi, então, que Pedro negou que o co-

---

[5] Ibid., p. 51.
[6] Ibid., pp. 52-53.

nhecia. A quarta crise deu-se quando ele desiludiu-se de si mesmo. Enxergou as próprias limitações e esteve próximo do desespero.

Essas são as quatro crises da vida comunitária. A primeira, a menos dura, é quando entramos na comunidade. Sempre há algo de nós que ficou ligado aos valores que deixamos. A segunda crise é quando descobrimos que a comunidade não é tão perfeita quanto parecia: que tem suas fraquezas e seus defeitos. Então, o ideal e as ilusões se desfazem e nos deparamos com a realidade. A terceira crise é quando nos sentimos incompreendidos ou rejeitados pela comunidade; quando, por exemplo, não somos reeleitos para cargos de responsabilidade, ou não nos confiam a função que esperávamos. A quarta crise é a mais dolorosa. É quando nos decepcionamos com nós mesmos por ver-nos assaltados pela revolta, pelo ciúme e pelas frustrações.

Para chegar à integração total, numa comunidade, é preciso saber passar por diferentes decepções, que são novos aprofundamentos, passagens para a libertação interior. Todas essas crises implicam a perda das ilusões e a compreensão da realidade tal como ela é.

* * *

A perda das ilusões acarreta muito sofrimento e choro. Todos vivemos mais ou menos de ilusões, as quais protegem a nossa vulnerabilidade. Quando elas se desfazem, nós nos deparamos com uma vida terrível, que se assemelha à morte.

Kubler-Ross destaca as etapas que precedem a aceitação da morte: a recusa da realidade, a revolta diante dela, a barganha com Deus e, finalmente, a depressão. Esse processo, muitas vezes doloroso, pode ser muito longo. No entanto, quando chega ao fim, nascemos novamente para a realidade. E a verdade sempre nos liberta.

* * *

Crescer é aprender a morrer. Não é esse, finalmente, o sentido da vida? A partir dos 24 anos, perdemos 100 mil células nervosas por dia, as quais não serão mais recuperadas. Felizmente, temos muitas delas!

Quando crescemos, abandonamos muita coisa. Na idade adulta, não devemos mais ter modos infantis, mas ser responsáveis. Uma vez casados, perdemos a liberdade de solteiros. Com a idade, perdemos nossa capacidade, nossa saúde e nossas responsabilidades.

Se passamos o tempo todo chorando o nosso passado, nós nos tornamos prisioneiros dele. É claro que devemos chorar por aquilo que perdemos. Mas também devemos enterrá-lo para aceitar e viver a realidade do presente e poder esperar a vida futura. É assim que faremos a grande passagem: não nos agarrando à vida, com sentimento de lamentação e culpa por não tê-la vivido intensamente, mas voltados, com confiança, esperando o novo dom: o abraço do Eterno.

* * *

Às vezes, temos receio de seguir Jesus por temer perder alguma coisa. É, de fato, muito difícil renunciar a certos valores e bens que aparentemente nos trariam alegria humana. Muita gente prefere não seguir Jesus.

Ele, porém, disse que, se aceitarmos renunciar ao pai, à mãe, aos filhos, aos irmãos, às irmãs e à terra, receberemos o dobro neste mundo (com perseguições) e, no outro, a vida eterna (Mc 10,29-31). Parece interessante! Entretanto, requer fé.

* * *

Para Pedro, era fácil seguir Jesus quando o via fazer milagres e outras coisas maravilhosas. Agindo dessa forma Jesus se parecia, de verdade, com o Messias que iria devolver a Israel a sua dignidade de povo escolhido, depois de tantos anos de humilhação sob o domínio romano.

É fácil entrar numa comunidade que floresce, que faz coisas maravilhosas! É mais difícil permanecer em uma comunidade quando ela está dividida, humilhada. Da mesma forma, é mais difícil seguir Jesus, quando o vemos em aparente pleno fracasso.

Nunca é fácil perder e morrer. No entanto, para o cristão, o mistério do crescimento é aceitar o sofrimento da pequenez e da humilhação. E assim que vivemos verdadeiramente o mistério de nossa fé é que a força de Deus se manifesta.

O grande segredo da vida é aprender a transformar a perda em oferenda.

* * *

É terrível ver jovens decepcionados, feridos e cínicos, depois de terem vivido alguns anos em comunidade, por não se terem sentido nem acolhidos, nem compreendidos. Essa experiência ruim pode fazê-los perder o gosto pela doação e aderir a movimentos políticos ou às ilusões da psicanálise. Isso não quer dizer que a política ou a psicanálise não tenham importância. Mas é triste constatar que as pessoas se fecham nisso por terem ficado decepcionadas ou por não terem sido capazes de aceitar seus próprios limites.

Há falsos profetas entre os que vivem em comunidade. Eles atraem e estimulam o entusiasmo, mas, por falta de sabedoria, ou por orgulho, levam os jovens à decepção.

O mundo comunitário é, talvez, cheio de ilusões. Existem também inúmeras seitas que podem atrair os jovens. Não é sempre fácil saber distinguir o verdadeiro do falso, perceber se a semente boa vai crescer, ou se são as ervas daninhas que irão vingar. Quem pensa em fundar comunidades, rodeie-se de homens e de mulheres sábios, que saibam discernir.

Peço perdão a todos aqueles que vieram para a minha comunidade ou para as nossas comunidades da Arca, cheios de entusiasmo, mas ficaram decepcionados com nossa falta de abertura, nossos bloqueios, nossa falta de verdade e nosso orgulho.

* * *

O perigo para aquele que aceitou entrar na aliança e escolher a vida comunitária está em perder, depois de alguns anos, o olhar da criança e a abertura do adolescente. Esse membro corre o risco de se fechar em seu próprio território, com a tendência a tomar posse de seu cargo e de sua comunidade.

O que deve fazer, então, uma vez que a pessoa se comprometeu com a vida comunitária, para que ela nunca deixe de crescer, de amar e de caminhar para uma insegurança maior? Visto que está plantando na própria terra, essa pessoa deve continuar a crescer, podar o que precisa ser podado e, às vezes, até mesmo quebrar para que dê mais fruto.

* * *

O SEGUNDO CHAMADO

Geralmente, o primeiro chamado é para seguir Jesus ou se preparar para fazer coisas importantes e maravilhosas para o Reino. Somos apreciados e admirados por nossa família, nossos amigos ou pela comunidade. O segundo chamado vem mais tarde, quando aceitamos não poder fazer coisas importantes nem heróicas por Jesus. É um tempo de renúncia, de humilhação e humildade. Nós nos sentimos inúteis, não somos reconhecidos. Se a primeira passagem se faz em pleno dia, sob sol a pino, a segunda muitas vezes se faz na escuridão da noite. Nós nos sentimos sós e confusos. Temos medo. Começamos a duvidar do compromisso a que nos propusemos em plena luz do dia. Sentimo-nos arrasados sob vários aspectos. Mas esse sofrimento não é inútil. Por meio da renúncia, podemos atingir uma nova sabedoria do amor. Apenas o sofrimento da cruz nos possibilita o sentido da ressurreição.

* * *

Cada um de nós carrega em si uma ferida e uma chaga. É a chaga da nossa própria solidão, da qual procuramos fugir por meio do superativismo, da televisão e de mil outras coisas. Temos dificuldade de ficar sozinhos. Há pessoas que entram na comunidade pensando que irão ser curadas dessa chaga. Vão ficar decepcionadas! Enquanto formos jovens, seremos capazes de cobrir essa insatisfação sob o dinamismo da generosidade. Fugimos do presente, projetando-nos no futuro, com a esperança de que amanhã tudo será melhor. Mas quando, por volta dos 40 anos, o futuro se torna passado e continuamos a carregar em nós essa chaga da insatisfação, corremos o risco do desânimo ao percebermos que não há mais grandes projetos para o futuro. Além disso, carregamos ainda todas as lassidões e culpas do passado. Enquanto não descobrimos que essa chaga é inerente à condição humana e que devemos caminhar com ela, corremos o risco de fugir dela. Só poderemos acolhê-la quando descobrirmos que Deus nos ama como somos e que o Espírito Santo, de um modo misterioso, habita no coração dessa chaga.

Muitas vezes, aqueles que vivem na comunidade passam por uma crise depois de alguns anos. Essa crise vem após uma decepção que, muitas vezes, tem algo a ver com esse sentimento de solidão. Acreditavam, mais ou menos conscientemente, que a comunidade os realizaria sob todos os pontos de vista. Pelo contrário, permanecem com sua ferida. Voltam-se, então, para o casamento, com a esperança de que seu sofrimento seja resolvido. Correm o risco de ficar decepcionados mais uma vez. Uma pessoa não pode casar-se se não procurar assumir sua chaga e se não estiver resolvida a viver para o outro.

* * *

O tempo de velhice é o tempo mais precioso da vida. É o tempo mais próximo da eternidade. Há dois modos de envelhecer: pode-se envelhecer com ansiedade e amargura. Isso ocorre com idosos que vivem no passado e na ilusão, criticando tudo o que acontece à sua volta. Seu mau humor afasta os jovens. Permanecem fechados em sua tristeza e em sua solidão, fechados sobre si mesmos como uma concha. Mas há também idosos com coração de criança. Libertados de cargos e de responsabilidades, encontraram uma nova juventude. Têm aquele olhar de admiração da criança, mas também a sabedoria da pessoa madura. Os anos de atividade se integraram a eles; agora, podem viver sem se apegar a um poder. Sua liberdade de coração e seu modo de acolher os próprios limites e fraquezas fazem com que brilhem na comunidade. São seres de doçura e de misericórdia, símbolos da compaixão e do perdão, verdadeiros contemplativos. Tornam--se os tesouros ocultos de uma comunidade, fontes de unidade e de vida.

* * *

PRECE, SERVIÇO E VIDA COMUNITÁRIA

Certas comunidades começam por prestar serviço aos pobres. Os membros vivem cheios de generosidade e de ideal; são um pouco utópicos e, às vezes, agressivos em relação aos ricos. Aos poucos, vão descobrindo a necessidade da oração e da interiorização. Percebem que sua generosidade os está queimando e que correm o risco de se tornar superativos, colocando toda a própria energia na exterioridade.

Outras comunidades iniciam com a oração: é o caso de muitas daquelas da renovação carismática. Mas, pouco a pouco, vão descobrindo a necessidade de prestar serviço aos pobres e de um verdadeiro compromisso com eles.

A abertura a Deus na adoração e a abertura aos pobres na acolhida e no serviço são os dois pólos do crescimento, como também sinais de que a comunidade vai bem. É ela que deve progredir para um sentido mais forte de sua identidade, como um corpo no qual cada membro deve poder exercer o seu dom e vê-lo reconhecido pelos demais membros.

Se as comunidades, que iniciaram prestando serviço aos pobres, não descobrirem o aprofundamento da prece e a alegria da comunhão do amor na celebração, correrão o risco de se tornarem um grupo de militantes que lutam pela justiça. Se aquelas que tiveram início por meio da prece e da adoração não descobrirem a compaixão para com aqueles que sofrem, poderão tornar-se legalistas e estéreis.

Os três elementos constitutivos da comunidade — prece ou comunhão com o Pai por meio de Jesus e nele, assistência aos pobres, consciência de estar unido a um só corpo — são necessários para que a comunidade se desenvolva bem e cresça. Jesus chamou cada apóstolo para ter com ele um relacionamento pessoal de amor; depois, os reuniu numa comunidade e, finalmente, enviou-os para levar a Boa-Nova aos pobres.

Da generosidade à escuta dos pobres

As comunidades, que iniciam por meio do serviço aos pobres, devem, pouco a pouco, descobrir o dom dos pobres. Começam pela generosidade, mas devem crescer na escuta. De fato, o importante não é "fazer" coisas para os pobres ou os que sofrem, mas ajudá-los a ter confiança em si mesmos e a descobrir seus próprios dons. Não se trata de chegar a uma favela com muito dinheiro, vindo de fora, para construir um ambulatório e uma escola. Trata-se, antes, de permanecer, por algum tempo, com as pessoas da favela, a fim de ajudá-las a descobrir suas necessidades e capacidades. Só depois, fazer todos juntos as construções necessárias. Estas não serão, talvez, tão bonitas, mas serão mais bem utilizadas e mais amadas, porque obra de todos e não de um benfeitor estranho. Isto levará muito mais tempo. Mas todo serviço humano toma muito tempo.Jesus promete ajudar-nos a descobrir que os pobres são fonte de vida e não apenas objeto de nossa caridade. Se estivermos próximos deles, seremos renovados no amor e na fé.

* * *

Certas comunidades crescem, atendendo mais às necessidades de seus próprios membros do que as daqueles aos quais servem. Esse tipo de crescimento faz com que tendam para o aspecto material: a melhoria das acomodações, para um maior conforto.

Outras comunidades crescem, atendendo mais ao grito dos pobres. Quase sempre, essa atitude as leva a viver uma vida pobre para se sentirem mais perto deles, em comunhão com eles. Isso não afeta a necessidade de cuidar bem de seus membros: estes devem estar bem para serem bons e perenes instrumentos do amor de Deus.

Quando uma comunidade se deixa guiar, no seu crescimento, pelo grito dos pobres e por suas necessidades, caminha no deserto e na insegurança. Ela, porém, tem certeza de que irá chegar à terra prometida; não à da segurança, e sim à da paz e do amor. Tal comunidade será sempre uma comunidade viva.

* * *

SINAIS DE DOENÇA E DE SAÚDE NA COMUNIDADE

... Quando as pessoas recusam-se a comparecer às reuniões, em que não há mais diálogo, têm medo de dizer o que pensam; quando o grupo é dominado por uma personalidade forte que impede toda a liberdade de expressão, e as pessoas fogem para atividades exteriores, em vez de participar das atividades comunitárias, é sinal de que a comunidade está em perigo. Não é mais um "lar", e sim um hotel-restaurante. Quando os membros de uma comunidade não se sentem mais felizes por estar, viver, rezar e agir juntos, mas procuram constantemente compensações fora, quando falam todo o tempo de si mesmos e de suas dificuldades, mais do que do ideal de vida e do modo de responder ao grito dos pobres, isto é sinal de morte.

Quando uma comunidade tem boa saúde, é um pólo de atração: jovens se comprometem com ela, e as pessoas ficam felizes ao visitá-la. Quando uma comunidade começa a ter medo de acolher visitantes e novos membros, a estabelecer restrições, a exigir garantias, de modo que mais ninguém possa ingressar nela; quando começa a rejeitar as pessoas mais fracas e mais difíceis, os idosos, os doentes etc., é mau sinal. Já não é mais comunidade; está se tornando uma equipe eficaz de trabalho.

É mau sinal, também, quando uma comunidade procura estruturar-se para ter segurança total para o futuro, acumulando muito dinheiro no banco. Pouco a pouco, ela elimina todos os elementos de risco: não precisa mais da ajuda de Deus e deixa de ser pobre. A saúde de uma comunidade revela-se pela qualidade da acolhida de uma visita inesperada, ou do pobre, pela alegria e a simplicidade de seus membros, pela confiança nos momentos difíceis e por uma certa criatividade para responder ao grito dos pobres. Mas revela-se, sobretudo, pelo ardor e pela fidelidade aos objetivos essenciais da comunidade: a presença diante de Deus e dos pobres.

É importante para uma comunidade descobrir em si mesma os sinais de perturbação ou de aprofundamento. De vez em quando, deve questionar-se em que ponto está. Não é sempre fácil! É preciso aprender a passar por certas provações; mas, apesar de tudo, há sinais de vida ou de morte que é preciso discernir.

ABRIR-SE AOS OUTROS

Quando uma comunidade nasce, é muito difícil saber se ela é, deveras, uma comunidade ou uma seita. Só podemos descobrir isso com o passar do tempo, observando o seu crescimento. A verdadeira comunidade abre-se cada vez mais quando seus membros se tornam cada vez mais humildes. A seita, pelo contrário, tem uma aparência de abertura. Entretanto, com o tempo, percebe-se que ela se fecha sempre mais, porque é composta de pessoas que pensam que sempre têm razão. São incapazes de escutar. São fechadas e fanáticas: só elas estão com a verdade. Perderam a capacidade de refletir. Só elas são as eleitas, as salvas, as perfeitas. Todas as outras estão erradas. E, apesar da alegria e da tranqüilidade que revelam, tem-se a impressão de que são personalidades fracas, mais ou menos manipuladas, como que presas a uma falsa amizade, da qual têm dificuldade de se desvencilhar. São guiadas mais pelo medo do que pela preocupação de crescer para a liberdade interior.

* * *

A linguagem de elitismo cheira mal! Não é sadio pensar que somos os únicos a possuir a verdade e, muito menos, condenar os outros. De qualquer forma, essas atitudes não têm nada a ver com a mensagem de Jesus Cristo. A comunidade cristã baseia-se na consciência de que somos pecadores, precisamos ser perdoados todos os dias e devemos perdoar setenta vezes sete vezes. "Não julgueis e não sereis julgados. Não condeneis e não sereis condenados" (Lc 6,37). A comunidade cristã deve agir como Jesus: propor, e não impor. É o amor aos irmãos e às irmãs que deve tornar-se uma luz calorosa que atrai.

Um outro sinal que distingue uma seita da verdadeira comunidade é o seguinte: as pessoas de uma seita agarram-se cada vez mais a uma única referência: o fundador, o profeta, o pastor, o chefe, o santo. É ele quem detém todo o poder temporal e espiritual e que mantém todos os membros sob o seu domínio. Os membros lêem só os seus textos e vivem só de suas palavras. Esse falso profeta não permite que outros falem ao grupo; afasta todos os que poderiam ameaçar a sua autoridade onipotente. Rodeia-se de executantes fracos, incapazes de um pensamento pessoal. Não se submete a ninguém.

No início das verdadeiras comunidades, os fundadores têm em suas mãos o poder espiritual e comunitário, e todo mundo o consulta sobre qualquer decisão. Se forem profundamente dóceis ao Espírito Santo, também deverão submeter-se às outras referências da Igreja à qual pertencem e às demais pessoas da comunidade. Devem, pouco a pouco, ajudar os membros a encontrar outras referências e a caminhar rumo à própria liberdade interior, para que possam pensar não necessariamente como ele, mas livremente, contanto que permaneçam dentro do espírito da mesma comunidade.

As verdadeiras comunidades cristãs têm sempre inúmeras referências: a partir daquela do seu fundador, da Sagrada Escritura, de toda a tradição da Igreja, do bispo, do santo Padre, se forem católicas, e até mesmo a de outros cristãos que vivem do espírito de Jesus. Enfim, é essencial que cada um dos seus membros aprenda a ter como ponto de referência o Espírito de Jesus que vive nele.

* * *

No início, é muito natural, e talvez até mesmo necessário, que a comunidade, encantada com sua própria originalidade, se idealize um pouco. Se ela não acreditar ser tão única, talvez nunca tivesse sido fundada. É como no amor: no começo, sempre se idealiza o outro: assim, para os pais, o filho sempre é a mais linda de todas as crianças; para o recém-casado, sua esposa é a mais bela de todas. Com o tempo, os pais e os esposos tornam-se mais realistas. Entretanto, talvez, vivam mais engajados, mais fiéis e mais cheios de amor do que nos primeiros anos de casados.

É compreensível que, no início, a comunidade viva um tanto fechada sobre si mesma, com grande consciência de suas qualidades e da própria originalidade. Agradeça por isso! Quando recém-casado, o casal não precisa de tempo para construir sua unidade, sua comunidade? Não é egoísmo, e sim um momento necessário para o crescimento. Com o tempo, a comunidade deverá recuar um pouco e descobrir a beleza das outras comunidades, os dons particulares de cada uma e seus próprios limites. Uma vez alcançada sua própria identidade e descoberto como o Espírito a está guiando, ela deve ficar atenta às manifestações do Espírito nas outras comunidades, e não pensar que a inspiração do Espírito Santo é privilégio de sua própria comunidade. É preciso ficar à escuta do que o Espírito está dizendo às outras também. Isso permite que ela redescubra seus dons e sua missão própria, encorajando-a a ser mais fiel; ao mesmo tempo, leva-a a descobrir seu lugar no conjunto da Igreja e da humanidade. Se não estiver atenta a isso, a comunidade poderá correr o risco de perder um momento decisivo em seu próprio crescimento.

* * *

Um dos sinais de vida de uma comunidade é a criação de laços de união. A comunidade que se fecha sobre si mesma morre de asfixia. Por outro lado, as comunidades vivas unem-se às outras, constituindo uma vasta rede de amor. E como há um só Espírito que inspira e vivifica, as comunidades que nascem, ou renascem, sob sua inspiração, são parecidas, mesmo sem se conhecerem. As sementes que o Espírito lança no mundo, como anúncios proféticos do amanhã, têm um espírito comum. Para uma comunidade é sinal de maturidade criar laços de amizade com outras. Se ela estiver consciente de sua própria identidade, não precisará comparar-se com as demais. Antes, ama até mesmo as diferenças que as distinguem, pois cada comunidade tem um dom próprio que deve fazer florescer. Tais comunidades completam-se na Igreja, porque precisam umas das outras. São ramos dessa grande árvore que é a Igreja, na qual todos os pássaros do céu devem poder se abrigar.

Fico sempre maravilhado com a multiplicidade de comunidades que existem no mundo, quer sejam elas antigas, que remontam a são Bento e são vivificadas pelo amor, quer sejam essas muitas comunidades que o Espírito Santo está suscitando hoje. Algumas estão nas igrejas, outras, fora de qualquer instituição. Agrupam jovens que têm intuições proféticas e que estão procurando um novo estilo de vida. Fazem parte da vasta Igreja invisível. Cada qual com seu espírito, seu estilo de vida, sua regra, sua carta. Cada uma é única. Há comunidades fundadas para a adoração e a oração silenciosa e contemplativa, como as dos Carmelos ou dos mosteiros, as quais se comunicam mais pela linguagem não-verbal do que pela palavra e vivem de uma tradição que remonta a são Bernardo ou a santa Teresa de Ávila.

Semelhante a essas comunidades, há a das Irmãs de Darmstadt, na Alemanha, a das Irmãzinhas ou Irmãozinhos de Jesus, silenciosas e orantes, que vivem nas favelas e nos guetos, pelo mundo afora. Sua contemplação está ligada diretamente à sua presença em meio aos pobres.

Além dessas, há as comunidades de oração, mais ou menos ligadas à renovação carismática, nas quais as pessoas se encontram para rezar, permanecendo muito enraizadas na sociedade.

Há os centros de caridade pelo mundo afora para acolher pessoas para retiros, como a Madonna House, fundada por Catherine Doherty. São comunidades cristãs fundadas sobre a oração, o trabalho manual, o anúncio da Palavra de Deus e sobre uma linda liturgia. Há as pequenas comunidades dos Focolari, espalhadas pelo mundo, as comunidades ecumênicas, como as dos irmãos de Taizé e das Irmãs de Grandchamp e de Étoy, na Suíça. Depois, há comunidades cuja finalidade imediata é acolher e cuidar dos mais pobres: os Irmãos e Irmãs Missionários de Caridade, fundados por Madre Teresa de Calcutá e Irmão André.

Certas comunidades são mais comprometidas no plano social. Querem trazer um bem-estar aos oprimidos e sofredores; as comunidades de base da América Latina, as da Igreja do Salvador, em Washington, as do Catholic Worker, as de "El Minuto de Dios", na Colômbia, a de Ted Kennedy, com os indígenas; a de Sydney, todas elas são apenas alguns exemplos, pois há muitas outras espalhadas pelo mundo, como sinais do Espírito Santo.[7]

Pessoalmente, sou atraído por essas comunidades enraizadas nos bairros mais pobres, ou as que acolhem os que estão profundamente feridos: alcoólatras, antigos presos, jovens drogados ou perdidos, jovens delinqüentes ou doentes mentais. Nessas comunidades, não há sempre muita alegria, nem se faz muito alarde, mas há uma grande fidelidade e uma acolhida aos feridos. Os rostos dos que nelas trabalham freqüentemente permanecem enrugados pelo cansaço e nem têm tempo para participar dos congressos daqueles que vivem em comunidade. Raramente eles têm belas liturgias ou festas. Muitas vezes, só podem assistir a uma parte da missa, porque o trabalho é pesado. Apesar disso, percebe-se,

---

[7] Para as novas comunidades na França, cf. Frédéric Lenoir, *Les communautés Nouvelles*, Paris, Fayard, 988.

nessas comunidades, que a presença de Jesus está bem perto dos que são rejeitados e feridos.

* * *

Quando penso em todas as comunidades do mundo que querem espalhar a Boa-Nova e desejam ardentemente responder ao chamado de Jesus e dos pobres, avalio a necessidade de um pastor universal, um pastor que tenha sede de unidade, que possua uma visão clara das coisas, que faça surgir novas comunidades, que encontre, na prece e no amor, tudo o que possui, que seja o guardião da unidade e esteja a serviço da comunhão.

Fiquei muito sensibilizado com a eleição de João Paulo I e, mais ainda, com a de João Paulo II. Quanto tempo ainda será necessário para que todos reconheçam a necessidade desse pastor universal? Quanto tempo ainda será preciso para que os católicos compreendam o imenso dom que receberam, para que sejam confundidos, na humildade, e se abram aos outros com compreensão e amor? Para que os católicos reconheçam a beleza da Igreja ortodoxa, com seu sentido sagrado, a beleza e o dom da Igreja anglicana e das Igrejas protestantes, especialmente pelo seu amor à Escritura, ao anúncio da Palavra e seu desejo de viver no Espírito Santo? Hoje, as Igrejas protestantes estão descobrindo, cada vez mais, as imensas riquezas ocultas na eucaristia.

Espero ardentemente o dia dessa unidade!

* * *

Roger Schutz tinha pela unidade uma paixão profética que eu gostaria de ter. Nas atas do concílio dos jovens, em 1979, escreveu:

> Existe um caminho para pôr fim ao escândalo da separação entre cristãos; caminho que permite uma criação comum entre as Igrejas. Esse caminho consiste nisto: cada comunidade local consulte um ministro de reconciliação no coração de todo povo de Deus. Nos últimos meses, muitos homens e mulheres ficaram mais sensibilizados do que nunca com o ministério de um pastor universal atento em servir ao ser humano enquanto tal, e não somente aos católicos, e

defender, antes de tudo e em toda parte, os direitos da pessoa humana, e não apenas os dos membros da Igreja (João XXIII).[8]

* * *

A QUESTÃO DA FIDELIDADE

As comunidades nascem, florescem. Depois, muitas vezes, conhecem uma espécie de desfalecimento e morrem. Basta observar a história das comunidades e das ordens religiosas: o entusiasmo, o ardor, a generosidade do início desaparecem, pouco a pouco "se acomodam", a mediocridade infiltra-se e o regulamento e a lei tomam o lugar do espírito. As comunidades medíocres não atraem mais e desaparecem.

Numa comunidade, importa aprender aquele grau de fidelidade que faz com que o espírito permaneça ou leve a comunidade a desviar-se do caminho.

Parece-me haver essencialmente dois pontos, aliás, ligados, que provocam o desvio: por um lado, a busca de segurança, ou um certo cansaço por causa da insegurança, e, por outro, uma falta de fidelidade à visão inicial, que constitui o espírito da fundação.

Quando uma comunidade nasce, os fundadores devem lutar para anunciar o seu ideal. Enfrentam, então, a contradição e, às vezes, até a perseguição. Contradição e perseguição obrigam os membros da comunidade a se afirmarem mais, estimulam a motivação, incitam a ultrapassá-los, para que se abandonem totalmente nas mãos da Providência. Em certos momentos, só intervenções diretas de Deus podem salvá-los. Quando não têm riqueza, segurança, nem apoio humano, dependem ainda mais de Deus e das pessoas à sua volta, que se mostram sensíveis ao testemunho de sua vida. São como que obrigados a permanecer fiéis à oração e à irradiação do amor. É uma questão de vida ou de morte. Sua

---

[8] DC, n. 1756, 21 de janeiro de 1979.

dependência total é como que garantia de sua autenticidade; sua fraqueza constitui sua força.

Todavia, quando uma comunidade tem membros suficientes para distribuir todos os trabalhos e suficientes meios materiais, pode permitir-se um relaxamento. Tem estruturas fortes e possui certa segurança. É aí que está o perigo!

* * *

Na França, um funcionário de Estado, que trabalhava no campo do Serviço Social, disse-me um dia, depois de lhe ter explicado detalhadamente o que era a Arca: "Olhe, senhor, seu negócio é certamente lindo, e não duvido de que seja o ideal para as pessoas deficientes, mas tudo isso se baseia na gratuidade dos assistentes. Será que um Governo tem direito de investir num negócio que poderá, um dia, desaparecer totalmente, se o senhor não encontrar mais assistentes que queiram viver segundo esse espírito? Que garantia o senhor pode me dar?". Evidentemente, eu não tinha nenhuma garantia a oferecer. A incerteza que se tem quanto à vinda de novos assistentes e quanto à duração do compromisso daqueles que lá estão constitui a insegurança própria da nossa comunidade. As pessoas vêm não por motivos materiais (horário, salários), mas pela irradiação própria da comunidade. Se um dia quisermos encontrar os meios humanos para nos assegurarmos de que haverá sempre muitos assistentes, será o fim da Arca. Às vezes, é cansativo e angustiante viver na insegurança, mas é uma das únicas garantias para que uma comunidade continue a se aprofundar, a progredir e a permanecer fiel.

* * *

Na Arca, nossa fidelidade é viver com a pessoa deficiente, no espírito do Evangelho e das bem-aventuranças. "Viver com" é diferente de "fazer para". Mas isso não quer simplesmente dizer comer à mesma mesa ou dormir sob o mesmo teto. Implica tecer relações de gratuidade, de verdade, de interdependência mútua; requer que estejamos à escuta dos deficientes, para reconhecer seus dons e nos maravilhar com eles, particularmente com sua abertura a Deus e à santidade. No dia em que só houver profissionais e terapeutas que eduquem e que tratem, não será mais a Arca, mesmo que o "viver com" não exclua esse aspecto profissional.

Para outras comunidades, o ponto de fidelidade é diferente: para as irmãs de Madre Teresa, é levar ajuda às pessoas mais feridas e rejeitadas; para as irmãzinhas de Foucauld, é viver em fraternidade, em meio aos mais pobres; para as comunidades contemplativas, é orientar toda a sua jornada para tempos silenciosos de contemplação; para outros, é viver a pobreza. É preciso que cada comunidade conheça bem seu ponto de fidelidade, a visão essencial. Quando se desvia desse ponto, toda a comunidade regride, uma vez que o essencial é preterido.

* * *

Na comunidade, é função de cada pessoa permanecer vigilante para continuar sempre mais na insegurança e, por isso mesmo, dependente de Deus, como também para viver a fidelidade e o essencial do espírito da comunidade, espírito esse que é seu dom próprio. Tudo isso deve ser constantemente lembrado, caso contrário a comunidade cairá na rotina, no regulamento, no hábito, acabando por se esclerosar.

Na Arca, é preciso que as pessoas se estimulem e se encoragem constantemente nesses dois domínios. Todas as decisões sérias da comunidade devem ser vistas a essa luz. Toma-se tal decisão por medo da insegurança? Essa decisão está orientada para o essencial da nossa vida, ou seja, para aquela fé de que Jesus vive no mais pobre e pela qual somos chamados a viver com ele e a receber dele?

* * *

Ao nascer, há sempre na comunidade um elemento profético. Ela é a matriz de um novo modo de vida em reação a outros modos de agir. Ou, então, a comunidade nasce para preencher uma lacuna particular na sociedade ou na Igreja. Com o tempo, esse elemento profético tende a desaparecer, levando os membros da comunidade a correr o risco de não olhar mais o presente, ou para o futuro, mas só para o passado, preocupados em "conservar" o espírito ou a tradição. No entanto, o espírito profético deve sempre permanecer, para que a comunidade permaneça viva e cheia de esperança. Existe uma tensão particular entre os valores do passado (espírito e tradições), as necessidades do momento (numa dialética com a sociedade e os valores do ambiente) e a tensão para o futuro (profetismo).

Esse espírito, nos seus elementos essenciais, não é propriamente um estilo de vida; é mais do que isso: é uma esperança, a encarnação de um amor. Entretanto, concretiza-se no modo de conceber a autoridade, na partilha, na obediência, na pobreza, na criatividade das comunidades e dos membros para a propagação da vida; ou, mesmo, no modo como as primeiras comunidades deram mais destaque a uma atividade do que às outras. O espírito determina o essencial do modo de viver; marca uma espécie de escala de valores.

Todavia, desde a fundação da comunidade, o espírito pôde, com o tempo, fixar-se em hábitos ou costumes que o sufocam ou mascaram. O trabalho do responsável e de todos os membros da comunidade é sempre o de tentar purificar o espírito de tudo aquilo que veio a se acrescentar em tal época, para entendê-lo mais claramente e vivê-lo mais realmente. Esse espírito é um dom de Deus à sua família; é como um tesouro que lhe foi confiado de um modo especial e que deve estar presente no seio da comunidade. Esta deve viver hoje como o fundador teria vivido, se estivesse vivo. Não deve viver como ele viveu, mas sim ter o mesmo amor, o mesmo espírito e a mesma audácia que ele teve no seu tempo.

* * *

O espírito de uma comunidade, sua espiritualidade, encarna-se em tradições particulares. É importante respeitá-las e explicar aos novos membros o sentido e a origem delas, para que não se tornem hábitos, mas sejam constantemente renovadas e permaneçam vivas.

Há tradições no modo de acolher os grandes acontecimentos, a morte, o casamento, o batismo, no modo de festejar os aniversários ou de acolher um novo membro, de escolher os cantos etc. Em si, essas atividades e esses gestos não são tão importantes, mas revelam o fato de sermos verdadeiramente irmãos e irmãs, membros de uma mesma família, de termos o mesmo coração, o mesmo espírito, a mesma alma. Tudo isso nos foi transmitido pelos anciãos de nossas comunidades, que estão talvez, agora, com o Pai. Essas tradições nos lembram de que não foi fundada "assim", mas que nasceu num determinado momento, que passou, talvez, por tempos difíceis e que o que vivemos hoje é fruto do trabalho daqueles que nos precederam.

É sempre bom que as pessoas, as comunidades ou as nações se lembrem de de que a realidade presente saiu de mil gestos de amor, ou de ódio, que as precederam. Isso nos obriga a lembrar que a comunidade de amanhã estará nascendo da nossa fidelidade ao presente. Somos todos pequenos anéis na imensa cadeia de gerações que constitui a humanidade. Somos seres que viverão só pouco tempo, em comparação com a história da humanidade, do passado e do futuro. Isso nos ajuda a ver a nossa comunidade em sua verdadeira perspectiva com relação às outras, com relação à história e ao lugar de cada membro na comunidade. Descobrimos, então, que somos, ao mesmo tempo, pouca coisa e muito importantes, pois cada um de nossos gestos, a seu modo, está preparando a humanidade de amanhã: é uma pedrinha na construção de uma cidade mais justa e mais feliz para toda a família humana.

* * *

Propagar a vida

A comunidade não pode ficar estática. Ela não é um fim em si mesma. É como um fogo que deve necessariamente se propagar, senão correrá o risco de se extinguir. Virá o momento em que a comunidade só poderá crescer mediante a separação, o sacrifício e o dom. Quanto mais uma comunidade encontrar a unidade, mais deverá, por assim dizer, perdê-la para dá-la a outros que não a vivem ainda. Isso se fará enviando alguns de seus membros, liberados por essa mesma família, para criar outras sedes de amor, outras comunidades de paz.

Esse é o sentido da vida. Ela se propaga. Todo crescimento de vida implica o aparecimento de flores e de frutos. Contidas nessas flores e nesses frutos, há sementes de vida nova.

A comunidade que segura ciosamente seus membros e não se arrisca nessa obra extraordinária da procriação arrisca-se a algo de muito mais grave: a sua extinção. Se não se fizer uma virada, se a evolução da comunidade para um dom maior não for iniciada, seus membros se instalarão numa atitude quase infantil, próxima da regressão. Tornar-se-ão estéreis e a vida não passará mais por meio deles. Serão como ramos ressequidos.

* * *

Quantas comunidades morreram porque seus responsáveis não souberam levar seus membros jovens a esse dom da vida na procriação de novas comunidades? Passado o tempo do amor, entraram num mundo de esterilidade e de frustrações. E é difícil reencontrar, mais tarde, o tempo do amor e as forças de vida.

Esse tempo do dom da vida é diferente para cada forma e para cada tipo de comunidade, como também é diferente para cada pessoa. Para certos membros, consiste em partir para longe a fim de semear a vida com todos os riscos que isso comporta. A comunidade que atingiu a maturidade é capaz de dar um irmão ou uma irmã para ajudar a comunidade em dificuldade. Para outros, é acolher, com mais calor e com mais verdade, o pobre, o marginalizado, o estrangeiro; para outros, é assumir a função de pastor na comunidade, ajudando cada um a ver a beleza da vida e a libertar-se do egoísmo. Para outros, é descobrir e assumir seu papel de contemplação na comunidade; é carregar, na oração, seus irmãos e irmãs, os feridos, os rejeitados do mundo, gerando-os, de modo misterioso e escondido, para a vida. De qualquer forma, é entrar no mistério do Pai. É colaborar com ele e tornar-se seu instrumento nesta obra extraordinária de procriação e de libertação.

* * *

Às vezes, é difícil para os responsáveis das comunidades afastadas saber que tipo de referência manter com a grande comunidade ou com o responsável superior. O importante é que a comunidade afastada possa viver profundamente, e de modo bem inserido na região, sua vida comunitária e seu espírito. Muitos membros de comunidades missionárias vivem uma certa contradição: saíram de uma cultura particular e vão transplantar para uma terra estrangeira seus próprios costumes, seu modo de viver, de comer, de acolher, de festejar. O espírito que querem transmitir está demasiado enraizado na própria cultura. Afinal, transmitem mais sua cultura que o espírito. E os arredores, os vizinhos, não se identificam com o que eles vivem. São, muitas vezes, seduzidos ou entram em choque com os elementos exteriores da cultura vivida: não aprendem o espírito. Além disso, aqueles entre os quais querem engajar-se nas comunidades são, às vezes, obrigados a assumir costumes estranhos à sua própria mentalidade.

Muitas vezes, a preocupação de união com a casa-mãe (mas de união material) precede a preocupação dinâmica do amor, do espírito e dos objetivos da comunidade. A unidade não vem do fato de todos viverem do mesmo modo pelo mundo afora, vem da harmonia dos corações, que se lançam para a frente, na fidelidade ao espírito inicial da comunidade, com a graça do Espírito Santo. As comunidades mais afastadas devem saber fazer morrer certos elementos de sua cultura de origem para viver mais as bem-aventuranças em sua nova cultura. Devem ter grande confiança em Deus, que as enviou para longe a fim de fazer aliança com um novo povo.

A preocupação da "comunidade-mãe" deve ser ajudar a comunidade a caminhar e a tornar-se, lá onde se encontra, fonte de vida. Se tomar essa atitude, logo descobrirá a graça de rejuvenescimento e de abertura que lhe vem da multiplicidade das comunidades. As mais afastadas que, com suas estruturas mínimas, vivem no risco e na dificuldade, podem tornar-se fonte de vida e de esperança para a comunidade-mãe. Esta, por sua vez, pode tornar-se a segurança necessária ao permitir que estruturas mínimas se estabeleçam longe, em situações difíceis.

EXPANSÃO E ENRAIZAMENTO

Quanto mais uma comunidade crescer e der vida, enviando, às vezes, alguns de seus membros para longe, tanto mais deverá enraizar-se nas profundezas da terra. A expansão deve acompanhar o aprofundamento. Quanto mais uma árvore cresce, tanto mais suas raízes têm de ser fortes, senão será arrancada ao sobrevir a primeira tempestade. Jesus fala de uma casa construída sobre a rocha. Uma fundação sólida, para uma comunidade, é esse enraizamento no coração de Deus. É Deus que está na fonte da comunidade, e quanto mais essa fonte fizer a água correr e se espalhar, mais serão necessários membros que permaneçam perto dela.

* * *

Há o crescimento exterior, o qual sempre se assemelha a uma expansão. Há também os crescimentos interiores, secretos: um enraizamento mais profundo na prece, em Jesus, mais compaixão e acolhida. Esse tipo de crescimento não é visível, mas gera uma atmosfera que pode ser percebida: uma alegria mais luminosa, um silêncio mais profundo, uma paz que toca os corações e conduz à verdadeira experiência de Deus.

* * *

Nascida de uma ferida

Existe um laço misterioso entre o sofrimento, a oferenda e o dom da vida, entre sacrifício e expansão.

Numa das nossas comunidades na Índia, um homem muito deficiente morreu afogado no poço. Ele estava conosco havia pouco tempo. Um velho, amigo do pai deles, passou por nossa casa e nos disse: "Quando se trata de uma obra de Deus, é preciso que um justo morra para que essa obra viva".

Tenho a convicção profunda de que o homem ou a mulher de ação e de irradiação nada conseguirá se não se apoiar sobre essas pessoas que aceitam oferecer seus sofrimentos, sua imobilidade e sua oração, para que possam dar vida. Os homens e as mulheres de prece, reclusos nos mosteiros e nos eremitérios, passando, às vezes, por muitos sofrimentos, são como bombas d'água, ocultas sob a terra, para irrigar solos ressecados. Alguns de nós somos canos um pouco entupidos; outros bombeiam e tornam a terra saudável.

Um velho ou um doente que se oferece a Deus pode se tornar, numa comunidade, a pessoa mais preciosa, o "pára-raio" da graça, "a bomba secreta". Existe um mistério na utilidade secreta dessas pessoas, cujo corpo está inutilizado. Aparentemente, passam seus dias sem fazer nada, mas permanecem na presença de Deus. Sua imobilidade as obriga a conservar os olhos e o coração fixos no essencial, na própria fonte de vida. Seus sofrimentos e sua agonia são fecundos: tornam-se fonte de vida.

Olha tua própria pobreza,
acolhe-a,
ama-a,
não tenhas medo dela,
reparte tua morte,
assim repartirás teu amor, tua vida.

* * *

Às vezes, encontro comunidades compostas só de alguns idosos. O tempo de sua expansão parece ter findado. Provavelmente, é tarde demais para um jovem ingressar nelas. Fico admirado com a alegria e a paz que aí reinam. Os membros dessa comunidade sabem que ela vai morrer, mas não se importam. Querem viver plenamente, até o fim, a graça que lhes foi dada. Essas comunidades têm muito a dar ao nosso mundo: elas nos ensinam a assumir os nossos fracassos e a morrer em paz. Mas não são a aceitação de seus próprios sofrimentos e a oferenda de seu sacrifício que fazem nascer comunidades novas, jovens e dinâmicas?

Em outras comunidades, pelo contrário, esses idosos estão cheios de angústia, fruto de sua própria esterilidade. Não descobriram que essa esterilidade poderia ser transformada em dom da vida, mediante a oferenda e o sacrifício.

* * *

Às vezes, durante uma reunião do Conselho Internacional da Arca, nos referimos a uma de nossas comunidades como sendo um problema. Está em crise há muito tempo: os assistentes querem ir embora, os deficientes não passam bem etc. Nós nos esquecemos de que, antes de ser um problema, a comunidade é pobre e sofre. Se o pobre é não só objeto de caridade, mas também fonte de vida, o mesmo vale para a comunidade pobre. Deus está presente nela de uma forma misteriosa. O grito de uma comunidade que sofre é também o grito dos pobres. Devemos abordá-la com muito amor e respeito.

Da chaga do coração de Cristo, na cruz, jorraram água e sangue, sinal da comunidade de fiéis que é a Igreja. Da cruz brotou a vida; a morte transformou-se em ressurreição: é o mistério da vida gerada da morte.

* * *

O papel da Providência

Antes de entrar na vida comunitária, a pessoa sente, no mais profundo do seu ser, um chamado ou atração para uma vida orientada para Deus e para os valores do amor e da justiça; valores esses que se opõem aos desejos mais egoístas e, talvez, mais visíveis de posse, de conforto, de prestígio e de poder. Essa atração pode ser muito fraca no começo. No entanto, se respondermos a ela, crescerá pouco a pouco e encarnar-se-á num verdadeiro desejo, numa necessidade profunda do ser de se dar a Deus, aos irmãos e às irmãs, sobretudo aos mais pobres. Esse apelo já é uma certa experiência de Deus.

Com o tempo, mediante o encontro de irmãos e de irmãs, num compromisso mútuo, dar-se-á a descoberta da Providência. Deus não chamou somente a mim, mas também outros que ouviram e seguiram o mesmo apelo. Foi ele quem fez com que nos encontrássemos e nos amássemos. É ele que está no coração da comunidade.

Essa experiência da Providência fortifica-se com o tempo, com a descoberta de que Deus, de modo evidente, cuidou da comunidade nas provações que poderiam ter posto fim a ela, como: tensões graves resolvidas, a chegada de alguém no momento em que mais se precisava, uma ajuda material ou financeira inesperada, um pobre acolhido e que encontra a liberdade interior e a cura.

Com o tempo, os membros da comunidade percebem que Deus está próximo e vela sobre eles com amor e ternura. Não é mais uma experiência pessoal de Deus, e sim uma experiência comunitária que gera a paz e uma certeza luminosa. Isso permite à comunidade acolher as dificuldades, as provações, as necessidades ou a fraqueza, com uma serenidade nova. Dá-lhe até a audácia necessária para avançar mediante os fracassos e os sofrimentos do dia-a-dia, pois sabe, por experiência, que Deus está presente e responderá ao seu grito. Mas esse reconhecimento da ação de Deus na vida comunitária exige uma grande fidelidade.

Longe de gerar um certo "deixar andar as coisas", ou uma atitude do tipo "não te inquietes, Deus providenciará", esse reconhecimento exige que a comunidade se agarre ao essencial de sua vocação, quer seja a oração à acolhida dos mais pobres, quer a disponibilidade ao Espírito. Deus só vela por uma comunidade à medida que, com audácia, tentarmos permanecer fiéis e verdadeiros à procura do objetivo dela e da sua unidade. E Deus só responde às necessidades na proporção do trabalho dos membros — e eles trabalham mesmo — para encontrar soluções verdadeiras. Às vezes, Deus espera que tenham chegado ao limite dos meios humanos para responder aos seus apelos.

* * *

O PERIGO DE ENRIQUECER

No início de uma comunidade, no momento da sua fundação, muitas vezes a ação de Deus faz-se sentir de modo muito tangível: a doação de uma casa, dinheiro que chega de modo inesperado, a chegada de uma pessoa no exato momento e demais sinais exteriores. Em razão de sua pobreza, a comunidade permanece na dependência de Deus. Ela grita e Deus responde. Ela é fiel à oração, vive na insegurança, acolhe aquele que bate à sua porta, reparte com os pobres, tenta tomar todas as decisões à luz de Deus.

Nesse primeiro momento, a comunidade é muitas vezes incompreendida pela sociedade: as pessoas julgam-na utópica, "louca"; e é mais ou menos perseguida. Depois, com o tempo, essa "loucura", aos olhos das pessoas, consegue alguma coisa: que seu valor e sua irradiação são descobertos. Ela não é mais perseguida, e sim admirada, adquire renome e notoriedade diante da sociedade, como também amigos que lhe dão o que precisa. Pouco a pouco, ela enriquece e começa a emitir julgamentos, tornando-se poderosa.

Surge, então, um perigo: a comunidade não é mais pobre e humilde, mas se satisfaz consigo mesma, não recorre mais a Deus como outrora e grita mais por socorro. Certa da experiência adquirida, julga que já sabe como fazer tudo. Não toma mais as decisões à luz de Deus, permanece indiferente na oração, fecha-se ao pobre e ao Deus vivo e se torna orgulhosa. Tal comunidade necessita de uma sacudida e de sérias provações para reencontrar a atitude de criança e sua dependência de Deus.

* * *

O profeta Ezequiel, no capítulo 16, descreve a história da comunidade judaica. Quando era pequenina e se debatia no seu sangue, Deus a recolheu, cuidou dela, salvou-lhe a vida. Depois, no tempo do amor, cobriu-a com sua sombra. Tornou-a bela e desposou-a. Ela ascendeu à realeza. Pela união com seu Rei e seu Esposo, tornou-se poderosa.

Depois se afastou dos olhos do seu Rei: olhou-se e pensou ser si mesma a fonte de vida. Achou-se bela, e procurou outros amantes. Prostituiu-se, pouco a pouco, e chegou à decadência.

No fundo de sua pobreza e humilhação, Deus a esperava, fiel ao seu amor. Retomou-a, como no tempo da sua juventude, pois ele é o Deus terno e bom, lento à cólera e cheio de misericórdia. É o Deus do perdão.

O primeiro pecado de uma comunidade é afastar os olhos daquele que a chamou à vida, para olhar para si própria.

O segundo pecado é achar-se bela e pensar que é, por si mesma, uma fonte de vida. Então, ela afasta-se de Deus e começa a assumir compromissos com o mundo e com a sociedade. Adquire renome. Essa fama, porém, tem duração efêmera. Aos poucos, tal comunidade entra em decadência.

O terceiro pecado é o do desespero. Ela descobre não ser fonte de vida, mas sim pobre, e que lhe faltam vitalidade e criatividade. Então, fecha-se na tristeza, nas trevas de sua pobreza e de sua morte.

No entanto, Deus não deixa de esperá-la, como o Pai que espera o filho pródigo.

As comunidades que abandonaram a inspiração de Deus para se fechar em sua própria suficiência devem saber voltar e pedir-lhe humildemente perdão.

* * *

O RISCO DO CRESCIMENTO

Quando comecei a Arca, éramos pobres. Lembro-me de uma senhora idosa da região, a qual vinha, todas as noites de sexta--feira, trazer-nos sopa. Outras pessoas traziam-nos contribuições em dinheiro e alimento.

Passaram-se os anos. Agora, quando há alguma casa para vender na região, é à nossa casa que elas vêm, em primeiro lugar, para nos propor a compra, aumentando o preço, é claro. Somos considerados os ricos do lugar, ainda que o dinheiro venha das subvenções do Estado.

No começo, os profissionais nos ignoravam. Agora vêm ainda visitar-nos, mesmo que muitos nos considerem "iluminados". Na pequena casa da Arca éramos cinco ou seis. Tornamo-nos mais de quatrocentas pessoas em diversos lugares, não somente na aldeia de Trosly, mas também nas outras dos arredores. Às vezes, os assistentes lamentam-se: "A Arca cresceu demais; já não podemos nos conhecer bem como outrora". É verdade, há no crescimento um perigo, mas também uma graça. E nas diferentes etapas da Arca, tive a impressão de seguir os sinais da Providência.

O perigo está em fechar-se sobre o sucesso, esquecendo a inspiração das origens, tornar-se um centro profissionalmente competente, esquecendo os elementos de gratuidade e comunhão no coração da comunidade. Ao insistir tanto nas estruturas e nos direitos dos assistentes, acaba-se por esquecer que as pessoas deficientes precisam encontrar junto delas irmãos e irmãs que se dão e que se comprometem; ao se esquecer o acolhimento, não se vêem mais, no deficiente, o dom de Deus e a fonte de vida.

* * *

Algumas comunidades devem permanecer pequenas, pobres e proféticas, como sinais da presença de Deus em um mundo que procura sempre mais os valores materiais. Entretanto, outras comunidades são chamadas a crescer. Têm por missão ajudar não só alguns privilegiados, mas um número sempre maior de pessoas e mostrar que é possível, em centros maiores, guardar um espírito, criar estruturas para as pessoas, exercer a autoridade de um modo humano e cristão. As pequenas comunidades proféticas têm por missão apontar um caminho. As comunidades maiores devem viver o desafio de pegar esse caminho, criando estruturas comunitárias, justas e boas para muitos.

Pessoalmente, sinto-me feliz pelo fato de a Arca, em Trosly, crescer. É um desafio, a cada dia, tentar viver em comunidade com grande número de pessoas, criar estruturas que permitam o máximo de participação e dar a cada um a possibilidade de assumir responsabilidades, ter iniciativas e, ao mesmo tempo, manter a unidade no espírito. Sinto-me feliz por termos podido acolher um bom número de deficientes e de gente que sofria, e que uns sessenta tenham podido, depois de passar um certo tempo conosco, assumir um trabalho na sociedade e viver de modo autônomo, ainda que mantendo relacionamento conosco.

Ao crescer, o importante é ficar aberto aos sinais da Providência, continuar a ouvir o grito e as necessidades dos deficientes à medida que vencem etapas novas, nunca fazer-se de surdo às pessoas, ser sempre acolhedor, estar sempre pronto para fundar novas comunidades; se necessário, assumir cada dia novas formas de pobreza, pois não há só pobreza material. O perigo está em nos fecharmos sobre nós mesmos e sobre o já alcançado. É preciso rezar para que avancemos sempre mais longe novos caminhos de insegurança.

No crescimento da Arca, só lamento uma coisa: não ter trabalhado bastante com a população do lugar. Crescemos um pouco à custa dela e contra seu desejo. Creio que, atualmente, haja boas relações, mas haveria algo mais a fazer para a Arca integrar-se melhor à vida do lugar.

Eu era estrangeiro e você me acolheu...

Um dos riscos que Deus pedirá sempre à comunidade é acolher os visitantes, especialmente os mais pobres, aqueles que "atrapalham". Muitas vezes, Deus traz uma mensagem particular a uma comunidade, por meio de uma pessoa acolhida, uma carta recebida, um telefonema inesperado. No dia em que a comunidade começar a recusar as visitas e os imprevistos, no dia em que disser "estamos fartos", corre o risco de fechar-se à ação de Deus. Não foi Jesus quem disse: "Eu era estrangeiro, e você me acolheu"?

Ficar aberto à Providência exige uma grande disponibilidade. Não se trata de fixar-se numa estrutura, numa lei, de enraizar-se no "já feito", no "sucesso". Isso exige uma escuta cheia de atenção por parte de cada um dos membros da comunidade, de seu chamado particular, e uma escuta da realidade cotidiana com todos os imprevistos, tudo o que atrapalha e traz insegurança. Depressa se corre o risco de querer defender a tradição, o passado, fechando-se, assim, à evolução que Deus tinha em vista. Quer-se, desse modo, a segurança humana, e não a dependência diante de Deus.

Por isso é importante que os membros da comunidade recordem juntos, com os mais novos, os benefícios da Providência. Devem cantar a Deus em reconhecimento por tudo o que ele fez por eles. A história de uma comunidade é importante e deve ser dita e redita, inscrita e repetida. Depressa esquecemos o que Deus fez! É preciso que nos lembremos, em qualquer circunstância, de que Deus está na origem de tudo e de que é ele quem vela com amor pela comunidade. Assim, os corações reencontram a esperança e a audácia necessárias para enfrentar novos riscos e assumir as dificuldades e os sofrimentos com coragem e perseverança.

Toda a história sagrada, tão bem conhecida pelos judeus, é uma lembrança constante do modo como Deus cuidou do seu povo. É essa lembrança que gera a confiança necessária para continuar, sem desfalecer...

* * *

VAMOS, UM POUCO DE ARDOR, E ARREPENDE-TE

No Apocalipse (3,15-19), o anjo diz à Igreja de Laodicéia:

Vejo tuas obras, não és nem quente, nem frio. Oxalá fosses frio ou quente! Assim, porque és morno, e nem quente, nem frio, vou vomitar-te da minha boca. Porque tu dizes "sou rico, enriqueci e não preciso de nada", e não sabes que és infeliz, miserável e pobre, cego e nu, aconselho-te a vires comprar de mim ouro purificado ao fogo, para te tornares rico (na fé), roupas brancas para te vestires (as roupas da aliança) e não deixares aparecer a vergonha da tua nudez, e um colírio para que unjas teus olhos e possas enxergar. Todos aqueles que eu amo, repreendo-os e corrijo-os.

Essas palavras poderiam ser dirigidas a muitas de nossas comunidades e a cada um de nós, a mim em primeiro lugar. "Vamos, um pouco de ardor, e arrepende-te. Eis que estou à porta e bato. Se alguém ouvir a minha voz e abrir a porta, entrarei na sua casa e cearei com ele e ele comigo" (Ap 3,20).

É triste ver comunidades que abandonaram seu primeiro amor (Ap 2,4). Todos precisamos ser encorajados e estimulados para nos arrepender e recomeçar com mais entusiasmo e mais ardor. Mas, para isso, precisamos reabrir a porta do nosso coração e deixar entrar Jesus: "Desposar-te-ei para sempre; desposar-te-ei na justiça e no direito, na ternura e na misericórdia; desposar-te-ei na fidelidade e tu conhecerás Javé" (Os 2,21-22).

Nos dias difíceis em comunidade, há um texto de Isaías que me sustenta e me ilumina (58). O profeta interroga-se: "Qual é o jejum que agrada a Deus?". Não é o ato de nada comer, mas são gestos de amor para com os pobres.

Soltar as correntes injustas,
retirar os laços do jugo,
devolver a liberdade aos oprimidos,
dividir teu pão com quem tem fome,
levar para tua casa os pobres desabrigados,
cobrir os que estão nus.

Se fizermos tais gestos, seremos luminosos como a aurora; nossas feridas profundas, essas feridas interiores do pecado, serão curadas.

A justiça irá à tua frente,
a atrás estará a glória de Javé.
Tu terás a proteção de Deus.
E quando tu chamares,
principalmente nos tempos difíceis,
Javé responderá;
se pedires socorro do fundo de tua pobreza,
de tuas fraquezas e de teus cansaços,
ele dirá: "Aqui estou eu",
e se revelará.
Sim, Javé te guiará sempre
te alimentará nos desertos,
e nos sítios áridos;
te dará força
e tornará teus ossos vigorosos (cf. Is 58).

E depois, sustentados, guiados, envolvidos por Javé, seremos como jardins irrigados, cheios de flores e de vida, seremos como fontes de água que nunca secam, poderemos dar de beber a uma humanidade ressequida, que morre de sede.

Tal é a promessa de Deus, se nos dermos aos famintos, àqueles que sofrem, que estão inseguros, que se sentem sós.

No fundo, estamos próximos de Deus quando nos aproximamos dos pobres e dos fracos sem defesa, que, precisamente pelo fato de estarem sem defesa, precisam de proteção especial.

Quando nossas comunidades se tornam mornas, precisamos recordar essa promessa de Deus, abrir nosso coração e nossas portas aos mais pobres e ser fiéis para responder ao grito deles.

Então, Deus estará presente, sempre, para sustentar-nos e guiar-nos.

CAPÍTULO

5

O pão nosso de cada dia nos dai hoje

PARA CRESCER É PRECISO ALIMENTAR-SE

O ser humano precisa de água e de pão para crescer. Se não comer, morrerá. Para crescer espiritualmente, precisa de sol, água, ar e terra, como a planta. A terra representa a comunidade: é o meio de vida, o lugar em que a planta nasceu, em que se enraíza, cresce, dá frutos e morre para que outros vivam.

Jesus disse, na parábola do semeador, que podemos acolher com alegria a palavra do Reino, mas que, após algum tempo, essa palavra é sufocada pelas tribulações, dificuldades, preocupações do mundo e pela sedução das riquezas.

O ser humano é tecido de contradições. Uma parte é atraída pela luz, por Deus, e quer servir aos irmãos e irmãs; a outra parte quer o gozo, a posse, a dominação e o sucesso; ele quer ver-se cercado e aprovado pelos amigos, sob pena de tornar-se triste, depressivo ou agressivo.

Ele é tão profundamente dividido que se se encontrar num meio que o leve para a luz e para cuidar dos outros, caminhará nessa direção; ao contrário, se viver num meio que ridicularize essas realidades e estimule os desejos de poder e prazer, é isso que ele refletirá. Enquanto o ser humano não determinar suas motivações profundas, enquanto não escolher seu povo e o lugar de seu crescimento, será como um cata-vento, um ser fraco, inconsistente e influenciável.

A comunidade é o reflexo das pessoas que a compõem. Nela há as energias fundadas sobre a esperança, mas também há um mundo de fadiga, de busca de segurança, de medo de avançar ou de evoluir para uma maturidade de amor maior e de assumir responsabilidades; tememos, muitas vezes, a morte de nossos instintos pessoais.

Para avançar nesta viagem rumo à unidade, para uma irradiação maior da verdade e da justiça, tanto a pessoa quanto a comunidade precisam de um verdadeiro alimento. Sem este, as energias da esperança perecerão e darão lugar a desejos de prazer e de conforto, ou a um tédio depressivo, ou a agressividades, ou a atitudes legalistas e administrativas.

A cultura das sociedades ricas incita as pessoas a uma vida de conforto e prazer. Os valores da riqueza, do poder e do prazer são sedutores. Mas os valores do Evangelho nos convidam a amar (até nossos inimigos), a estar presentes aos pobres, a viver pobremente, confiando em Deus; a ser artesãos da paz num mundo de guerra. Para sermos capazes de viver com esses valores, precisamos de energia nova, de força interior. Essa energia e essa força vêm do Espírito Santo. Se somos privados dela, se não alimentamos a vida do Espírito em nós, esses valores desaparecem. Seremos dominados por outras forças que nos levarão ao conforto, à segurança, ao poder e ao prazer.

Numa comunidade, *cada pessoa* deve ser criada no amor. Do contrário, mais cedo ou mais tarde se oporá à vida da comunidade, com suas exigências de amor e perdão. Essas pessoas se tornarão pesos mortos que levarão a comunidade para baixo. São pessoas que criticam as decisões, que funcionam como uma fenda na alegria.

Mas *a comunidade em sua totalidade*, como um organismo, também deve ser criada no amor. Não apenas as pessoas, individualmente, podem cair na frieza e na mediocridade, mas a comunidade como um todo também. Ela pode tornar-se um hotel, onde cada um se fecha a chaves no próprio quarto. Pode envolver seus membros num mundo de tristeza e desânimo. Uma irmã me disse que, depois de um retiro, sentiu-se chamada a passar mais tempo em silêncio com Jesus, na capela. Mas as outras irmãs pareciam sentir-se ameaçadas por seu fervor, seu recolhimento e seu desejo de estar mais próxima de Jesus. Uma delas lhe perguntou: "Quem você pensa que é? Teresa de Ávila?". É óbvio que a comunidade tinha caído na mediocridade: o organismo estava doente. Essas comunidades necessitam de alimento substancioso para renovar suas energias e sua confiança, para encontrar nova fé e o senso da participação no amor. Precisam de um tempo de muita graça para que o organismo reviva, renovado e voltado para o essencial.

No início, a comunidade fica muito entusiasmada de viver as bem-aventuranças, de depender totalmente de Deus, de viver na pobreza, de aceitar a insegurança e uma vida difícil. Aos poucos, devido ao cansaço, às doenças, simplesmente à idade, ou a outros fatores — muitas vezes depois da morte do fundador —, começam a aparecer novas necessidades, como a segurança e o conforto.

Pode, também, ocorrer uma maneira exagerada de querer viver o Evangelho, no começo inspirada mais na generosidade e num desejo de heroísmo; ou uma recusa equivocada de admitir suas necessidades pessoais e de repouso, o que significa falta de respeito pela condição humana. Se o "heroísmo" dos primeiros tempos não foi, de fato, inspirado pelo Espírito Santo, ou se não cuidamos das necessidades pessoais de cada membro da comunidade, mais tarde, quando a idade chegar, estaremos sujeitos a uma reação à falta de conforto. Também pode ocorrer falta de generosidade e maior dificuldade em aceitar a pobreza e a insegurança, vindas da falta de fé e de alimento espiritual. As comunidades precisam ser sábias para discernir qual alimento lhes é necessário para tornarem-se, realmente, vivas no espírito.

Na viagem rumo à unidade e à santidade, cada pessoa, conforme sua riqueza e complexidade, necessita de alimentação diferente, para não atrofiar parte do seu ser. Certos alimentos estimulam o coração e a vida de relações, outros, a vida intelectual e racional, outros, as capacidades de generosidade e de ação, outros estimulam a busca de Deus e a sede de infinito. Acontece, muitas vezes, de as pessoas tornarem-se bulímicas numa parte do seu ser e carentes noutras: crescem sem equilíbrio e unidade.

Em certas comunidades, encontramos pessoas muito generosas e ativas que não cultivam as riquezas do coração, a parte secreta do ser; outras sabem ouvir, entretanto precisam de estímulo no plano da generosidade e da ação; outras procuram a presença de Deus no segredo da oração, precisando, porém, de um esforço para ouvir o grito dos irmãos e irmãs e relacionar-se com eles.

A viagem rumo à unidade implica um aprofundamento da vida pessoal nos encontros de paz com Deus e com os outros, assumindo plenamente a vida comunitária e as responsabilidades concernentes à sociedade, à Igreja e ao universo. É uma viagem longa, que requer alimentos pessoais, alimentos comunitários, alimentos do coração, da inteligência e do espírito. O importante é ter nossas motivações mais profundas atingidas e que a esperança seja renovada em nós.

* * *

O grande perigo para cada um de nós é ficar na periferia do ser, na superficialidade. Diante dos estímulos imediatos, das coisas "urgentes" a serem feitas, das reações das pessoas, temos tendência a guardar o tesouro de nossa pessoa em zonas ocultas, em que a luz não penetra.

Quando, por qualquer motivo, essa zona profunda emerge na superfície da consciência, ou quando um acontecimento penetra nessas águas tranqüilas e profundas, estamos, então, alimentados. É alimento tudo o que desperta o aspecto essencial de nosso ser, tornando-o presente em nós mesmos. É qualquer palavra, qualquer leitura, qualquer encontro, qualquer acontecimento, qualquer ruptura, qualquer sofrimento que nos manifesta o essencial e desperta nosso coração profundo, dando-nos, de novo, a esperança, fazendo com que nos voltemos para nós mesmos, reforçando nossa fé e renovando nossa esperança. Tudo isso pode provocar em nós um grande desejo de viver pobremente, com insegurança, confiando apenas em Deus.

* * *

A vida comunitária exige, a cada instante, um ultrapassar de nós mesmos. Se não temos o alimento espiritual necessário, fechamo-nos sobre nós mesmos, no nosso bem-estar, na segurança, ou nos refugiamos no trabalho. Enclausuramos a sensibilidade. Podemos ser polidos, obedecer a regras, mas não amamos. E quando não amamos, não há alegria, nem esperança. A vida em comunidade na tristeza, sem amor, é terrível. Para viver a gratuidade, precisamos ser estimulados.

É terrível ver pessoas vivendo numa pensão para estudantes que pretende ser uma comunidade! É terrível ver os mais velhos com o coração fechado, desprovidos da chama inicial e semeando dúvidas e críticas.

* * *

É importante comer para crescer, mas é preciso estar atento para não comer, nem beber veneno. A vida espiritual e a vida de amor podem ser gravemente comprometidas, e até destruídas, por certos alimentos. Um desses venenos é a televisão, vista sem discernimento ou só por falta do que fazer. Na televisão, passam imagens e informações; ela estimula emoções que não têm nenhuma relação com a vida das pessoas. Podemos assistir à televisão passivamente, absorvendo-a. Isso mutila a capacidade de reação inerente à vida das pessoas. Ela alimenta a imaginação, mas, geralmente, não o coração.

* * *

O MANÁ COTIDIANO

Para permanecer fiel ao cotidiano, é preciso o maná de cada manhã, que é um alimento comum e quase insípido. É o maná da fidelidade à aliança, às responsabilidades, às pequenas coisas; o maná dos encontros, da amizade, dos olhares e sorrisos que dizem "eu te amo" e que aquecem o coração.

* * *

O alimento essencial é a fidelidade às mil delicadezas do cotidiano, ao esforço para amar e perdoar o inimigo, ao acolhimento e aceitação das estruturas comunitárias (implicando obediência e cooperação com a autoridade). É fidelidade na escuta dos mais pobres da comunidade, a aceitação da vida simples, sem heroísmos. Fidelidade ainda na orientação constante dos projetos pessoais para o bem de toda a comunidade e dos mais pobres e, sobretudo, aceitação da morte dos projetos que visam apenas ao prestígio pessoal.

Essa fidelidade é baseada na certeza de que fomos convidados por Jesus a fazer aliança com os pobres, com nossos irmãos e irmãs. Ora, se ele nos escolheu e chamou, podemos contar com sua ajuda nas pequenas coisas diárias. Se aceitarmos as responsabilidades cotidianas com um coração humilde e confiante, ele virá ao nosso encontro e nos sustentará.

* * *

É triste ver pessoas que abandonam a comunidade para buscar alimento fora. É evidente que precisamos, de vez em quando, viajar para descansar e para tomar distância para olhar o conjunto. Porém, é absolutamente indispensável que cada um encontre seu alimento no cotidiano. Se as estruturas e reuniões parecem muito pesadas, plenas de tensão, animadas por um espírito de dominação, é porque alguma coisa vai mal na comunidade ou na pessoa. As estruturas de trabalho, os encontros e reuniões devem ser nutritivos. Opomos, às vezes, organização e estruturas, de um lado, e gratuidade, de outro, como opomos tecnicismo (profissionalismo) e compaixão. Numa comunidade, devemos viver as estruturas na gratuidade e no amor e utilizar com compaixão as técnicas profissionais.

* * *

Enquanto estivermos na comunidade para "fazer" coisas, não seremos alimentados pelo cotidiano. Como há sempre coisas urgentes a fazer, projetamo-nos para a frente sem cessar. Se vivemos num bairro pobre ou com pessoas que sofrem, seremos constantemente interpelados. O cotidiano só nos alimenta quando descobrimos a sabedoria do instante presente e a presença de Deus nas coisas pequenas, quando recusamos lutar contra a realidade e capitulamos diante dela, descobrimos a mensagem e o dom do momento. Então, vemos a beleza que nos rodeia e podemos maravilhar-nos. Se limparmos a casa ou cozinharmos como uma obrigação penosa, que deve ser feita, ficamos fatigados e nervosos. Mas se descobrirmos que é isso o que devemos fazer no momento presente e que é por meio dessas humildes realidades nas quais vivemos com Deus e com os irmãos, nosso coração se apaziguará; deixaremos de fugir para o futuro e viveremos. Não temos mais pressa porque descobrimos que, no momento presente das contas, das reuniões, dos diversos encontros, dos trabalhos manuais e do acolhimento, existem um dom e uma graça a receber.

* * *

Dizemos todos os dias no pai-nosso: "O pão nosso de cada dia nos daí hoje". Sim, pedimos o alimento necessário para que nosso coração esteja constantemente desperto para a vontade do Pai e para o amor de nossos irmãos e irmãs.

Jesus dizia que seu alimento era fazer a vontade de seu Pai. Essa comunhão com o Pai é, em verdade, o alimento essencial para viver o cotidiano.

* * *

O TEMPO DO ENCANTAMENTO

Muitos dos que vivem em comunidade consideram o tempo em que estão sós como o tempo do reabastecimento, em oposição ao da "dedicação" e da "generosidade", que seria o tempo da comunidade. É uma pena que não descobriram, ainda, os alimentos comunitários!

Os momentos que nos alimentam são aqueles em que tomamos consciência de que formamos um só corpo, de que pertencemos uns aos outros, de que Deus nos chamou para vivermos juntos e para sermos fonte de vida recíproca. Esses tempos de deslumbramento se transformam em celebração.

São como uma conscientização profunda, pacífica e, às vezes, alegre de nossa unidade, de nosso apelo, do essencial de nossas vidas e do modo como Deus nos conduz. Esses tempos são um dom, uma passagem de Deus na comunidade que desperta os corações, estimula as inteligências e renova a esperança. Regozijamo-nos, então, por estarmos juntos; damos graças; reavivamos a consciência do amor e do apelo de Deus para a comunidade.

Há esses tempos de deslumbramento de cada dia, que são a oração comunitária, a eucaristia, o recreio após as refeições. Logo que uma comunidade se reúne, devemos ficar atentos, vigilantes, para acolher ou estimular esse tempo de graça. Em cada reunião, devemos captar o momento de dizer a palavra que cria a unidade, que distrai e que faz rir e que nos coloca diante do essencial de nossas vidas.

Os tempos de deslumbramento podem ser muitos; pode ser um momento de silêncio profundo e caloroso, quando um irmão partilhou seu apelo, sua fraqueza ou sua necessidade de oração. Pode ser, ainda, um tempo de festa, quando cantamos, jogamos ou rimos juntos. É por isso que devemos preparar, sempre com cuidado, os encontros comunitários, as liturgias, as refeições, as partilhas, as festas de Natal, de Páscoa ou de fim de ano. Cada um desses momentos pode e deve transformar-se num tempo de deslumbramento. Um momento no qual Deus está presente. Às vezes, durante uma festa, acontece algo inesperado, um instante de graça para a comunidade, uma passagem de Deus, um silêncio mais profundo; os corações são tocados. Devemos saber prolongar esses momentos, saboreá-los, deixá-los penetrar, unir-nos e renovar nosso coração.

Quando Moisés encontrou Deus no espinheiro e ouviu chamar seu nome, ocultou o rosto. Teve medo de olhar Deus e de encontrar-se com ele. Ficou tomado pelo medo.

Existe um tempo na comunidade em que ficamos tomados por esse medo. Constatei isso em circunstâncias dramáticas: um grave acidente, uma doença inesperada ou a morte de um membro da comunidade. As pessoas voltam-se para o essencial, as disputas e as tensões desaparecem e perdem o sentido. O acidente é como a passagem de Deus, lembrando-nos de que ele está acima de nós e em nós, que a eternidade transcende o tempo e que todos caminhamos em sua direção.

Há algum tempo, um assistente me contou sua luta. Ele se sentiu chamado para o celibato e esse chamado foi confirmado por um padre e provado durante vários anos vividos na paz. Mais tarde, ele iniciou um relacionamento com uma moça, sem preocupar-se com a questão do celibato. Quando falou com o padre e rezou, percebeu claramente que seu coração já havia sido entregue a Jesus durante o tempo de celibato. Resolveu, então, terminar o relacionamento. Sofreu muito, mas sabia que era aquilo que devia ser feito. Ele veio me contar o que tinha acontecido. Escutando-o, senti-me profundamente emocionado; sentia-me testemunha de uma passagem de Deus. Fui tomado por medo e respeito por esse rapaz que aceitou seguir a Jesus.

Devemos permanecer atentos a esses momentos de paz que nos renovam e nos incutem o desejo de estar mais próximos de Jesus e do pobre e nos chamam para uma fidelidade maior. Não somos chamados apenas a recebê-los, mas a refletir neles, pois constituem, em si mesmos, e pelas circunstâncias em que acontecem, uma mensagem. Jesus nos diz alguma coisa por meio deles, convida-nos a mudar, a aprofundar-nos.

* * *

O riso é um alimento importante. Quando uma comunidade inteira chega a chorar de tanto rir, é um acontecimento curativo e nutritivo. Não se trata de rir "de", mas rir "com".

* * *

O OLHAR DE FORA QUE CONFIRMA

Quando vivemos o tempo todo em comunidade, corremos o risco de não saber mais qual é o dom especial que Deus concedeu a ela; o cotidiano, às vezes, cega. E depois, esquecemo-nos depressa das durezas de nosso mundo! Enxergamos apenas nossas lágrimas e dificuldades. É preciso, então, alguém de fora dizer o que nos é específico, recordar-nos o que é positivo. Os membros das comunidades necessitam, muitas vezes, ser encorajados e confirmados e ouvir dizer: "O que vocês fazem é importante para a humanidade e para a Igreja".

* * *

É bom que diferentes tipos de comunidades cristãs se encontrem para partilhar suas esperanças e visões. É bom que os cristãos se encontrem para ver como o Espírito está agindo neles.

Quando descobrimos a rede do Espírito Santo, as maravilhas de Deus no mundo, somos fortificados e encorajados. Tomamos consciência de que não estamos sozinhos em nosso canto, com nossas dificuldades, e de que existe uma esperança universal.

* * *

É importante conhecer o que o Espírito está fazendo na Igreja e nas igrejas, porque, em todos os tempos, ele faz surgir homens e mulheres providenciais para mostrar o caminho. Os mais proféticos são, muitas vezes, os mais reclusos. Poucas pessoas conheceram Teresa de Lisieux ou Charles de Foucauld, antes de eles morrerem. Roger Schutz [1915-2005], com seus irmãos da Taizé, assumiu, de fato, ares proféticos. A comunidade de Taizé produz muitos frutos. A comunidade de Taizé e as palavras e gestos do falecido irmão Roger tornaram-se verdadeiros sinais de Deus no nosso mundo partido. Sua sede de unidade entre as Igrejas cristãs é sinal da sede de Deus. É importante estar atento para sinais como esses e integrá-los aos princípios de sua própria comunidade. A mesma coisa pode ser dita a respeito do posicionamento de Madre Teresa, que também é um sinal da presença de Deus em nosso mundo. Ela lembra a todas as comunidades que devemos estar abertos aos mais pobres e mais fracos de nosso mundo, pois eles representam a presença de Cristo. São esses profetas que nos indicam o caminho.

* * *

O Vaticano II anunciou, claramente, que o Espírito Santo está a serviço de todas as Igrejas, não só das católicas. Tenho a impressão de que esse ensinamento nem sempre é posto em prática. Permanece como teoria, doutrina ou visão de mundo. Talvez devêssemos estar mais atentos às conseqüências disso. Normalmente, os católicos se fecham em seus grupos, clubes, comunidades. Não procuram observar os sinais do Espírito Santo presentes nas outras Igrejas, nas outras comunidades e nas outras religiões. No entanto, o Espírito de Deus também está a serviço delas. Deus fala e se revela a elas. Devemos prestar atenção nos outros e descobrir o Espírito Santo neles. Se só quisermos ver as obras do Espírito Santo no "nosso" grupo ou na "nossa" Igreja, faltar-nos-á alguma coisa, estaremos à margem de um dom do Espírito. As comunidades têm muita coisa para dar umas às outras. Podem alimentar-se mutuamente.

No entanto, para poder apreciar verdadeiramente a obra do Espírito Santo nas outras comunidades e Igrejas, é preciso estar solidamente ligado à sua própria, é preciso pertencer a ela, senão corremos o risco de ficar confusos e desenraizados.

* * *

O PÃO DA PALAVRA

A palavra é um meio poderoso para fazer brotar uma nova esperança. Ela quebra os empecilhos e os hábitos, permitindo que os rios de água viva corram. É um alimento que renova forças e energias. Entretanto, não se trata de qualquer palavra. É preciso que seja uma palavra que toque o coração, isto é, uma palavra que não seja abstrata, que não venha dos livros, nem que seja endereçada à razão, mas uma palavra que revele a fé, a esperança e o amor de quem fala. Tal palavra é, então, como a chama que transmite calor, ou como água, na terra seca, que transmite e faz florir a vida. Não é tanto a lógica do que é dito, nem a qualidade do raciocínio que contam, mas a fé e o amor com que a palavra é proferida. É a tonalidade da voz que revela se a pessoa fala para brilhar, para provar que sabe, ou para nutrir, para dar e testemunhar humildemente o que ela vivenciou ou recebeu gratuitamente. A palavra que nutre vem daquele que deixa Deus falar através dos seus lábios.

Ela jorra de regiões ocultas e silenciosas do ser, em que só Deus age, para alimentar os outros nos espaços ocultos e silenciosos do ser. A palavra deve jorrar do silêncio e da paz e levar ao silêncio e à paz. Faz renascer o apelo. E tornam presentes ao coração e ao espírito a finalidade e o essencial da comunidade.

Há pessoas que têm o dom de falar a toda a comunidade. Outras sabem falar aos pequenos grupos. Há, ainda, as que se dizem incapazes de "dar" a palavra, que crêem que, para tanto, é requerida muita competência e muitas idéias. Mas as palavras e as realidades que tocam são sempre as mais simples, marcadas de humildade, de verdade e de amor. Os sermões cheios de idéias complicadas não nutrem os corações. São provenientes da cabeça e estéreis. Os membros de uma comunidade precisam de testemunhas do Evangelho, que falem do que vivenciam e que partilhem sua esperança, assim como suas fraquezas e suas dificuldades.

* * *

É diferente ouvir palavras vivas que saem do coração de alguém e ler essas mesmas palavras num livro. Quando ouvimos alguém, é um espírito e uma vida que estão se comunicando. Deus serve-se dessa palavra viva para dar vida.

Os que proferem palavras devem estar conscientes de que seu papel não é dar boas idéias, mas comunicar vida e revelar a comunhão.

Às vezes, dizemos que seria melhor, com pessoas deficientes, usar música, imagens e mímica do que palavras. Muitos não compreendem idéias abstratas, mas são sensíveis ao amor que sai de um coração. É tocante ver seus rostos atentos às palavras do padre Thomas durante a eucaristia.

A palavra pode tornar-se um verdadeiro sacramento que traz a luz e a presença de Jesus. Didier, deficiente mental profundo, disse-me: "Enquanto padre Gilbert estava falando, meu coração pegava fogo".

* * *

A Palavra de Deus, as palavras do Evangelho, as palavras de Jesus são o pão da vida que precisamos comer, comer, comer. Elas nos conduzem ao essencial.

* * *

Uma comunidade, e, *a fortiori*, uma comunidade cristã, estará sempre em contradição com a sociedade e contra os valores individualistas que ela propõe: riqueza, conforto, facilidades que, por isso mesmo, levam à rejeição das pessoas incômodas. Numa comunidade cristã, os membros são constantemente chamados a acolher, partilhar, empobrecer-se e ultrapassar-se num amor mais verdadeiro.

A presença de uma comunidade cristã será sempre um obstáculo, uma dificuldade, um ponto de interrogação, fonte de inquietação para a sociedade. As pessoas da vizinhança se sentirão logo questionadas, e a comunidade logo será, quer rejeitada — pois revela os egoísmos latentes no coração das pessoas —, quer um pólo de atração — porque as pessoas a reconhecerão como fonte de vida e calor. Uma comunidade cristã será muitas vezes perseguida, rejeitada, quando não procurar reduzir seu ideal para que deixe de ser uma ameaça.

O maior perigo de uma comunidade são "as preocupações do mundo e a sedução da riqueza". A comunidade sempre precisa de uma palavra calorosa e inspiradora que a faça lembrar de si mesma, que faça renascer sua esperança e acenda seu desejo de viver na contracorrente da sociedade.

Os responsáveis pela comunidade devem falar, constantemente, de seu posicionamento e lembrar a seus membros o chamado de

Deus. Os padres e os guias espirituais devem fazer o mesmo, e cada um dos membros também. De manhã até a noite, é preciso que uns lembrem aos outros com palavras de entusiasmo e de amor. É muito fácil esquecer tudo isso e adotar os valores do mundo: a segurança, o distanciamento das bem-aventuranças, a recusa de perdoar os inimigos.

Em muitos monastérios, o abade ou a abadessa comentam toda manhã uma passagem do Regulamento, mostrando sua aplicação na vida cotidiana. Um monge me disse, recentemente, que esse comentário cotidiano era essencial. "Como poderíamos permanecer unidos e nos amar sem isso?" Os responsáveis pelas comunidades devem lembrar-se disso.

* * *

A inteligência humana tem necessidade de captar a esperança concreta da comunidade. Não bastam a espiritualidade individual nem a coletiva. A palavra deve fazer-nos lembrar do sentido da comunidade no mundo atual e na história da salvação.

É importante lembrar, constantemente, o objetivo preciso da comunidade, seu apelo e suas origens. Muitas vezes, nas comunidades, em virtude do passar do tempo e de outros múltiplos fatores, as mil atividades obscurecem o essencial. Deixamos de saber por que estamos juntos e o que queremos testemunhar. Discutimos os detalhes, mas nos esquecemos do que nos reúne.

* * *

É preciso lembrar às comunidades de que atualmente elas são um caminho para a paz. Há muitas pessoas que sofrem com o isolamento, a guerra e a opressão, e muito dinheiro é gasto na fabricação de armamentos. Muitos jovens desesperam-se em razão do perigo e da guerra nuclear.

Hoje, mais do que nunca, precisamos de comunidades acolhedoras, que sejam sinal de paz num mundo de guerra. Não há sentido em rezar pela paz no Oriente Médio, por exemplo, se não a construímos nas nossas comunidades, se não perdoamos aqueles que nos magoaram ou com os quais achamos difícil conviver.

Os jovens e os mais velhos são sensíveis a isso. É preciso lembrar, continuamente, isso para alimentar os corações e os espíritos.

DESCONTRAÇÃO E REPOUSO: O "SABÁ"

Em nossas comunidades, ouço, com freqüência, falar de assistentes ou diretores "queimados" ou "desgastados", quer dizer, pessoas que foram muito generosas e que se lançaram num ativismo desenfreado, que as destruiu em sua afetividade profunda. Não souberam descontrair-se nem recuperar-se. Os responsáveis pela comunidade devem ensinar aos assistentes uma disciplina de repouso físico e de relaxamento, a necessidade de alimentar-se espiritualmente e fixar prioridades claras. Os responsáveis devem dar o exemplo.

Muitos deles se "queimam" porque, talvez inconscientemente, alguma coisa neles rejeita a necessidade de descontração e de encontrar um ritmo de vida harmonioso. Na sua hiperatividade, estão fugindo de algo, às vezes em virtude de sentimentos profundos e inconscientes de culpa, ou porque não querem plantar suas raízes na comunidade. Talvez sejam muito ligados à sua função ou identifiquem-se com ela. Querem controlar tudo e, dessa forma, talvez parecer perfeitos, ou pelo menos heróicos! Essas pessoas não aprenderam a viver, não são livres interiormente nem descobriram a sabedoria do momento presente, que muitas vezes consiste em dizer "não".

Têm necessidade de um guia espiritual que as ajude a olhar dentro de si mesmas e a descobrir porque não são livres o bastante para descansar e o que existe por trás dessa irresistível necessidade de fazer coisas. Precisam encontrar alguém que as incite a recuar e a relaxar para clarear suas motivações, que as ajude a ser pessoas que vivam com outras pessoas, crianças com outras crianças. Deus deu a cada um uma inteligência, não muito grande, mas suficiente para refletir e escolher os meios necessários para viver o que somos chamados a viver: a comunidade.

Às vezes, penso que os hiperativos fogem de sua necessidade de comunhão e amor, de sua vulnerabilidade, e talvez de sua angústia e agitação. Quem sabe, têm medo de sua afetividade e de sua sexualidade. Precisariam refletir um pouco em suas necessidades profundas e encontrar a criança que está chorando porque se sente muito só.

Existe a descontração do corpo, mas, sobretudo, a descontração do coração e dos relacionamentos que trazem segurança, que não são perigosos.

* * *

Muitos permanecem tensos, pois não entraram, ainda, na consciência coletiva da comunidade. Não capitularam, ainda, diante do dom e do apelo da comunidade. Ainda não fizeram, verdadeiramente, a passagem de "a comunidade para mim" a "eu para a comunidade", talvez porque sua fragilidade os incite a querer provar qualquer coisa a si mesmos e aos outros, e porque, no fundo, escolheram a comunidade como um refúgio. Só ficarão descontraídos quando descobrirem qual o dom que lhes é próprio e o colocarem a serviço da comunidade, quando tiverem aceitado, de fato, desistir de seu individualismo e de pertencer à comunidade.

* * *

No centro do bairro negro de Chicago, encontrei-me, certa ocasião, com os franciscanos que vivem num apartamento. Gostei do prior deles. Exigia uma verdadeira disciplina dos jovens noviços: dormir tantas horas por noite e comer bem.

Se não cuidarmos de nosso corpo e se não encontrarmos um ritmo de vida para agüentar durante anos, não vale a pena vir aqui. Nossa função é permanecer. É muito fácil fazer uma experiência junto aos pobres, aproveitar-se deles para nosso enriquecimento espiritual e depois partir. O que conta é ficar com eles.

* * *

Uma das formas de reposição de energia individual mais importantes é o repouso. É preciso uma disciplina de repouso. Em certas ocasiões, quando estamos muito cansados, temos tendência a borboletear para não fazer nada, para passar longas horas, à noite, conversando. Seria preferível dormir um pouco mais... Cada um deve encontrar seu ritmo de descontração e repouso. Muitas agressividades e brigas têm causa somática. Certos assistentes de nossas comunidades ganhariam se, ocasionalmente, tomassem um bom banho quente, se deitassem e dormissem de doze a quatorze horas!

Antes de entrar na comunidade, muitas pessoas levavam uma vida com períodos de lazer e relaxamento escolhidos ao seu agrado. Todo o corpo acostumou-se a um certo ritmo. Quando essas mesmas pessoas vêm viver em comunidade, são obrigadas a estar constantemente atentas aos outros. Não é de admirar que, depois de certo tempo, estejam fatigadas e, às vezes, até deprimidas. Começam a questionar-se a respeito de seu lugar; sentem formas de cólera até então desconhecidas. Muitas vezes, as menores contradições são insuportáveis para elas. Nada disso é de causar espanto: não souberam achar seu modo de relaxar na nova vida; estavam muito tensas em razão do desejo de fazer tudo corretamente. Não souberam encontrar o alimento adequado para seu coração.

* * *

Parece estranho afirmar que devemos disciplinar-nos para o repouso, o relaxamento e a alimentação. Na maioria das vezes, disciplina está associada a trabalho e relaxamento, à falta de disciplina. Se comemos conscientemente alguma coisa que nos deixe doente e nos impeça de estar em forma, faltamos com a disciplina. Se não escolhemos o alimento adequado às nossas necessidades ou se não dormimos o suficiente, estamos indisciplinados.

* * *

Não é fácil encontrar o equilíbrio entre repouso, relaxamento e alimentação, por um lado, e generosidade e disponibilidade, por outro. Apenas o Espírito Santo pode ensinar-nos a ter capacidade de dar à vida o máximo possível. Se não estivermos em boa forma, alegres e suficientemente alimentados, não daremos vida aos outros, e sim tristeza e vazio.

* * *

Quando se é jovem, tem-se necessidade de fazer muitas coisas, até para Jesus e o Reino. Há muita vida e energia em nós. Há, igualmente, o risco de fazer demais e de sentir-se muito responsável, de querer ser o salvador do mundo! Eu sempre corri esse perigo. Em 1976, meu corpo reagiu, fiquei doente e passei dois meses no hospital. Essa doença foi uma virada em minha vida. Levou-me ao encontro com meu corpo; ensinou-me a ir mais devagar; a ouvir mais do que falar ou fazer; a entregar-me à comunhão mais do que produzir.

* * *

Quanto mais uma vida comunitária for intensa e difícil, quanto mais tensões e lutas houver, mais será indispensável ter tempo de descontração. Quando a pessoa se sente enervada, tensa, incapaz de rezar ou de ouvir, é sinal de que é preciso ausentar-se alguns dias ou, ao menos, repousar.

Algumas pessoas não sabem como ocupar o tempo livre. Passam longas horas em discussão nos bares ou locais de reunião. É triste não ter nenhum outro interesse fora da comunidade, não ler mais, não saber fazer coisas simples (passeios, música etc.). Precisamos ajudar-nos a manter certos interesses pessoais que nos permitam viver descontraídos.

* * *

É sempre bom ter dentro de uma comunidade uma "avó" que lembre as pessoas que elas têm um corpo e uma afetividade, que muitas vezes fazem montanhas de pequenos problemas, e que seria interessante repousar.

* * *

Ser generoso durante alguns meses ou anos é fácil. Mas para estar continuamente assistindo os outros — e não só estar presente, mas ser alimento —, para agüentar numa fidelidade renovada cada manhã, é preciso uma disciplina do corpo e do espírito. Uma disciplina relacionada à alimentação espiritual, à oração e ao rejuvenescimento da inteligência.

* * *

O povo judeu celebra o Sabá. É o dia do repouso, o dia do Senhor.

Todos nós temos necessidade de um dia de Sabá, um dia na semana no qual tenhamos a possibilidade de renovar-nos e regenerar-nos, no qual consagremos mais tempo à prece e à solidão. Quanto mais se vive em comunidade, mais se tem necessidade de um dia de solidão. "Vinde a mim todos aqueles que sofrem e curvam-se sob seu fardo, e eu lhes darei repouso", disse Jesus.

O ALIMENTO DA INTELIGÊNCIA

É importante alimentar a inteligência. É bom compreender as coisas da natureza e as maravilhas do universo para aprender, com maior profundidade, a história do ser humano e da salvação. Nossa inteligência é feita de maneiras diferentes; há mil portas para entrar na inteligência das coisas e no seu mistério.

Em nossa época, o perigo é o de sermos saturados de informações e registrarmos apenas as coisas superficiais. É sempre bom penetrar em nossa inteligência num pequeno domínio desse vasto mundo do conhecimento, que é o reflexo de nosso imenso universo: o das coisas visíveis e invisíveis. Se aprofundarmos nossa inteligência num domínio restrito, qualquer que seja, quer o crescimento da batata, quer o aprofundamento de uma palavra da Escritura, em qualquer dessas realidades toca-se no mistério. Se explorarmos uma coisa a fundo com nossa inteligência, penetraremos no mundo do maravilhamento e da contemplação. Uma inteligência que toca a luz de Deus oculta no coração das coisas e dos seres renova toda a pessoa.

Temo que não se leia bastante em nossas comunidades. De vez em quando, lemos livros sobre psicologia. Isso já é alguma coisa, mas talvez fosse mais nutritivo ler algo sobre a natureza e o mistério da morte e da ressurreição, que nos envolve de todos os lados. Não devemos ler só coisas úteis, mas também coisas gratuitas, porque é a gratuidade que estimula mais.

* * *

Hoje em dia, muitas pessoas vivem num mundo de conflito intelectual. De certa maneira, perderam a confiança na inteligência e na sua capacidade de entender a realidade. Sofrem com os conflitos que reinam entre os valores da sociedade e que são divulgados pela *mass media* e também pela psicologia. Vivem, acima de tudo, das emoções, da subjetividade e de reações espontâneas. Muitas dessas pessoas gravitam ao redor das comunidades, em que a vida emocional predomina, ou até entram numa. Entretanto, o conhecimento intelectual e a sabedoria são componentes essenciais do crescimento humano e de um compromisso com a comunidade. A formação intelectual é diferente, claro, segundo as necessidades de cada um, mas deverá sempre estar presente. É muito perigoso viver de sonhos e ilusões, com medo da realidade, ou incapaz de atingi-la. É nesses casos que uma formação intelectual é importante, seja no campo da teologia, da Sagrada Escritura, da história da Igreja e da salvação, seja no campo da filosofia e da antropologia. Na comunidade, temos necessidade de ajuda para refletir e cravar profundamente em nós a certeza da fé e da inteligência humana.

O ALIMENTO DO CRESCIMENTO

Uma das coisas que nos dá mais ânimo é o sentimento de que se está crescendo e progredindo. Quando alguém acredita que está estático, o desânimo se instala. Por isso, com freqüência, temos necessidade do pastor ou do amigo que nos lembre de que há crescimento.

Mas também é preciso ter paciência quando se tem a impressão de que o crescimento estacionou. Esses momentos são apelos à confiança: foi Jesus que nos trouxe à comunidade. No inverno, as árvores parecem não crescer, elas esperam o sol. Precisam ser podadas. Nesse momento, é preciso que alguém nos lembre do valor da espera e do sacrifício.

* * *

O que mais me anima é ver uma pessoa muito machucada sair, pouco a pouco, da angústia e da morte espiritual; ver uma luz começar a brilhar nos seus olhos, um sorriso em seus lábios, ver a vida surgir. Vale a pena carregar o peso de cada dia, todas as dificuldades de uma grande comunidade, para ver uma pessoa renascer.

* * *

Também quando vejo pessoas tristes, muito deprimidas, em plena crise de agressividade, fechadas em si mesmas nos salões de uma instituição, isso me dá coragem para continuar a luta, para criar outras comunidades onde elas possam ser acolhidas. Isso nos alimenta para continuar a viver em comunidade com nossos irmãos e irmãs da Arca. Logo que se capta em flagrante a importância vital da comunidade, sua razão de ser, isso dá força.

* * *

Down nos explicou, certa vez, que as dificuldades estimulam: "Quando tudo é fácil, afundo-me, volto-me para mim mesmo e para meu pequeno mundo. Quando o pobre me chama ou quando há dificuldades na comunidade que exigem uma resposta, nasce em mim uma força. Tenho necessidade desse estímulo".

UM AMIGO

Uma coisa absolutamente essencial é o encontro com um verdadeiro amigo a quem se pode dizer tudo, sabendo que seremos ouvidos, encorajados e confirmados com um gesto de amor e uma palavra de ternura. A amizade, quando é encorajamento à fidelidade, é a mais bela das realidades. Aristóteles dizia que ela é a flor da virtude, a gratuidade da flor.

Nos dias sombrios, temos necessidade de procurar um amigo para encontrar o reconforto. Quando nos sentimos "deprimidos", quando estamos "cheios", uma carta recebida de um amigo longínquo pode devolver-nos a paz e a confiança. O amigo é um refúgio. O Espírito Santo serve-se das pequenas coisas para sustentar e fortificar.

* * *

São Bernardo de Claraval escreveu em uma carta a seu amigo Oger:

> Enquanto escrevo esta carta, sinto você presente, da mesma forma que, certamente, estarei para você quando a ler. Nós nos consumimos escrevendo, mas e o Espírito? Ele nunca se cansa de amar? Nós encontramos descanso naqueles que amamos, e somos também um descanso para aqueles que nos amam.[1]

Realmente, as cartas podem ser um alimento.

* * *

Certos assistentes da Arca, quando estão muito cansados, têm, às vezes, necessidades de falar, falar, falar. Têm necessidade do ouvido atento de um amigo para acolher todo um monte de coisas, de sofrimento e de medos. Só terão repouso quando se sentirem liberados, tendo entregue tudo ao amigo.

Os responsáveis pelas comunidades (e isto é válido para todos) carregam, muitas vezes, uma quantidade de frustrações que nem sempre podem verbalizar em grupo sem pôr a comunidade em perigo. Quanto mais sensíveis forem, mais essas frustrações, essas cóleras, essas inquietações, esses sentimentos de incompetência, de tristeza e de lassidão tornar-se-ão pesados. Precisam, imperiosamente, exprimir todas essas contradições a uma pessoa que lhes dê segurança.

Precisam dizer quanto detestam fulano e sicrano, que os põem em perigo, sem por isso os acusarem de "falta de caridade"! É ne-

---

[1] Carta 90, escrita, em 1127, ao cônego regular Oger.

cessário, às vezes, essa libertação da sensibilidade para reencontrar, em seguida, a paz.

Aquele que ouve e que se torna, assim, uma espécie de "lata de lixo" deve ter a sabedoria para acolher tudo isso sem afobar-se, sem tentar imediatamente retificar, sem julgar, sem comprazer-se, sem encorajar nem estimular os maus sentimentos.

* * *

Quando nos sentimos amados e apreciados como somos, quando sentimos confiança e amor, somos nutridos no fundo do coração.

E ser nutrido pelo amor dos outros é um apelo a tornar-se alimento para aqueles que sofrem, para aqueles que se sentem sós e angustiados. Aprende-se, assim, a tornar-se alimento.

* * *

Não devemos ter medo de amar e de dizer às pessoas que as amamos. É o melhor meio de nos refazermos.

* * *

A PARTILHA

Às vezes, em nossas comunidades, nós nos colocamos diante do essencial. Partilhamos como e por que viemos à Arca e o que encontramos de vital aqui. Escutando as pessoas, descobrindo sua caminhada, o modo como Deus as conduz e as faz crescer, eu me alimento. A partilha em comunidade é um alimento que faz renascer a esperança.

* * *

Fico impressionado ao ver que a partilha de nossas fraquezas e de nossas dificuldades é um estímulo maior para os outros do que a partilha de nossos sucessos.

No fundo, em comunidade, temos sempre tendência a desencorajarmo-nos. Pensamos que os outros fazem melhor ou que não têm as mesmas lutas. Quando descobrimos que estamos todos no mesmo barco, que todos temos os mesmos medos, que todos temos cansaços, isso nos ajuda a continuar.

É curioso como a humildade de uma pessoa nutre as outras. É porque a humildade é a verdade, é sinal da presença de Deus.

* * *

Um dos maiores pecados numa comunidade é, talvez, uma certa forma de tristeza e de morosidade. É fácil ficar com alguns amigos criticando os outros, dizendo "estou cheio", "tudo vai mal", "não é mais como antes". Esse estado de espírito, estampado na face das pessoas, é um verdadeiro câncer que pode espalhar-se por todo o corpo. A tristeza, como o amor ou a alegria, são ondas que se propagam imediatamente. Todos somos responsáveis pela atmosfera da comunidade. Podemos alimentar os outros com confiança e amor, ou envená-los com tristeza e críticas.

* * *

O OLHAR DO POBRE

Algumas vezes, o que dá mais força é o menor gesto de delicadeza ou de compaixão de uma pessoa fraca. É muitas vezes o olhar do mais pobre que nos descontrai, toca nosso coração e nos lembra do essencial.

Certo dia, fui acompanhar as irmãs de madre Teresa a um subúrbio de Bangalore para ajudá-las a cuidar dos leprosos. Suas feridas eram purulentas e tudo era repulsivo humanamente. Mas nos olhos dela havia uma luz. Não podia fazer outra coisa senão segurar os instrumentos que as irmãs utilizavam, mas, apesar de tudo, gostava de estar ali. Os olhares dos leprosos, seus sorrisos, tudo parecia penetrar no meu interior e renovar-me. Quando parti, havia no meu coração uma alegria inexplicável que os doentes me haviam dado.

Lembro-me de uma tarde na prisão de Calgary (Canadá). Acabava de passar três horas com os homens do "Club 21" (todos condenados a mais de vinte e um anos de prisão por homicídio).

Eles tocaram meu coração e eu parti com o espírito renovado. Esses homens mudaram alguma coisa no meu interior.

* * *

O sorriso e a confiança oferecidos pelas pessoas fracas e frágeis transformam meu coração. Fazem surgir novas energias de vida do mais profundo do ser. Parecem quebrar certas barreiras e, por isso mesmo, trazem uma nova liberdade.

É como o olhar ou sorriso da criança: que coração, por mais duro que seja, pode resistir a ele? O contato ou o encontro com o fraco e o que grita sua sede de comunhão é um dos alimentos mais essenciais à vida; quando nos deixamos penetrar pelo dom de sua presença, eles depositam algo de preciso no nosso coração.

Se ficamos simplesmente no âmbito do "fazer" qualquer coisa por aquele que precisa, mantemos a barreira da superioridade. Precisamos acolher o dom do pobre de mãos abertas. O que disse Jesus é verdade: "O que tu fazes ao menor de meus irmãos (aquele que não olhamos ou que rejeitamos) é a mim que tu o fazes".

Na oração da Arca, dizemos todas as noites: "Ó Maria, dai-nos coração cheio de misericórdia para amá-los, servi-los, para apagar toda discórdia e ver em nosso irmão sofredor a humilde presença de Jesus vivo".

* * *

O pobre é sempre profético. Ele revela os desígnios de Deus. Os verdadeiros profetas não fazem outra coisa senão mostrar o papel profético do pobre. É por isso que é bom gastar tempo para os ouvir. E para os ouvir, é preciso estar perto deles. De fato, falam muito baixinho, e somente em certas circunstâncias, pois têm medo de expressar-se, têm falta de confiança em si mesmos, de tal forma foram esmagados e oprimidos. Mas se os escutarmos, eles nos colocarão diante do essencial.

Padre Arrupe, geral dos jesuítas, numa conferência dada a religiosos americanos,[2] disse o seguinte:

---

[2] Terceira Conferência Interamericana dos Religiosos, em Montreal, novembro de 1977.

A solidariedade dos religiosos com aqueles que são realmente pobres será acompanhada de solidão... Sentir-nos-emos sós quando descobrirmos que o mundo dos trabalhadores não compreende o nosso ideal, nossas razões e nossos métodos. Em nosso íntimo, sentiremos a mais completa solidão. Precisaremos de Deus e de sua força para sermos capazes de continuar a trabalhar na solidão de nossa solidariedade... e, em suma, ficar incompreendidos e isolados. É por esse motivo que tantos religiosos e religiosas, engajados no mundo do trabalho, viveram uma nova experiência com Deus. Nessa experiência de solidão e de incompreensão, suas almas transbordaram da plenitude de Deus. Nessa simples experiência sentem-se desprotegidos, mas capazes de redescobrir de um modo novo como Deus fala mediante aqueles com quem se sentem solidários. Vêem que essas pessoas, marginais, têm algo de divino a dizer-lhes por meio de seu sofrimento, de sua opressão, de seu abandono.

E aqui se compreende o que é a verdadeira pobreza, toma-se consciência da própria incapacidade, da própria ignorância, e a pessoa abre sua alma para receber, por meio da vida do pobre, uma instrução profunda dada pelo próprio Deus. Sim, Deus fala através desses rostos rudes, dessas vidas em ruína. E eis que aparece um novo rosto do Cristo nos pequenos.

* * *

Quando estou cansado na Arca, muitas vezes vou a Forestière. É um centro que acolhe pessoas muito deficientes: nenhum dos dez que lá estão agora fala. Muitos não andam. Sob muitos aspectos, eles são apenas coração e relação afetiva através do corpo. O assistente que lhes dá de comer, que lhes dá banho, ou que os deita, tem de fazer isso ao ritmo deles, e não ao seu próprio ritmo. Deve agir bem devagar para acolher as menores expressões do ser deles. Como não podem expressar-se verbalmente, não podem fazer prevalecer seu ponto de vista elevando a voz. Por isso o assistente deve ser muito atento aos mil modos não-verbais com que eles se exprimem. Isso aumenta muito a sua capacidade de acolher a pessoa. Torna-se cada vez mais um ser de acolhimento e de compaixão. O ritmo mais lento e a própria presença de pessoas muito feridas obrigam o assistente a diminuir seu ritmo, a abrandar a locomotiva de eficácia que existe nele. Eles o fazem relaxar e perceber a presença de Deus. O mais pobre tem um poder extraordinário para curar certas feridas de nosso coração. Essas pessoas tornam-se alimento, se quisermos acolhê-las.

* * *

Se as comunidades fecham-se aos pobres, fecham-se a Deus. Isso não quer dizer que os mosteiros de vida contemplativa devem abrir suas portas aos pobres, mas que cada um desses mosteiros deve sentir-se solidário aos pobres e aos feridos do mundo. Deve aproximar-se dos pobres que estejam mais perto e que o convidam a amar. Talvez os irmãos doentes e idosos do próprio mosteiro, os que têm fome e pedem abrigo por alguns dias, ou aqueles que vivem na vizinhança e sofrem, buscando uma palavra de conforto. Todos os discípulos de Jesus são chamados a compadecer-se, a caminhar com os pobres e feridos, a rezar por eles.

Não é possível comer o corpo partido de Cristo na eucaristia, beber seu sangue derramado por nós sob tortura e, ao mesmo tempo, não abrir o coração às pessoas feridas e crucificadas de nosso mundo de hoje.

* * *

Se na Arca não vivermos mais com os pobres e feridos, se não celebrarmos mais a vida com eles, morreremos enquanto comunidade. Não mais receberemos a vida que vem da presença de Jesus neles. Todos os dias, eles nos alimentam e curam nossas feridas. Eles nos trazem luz e amor. Mas, se nos privarmos do corpo ferido de Cristo na eucaristia e na prece, não seremos mais capazes de vê-los como fonte de vida e presença de Cristo. Assim, morreremos espiritualmente.

A PRECE PESSOAL

Quando se vive em comunidade e o cotidiano é bem cheio e árduo, é absolutamente indispensável ter momentos de solidão para rezar e encontrar Deus no silêncio e no repouso. Caso contrário, a "locomotiva" da atividade não consegue mais parar e ficamos iguais a galinhas desmioladas.

As Irmãzinhas de Foucauld têm uma regra de oração, de solidão e de recolhimento: uma hora por dia, meio dia por semana, uma semana por ano e um ano de dez em dez anos. Quando se vive em comunidade, cresce a interdependência, mas deve-se evitar uma dependência nociva. É preciso ter tempo para ficar a sós com nosso Pai, a sós com Jesus. A oração é essa atitude de confiança em nosso Pai, que procura sua vontade, que procura ser para os irmãos e irmãs um rosto do amor. É preciso que cada um de nós saiba repousar e se descontrair no silêncio e na contemplação, nesse coração a coração com Deus.

"Não penses que parando prejudicas a comunidade; não penses que crescendo no amor pessoal para com Deus o teu amor pelo próximo diminuirá. Pelo contrário, o amor crescerá."[3]

Às vezes, quando estou só, nasce uma luz no fundo do meu ser. É como uma ferida de paz na qual vive Jesus. E nessa ferida, por meio dela, encontro os outros sem barreiras, sem esses medos ou essa agressividade que, às vezes, estão em mim, sem todas essas impossibilidades de dialogar e sem essas ondas de egoísmo, ou a necessidade de provar alguma coisa. Posso, então, permanecer na presença de Jesus e na presença invisível de meus irmãos e irmãs. A cada dia, descubro mais a necessidade desses tempos de solidão para encontrar os outros com mais verdade e assumir, na luz de Deus, minhas fraquezas, minhas ignorâncias, meus egoísmos e meus medos. A solidão não me separa dos outros, mas ajuda-me a amá-los com mais ternura, mais realismo e mais escuta. Começo, também, a fazer a distinção entre a falsa solidão — que é uma fuga dos outros para ficar sozinho numa forma de egoísmo ou de tristeza, numa sensibilidade ferida — e a verdadeira solidão, que é comunhão com Deus e com os outros.

* * *

---

[3] CARRETO, Carlos. *Au-delá des coses*. Capítulo 1.

Cada um deve encontrar seu ritmo de oração. Para uns, serão longas horas; para outros, serão quinze minutos aqui e ali. Para todos, é questão de ficar atentos à presença de Deus e ao que lhe apraz, ao longo do dia. Alguns precisam estimular o coração com uma palavra de Deus e rezar o pai-nosso; outros precisam pronunciar o nome de Jesus ou de Maria. A oração é como um jardim secreto feito de silêncio e de interioridade, o lugar do repouso. Porém, há mil portas para entrar nesse jardim, e cada um tem de encontrar a sua.

Se não rezarmos, se não fizermos a revisão de nossas atividades e de nossa vida, se não encontrarmos repouso no segredo do nosso coração, onde reside o Eterno, teremos muita dificuldade para viver a vida comunitária, não poderemos ficar disponíveis para os outros, nem ser obreiros da paz. Viveremos só dos estímulos do momento presente e perderemos de vista as nossas prioridades e o sentido do essencial. Além disso, precisamos lembrar-nos de que certas purificações do nosso ser só se fazem com a ajuda do Espírito Santo; certos recantos de nossa sensibilidade, de nosso inconsciente, só podem encontrar a luz como um dom de Deus.

* * *

Rezar é abandonar todo o nosso ser Deus, deixar ser ele o guia da nossa vida. Rezar é ter confiança e dizer a Deus: "Eis-me aqui. Eu sou a serva do Senhor; faça-se em mim segundo a tua palavra".

"Precisamos aprender a ter confiança, recusando dar qualquer valor ao 'sentido', quer seja consolação, quer seja sofrimento."[4]

Ter confiança de que Deus nos chama para crescer na nossa comunidade e de que chama a nossa comunidade para que ela seja uma fonte num mundo ressequido.

* * *

---

[4] BURROWS, Ruth. *Guidelines for mystical prayer. Sheed and ward.* Londres, 1976. Seus outros livros, *Before the living God* e *To believe in Jesus*, são igualmente admiráveis.

A oração é um encontro que alimenta a afetividade profunda. É presença e comunhão. O segredo do nosso ser está nesse beijo de Deus, em que nos sentimos amados e perdoados. No mais profundo de nós, além das nossas capacidades de ação e de compreensão, há um coração vulnerável, a criança que ama, mas que tem medo de amar. A oração silenciosa alimenta essas regiões profundas. É o alimento essencial para cada um que vive em comunidade, pois é o alimento mais secreto e mais pessoal.

* * *

Carlos Carreto[5] fala de encontrar o deserto no lugar em que estamos, no quarto, numa igreja, talvez no meio da multidão. Para mim, às vezes, é no momento em que caminho entre duas casas em Trosly-breuil; é recolher-me em meu interior, redescobrindo esse tabernáculo em que vive Jesus. Mas também preciso de tempos mais longos.

* * *

Muitas vezes, na Arca ou em qualquer outro lugar, quando estou esperando alguém ou alguma coisa, e há atraso, enervo-me interiormente. Não gosto de perder tempo. A locomotiva em meu interior continua a trabalhar, mas sem conduzir-me a nenhum lugar. A energia estimulada, mas não canalizada para uma ação, transforma-se em nervosismo. É pior ainda quando viajo. Tenho muito a aprender ainda, para saber aproveitar desses momentos aparentemente perdidos, para utilizá-los para o repouso e descontração, para reencontrar a presença de Deus, viver como uma criança que se encanta. Preciso descobrir a paciência e, mais ainda, como viver o instante presente em que Deus se dá.

* * *

Há dois perigos que espreitam uma comunidade. Alguns membros, para proteger-se, podem construir uma barreira à sua volta (em nome de sua união com Deus, de sua saúde ou de sua

---

[5] Op. cit.

vida privada), ou então se lançam, perdidamente, nos encontros interpessoais contando todas as suas emoções, em nome da troca e da partilha. No primeiro caso, os membros tendem a viver para si mesmos, numa falsa solidão; no segundo, tornam-se superdependentes dos outros, não existem por si próprios. É difícil encontrar o equilíbrio entre solidão e comunhão.

Antigamente, corria-se o risco de ignorar o dom da comunidade e da partilha; hoje, corre-se o risco de esquecer o dom da vida interior e as necessidades profundas do coração humano. Para poder viver plenamente em comunidade, é preciso primeiramente existir, ser capaz de ficar de pé, ser capaz de amar. A comunidade não é um refúgio, mas um trampolim. Aquele que se casa somente porque precisa disso corre o risco de encontrar dificuldades. Uma pessoa se casa porque ama alguém e quer viver e caminhar a vida toda com esse alguém, torná-lo feliz. Do mesmo modo, entra-se na comunidade para responder a um chamado de Deus, para ser o que se deve ser, viver com outros e construir algo com eles. Porém, isso exige que cada um de nós tenha suas próprias raízes. Se não for assim, não se terá aquela consciência interior que ajuda a diferenciar a vontade de Deus, as verdadeiras necessidades da comunidade e dos nossos irmãos e irmãs, dos nossos próprios instintos, medos e necessidades. Falaremos não para dar a vida, mas para libertar-nos ou provar alguma coisa; agiremos com outros e para outros, não para o próprio crescimento, mas a partir de nossa própria necessidade de agir. Para crescer humanamente, para tornar-nos mais livres interiormente, precisamos, ao mesmo tempo, de partilha e de oração comunitária, e também de tempos de solidão, reflexão, interiorização e oração pessoal.

Henri Nouwen, ao escrever sobre solidão e comunidade, mostra que há uma oposição entre essas duas realidades no espírito de algumas pessoas; ou a solidão equivale à vida privada (em que faço o que quero) e deve ser protegida em relação à comunidade, que é o lugar da devoção; ou permite viver mais plenamente a vida comunitária: é um meio de nos refazermos, necessário para sermos mais úteis aos outros.

Todavia, a solidão não existe apenas "para mim", nem a comunidade apenas "para os outros". A solidão é essencial para a vida comunitária porque é nos momentos de solidão que podemos aproximar-nos mais uns dos outros. Na solidão, enxergamos as pessoas de maneira diferente, fato dificilmente atingível, ou até mesmo impossível, na presença do outro. Existem laços entre as pessoas que independem de palavras, gestos ou ações e que são mais fortes e profundos do que aqueles que poderíamos criar com nosso esforço.

> Solidão e comunidade caminham juntas; necessitam uma da outra, como o centro e a circunferência de um mesmo círculo. Solidão sem comunidade leva a um sentimento de isolamento e desespero; comunidade sem solidão conduz a um "vazio" de palavras, emoções...[6]

* * *

A vida comunitária, com toda a sua complexidade, implica uma atitude interior — sem a qual logo ela se desfaz, cada um procurando meias medidas para não mais crescer. Essa atitude é a da criança que se abandona, que sabe ser apenas uma partícula do universo e que é chamada a viver no dom e na ablação, no lugar em que está. Essa atitude é uma confiança total em Deus, procurando a cada instante sua vontade e o que lhe apraz. Quando não se tem mais esse coração de criança, que procura ser instrumento de paz e de unidade entre os seres humanos, a pessoa desanima ou pretende provar que é alguém. Em ambos os casos, destrói-se a comunidade.

Como alimentar esse coração de criança? Essa é a pergunta essencial para cada pessoa que vive em comunidade. O amor só se alimenta de amor. Só se aprende a amar amando. Assim que o câncer do egoísmo se instalar, depressa se propagará por todas as atividades cotidianas; quando o amor começa a crescer — esse

---

[6] Solitude and community! *Worship*, jan. 1978.

amor que é sacrifício, dom e comunhão —, penetra a língua, os gestos e a carne.

Esse coração se alimenta à medida que fica fiel ao coração de Deus. A oração não é outra coisa senão a criança que fica nos braços do Pai, permanece neles e diz "sim".

Esse coração se alimenta à medida que fica fiel aos mais pobres, os escuta e se deixa tocar por sua presença profética.

Esse coração se alimenta à medida que fica fiel à consciência coletiva da comunidade, às suas estruturas e diz, sem cessar, um "sim" paciente e cheio de amor à comunidade.

* * *

Quando rezo, repousando ao lado de Jesus e nele, às vezes uma outra pessoa, um irmão ou irmã, surge em meu coração. Vem não como uma distração que me separa de Jesus, mas como um ícone que me revela seu amor na totalidade e me faz penetrar no coração da Trindade. Nessa hora, vivemos juntos um êxtase de amor.

* * *

Nossos sofrimentos e penas podem, misteriosamente, transformar-se em alimento, da mesma forma que nossa pobreza e impotência podem transformar-se em sacramento e permanecer em Deus. Quando tudo dá certo conosco e nos sentimos no topo do mundo, podemos esquecer Deus, ao passo que, quando sofremos, gritamos para ele e ele responde: "Estou aqui". No sofrimento, há uma presença de Deus que alimenta o que há de mais profundo em nós.

TORNAR-SE PÃO

Algumas pessoas não sabem que alimento poderiam dar aos outros e não percebem que elas mesmas podem ser o alimento. Não acreditam que suas palavras, seu sorriso, sua própria existência e sua prece podem alimentar os outros e lhes dar confiança. Jesus nos chama a dar nossa vida aos que amamos. Comendo o pão transformado em seu corpo, nós nos tornamos, também, pão.

Outros, pelo contrário, descobrem que seu alimento é dar a partir de um cesto vazio. É o milagre da multiplicação dos pães. "Senhor, fazei que eu procure mais consolar do que ser consolado." Às vezes, fico admirado ao ver que, quando me sinto vazio por dentro, sou capaz de dar uma palavra que alimenta, ou que, quando estou angustiado, posso transmitir a paz. Só Deus pode fazer tais milagres.

Às vezes, encontro pessoas muito agressivas com sua comunidade. Censuram-na por sua própria mediocridade. "A comunidade não me alimenta suficientemente, não me dá o que preciso." São como crianças que censuram os pais por tudo. Têm falta de maturidade, de liberdade interior e, sobretudo, falta de confiança em si mesmas, em Jesus e em seus irmãos e irmãs. Gostariam de um banquete com um cardápio bem definido e recusam as migalhas dadas a cada instante. Seu "ideal", suas idéias quanto ao alimento espiritual de que se dizem necessitadas, impede-nas de ver e de comer o alimento que Deus lhes dá através do cotidiano. Não conseguem aceitar o pão que o pobre, seu irmão ou sua irmã, lhes oferece por seu olhar, sua amizade ou sua palavra. No começo, a "comunidade" pode ser uma mãe que alimenta. Mas com o passar do tempo, cada um deve descobrir seu próprio alimento por meio das mil e uma atividades da comunidade. Pode ser uma forma dada por Deus, que vem em socorro de sua fraqueza, de sua insegurança, para ajudá-lo a assumir a ferida de sua própria solidão, de seu grito de sofrimento. Nunca a comunidade pode preencher esse sofrimento; ele é inerente à condição humana. Mas a comunidade pode ajudar a assumi-lo, lembrar-nos de que Deus responde ao nosso grito e de que não estamos sozinhos. "O verbo fez-se carne e habitou entre nós (Jo 1,14). "Não temas, eu estou contigo" (Is 43,5). Viver em comunidade é, também, aprender a caminhar sozinho no deserto, na noite e nas lágrimas, pondo toda a nossa confiança em Deus, nosso Pai.

* * *

Quando alguém perdeu a visão inicial da comunidade, ou se afastou do ponto da fidelidade, pode alimentar-se de coisas espirituais, ter uma grande fome de espiritualidade, sem ficar saciado. É preciso converter-se, tornar-se uma criança, reencontrar o seu apelo inicial e também o da comunidade. Quando se começa a duvidar desse apelo, essa dúvida espalha-se como um câncer, capaz de minar os fundamentos do edifício. É preciso saber alimentar nossa confiança nesse apelo.

* * *

Prece comunitária e eucaristia

A oração em comunidade é um alimento importante. Uma comunidade que reza em conjunto, que entra no silêncio e adora, cimenta-se sob a ação do Espírito Santo. O grito que sai da comunidade é escutado de um modo especial por Deus. Quando pedimos, juntos, a Deus um dom, uma graça, Deus escuta e nos atende. Se Jesus nos dissesse que tudo o que pedíssemos ao Pai, em seu nome, ele nos concederia, quanto mais não será quando uma comunidade pedisse. Parece-me que na Arca não recorremos bastante a essa oração comunitária. Talvez não sejamos ainda bastante simples, bastante crianças. Às vezes, nas orações comunitárias espontâneas, rodeando o que se quer dizer, não se chega ao essencial. É uma pena que não se utilizem os textos tão lindos da Igreja, que não se conheça melhor a Sagrada Escritura. É verdade que, se um texto, às vezes, é fixo e usado todos os dias, perde um pouco o seu sabor. Mas a espontaneidade também perde o sabor. É preciso achar a harmonia entre os textos que a tradição nos dá e a oração espontânea que brota do fundo do coração.

* * *

Muitas vezes, uma comunidade não grita mais para Deus, pois não escuta mais o grito dos pobres. Está satisfeita consigo mesma; encontrou um modo de vida que não é inseguro demais. Somente quando vemos o sofrimento e a miséria de nosso povo, somente quando vemos sua opressão e seus sofrimentos, somente quando vemos a sua fome, é que nos sentimos incompetentes, que gritamos para o Pai com insistência: "Senhor, tu não podes desviar os ouvidos do grito do teu povo, escuta a nossa oração".

A partir do momento em que a comunidade faz aliança com os pobres, os gritos deles se tornam o seu grito.

* * *

A comunidade deve ser sinal da ressurreição. Mas uma comunidade dividida, em que cada um segue o seu caminho, unicamente preocupado com sua própria satisfação e seu projeto pessoal, sem ternura para o outro, é um contratestemunho. Todos os ressentimentos, amarguras, tristezas, rivalidades, divisões, todas as recusas a estender a mão ao "inimigo", todas as críticas feitas pelas costas, todo esse mundo de cizânia e de infidelidade ao dom da comunidade prejudicam profundamente o verdadeiro crescimento no amor. Revelam, também, todas as brasas de pecado, todas essas forças do mal que estão sempre no coração, prontas para incendiar-se. Às vezes, é importante que uma comunidade tome consciência de todas as suas infidelidades. As celebrações penitenciais na presença de um padre, quando bem preparadas, podem ser momentos importantes: os membros, conscientes de seu pecado e, ao mesmo tempo, de seu apelo à unidade, pedem perdão a Deus e aos outros. É um momento de graça que unifica os corações.

* * *

A eucaristia é um dos alimentos que fazem a ligação entre o alimento comunitário e o alimento pessoal, pois é as duas coisas ao mesmo tempo. A eucaristia é a festa comunitária por excelência, é a celebração, pois nos faz reviver o mistério de Jesus que dá sua vida por nós. Ela nos faz reviver, de modo sacramental, seu sacrifício na cruz, que abriu aos seres humanos um novo caminho na vida, que libertou os corações do medo para que pudessem amar, estar com Deus, viver em comunidade. A eucaristia é o lugar da ação de graças de toda a comunidade. É por isso que, depois da consagração, o sacerdote diz: "Concedei que, alimentando-nos com o corpo e o sangue do vosso Filho, sejamos repletos do Espírito

Santo e nos tornemos, no Cristo, um só corpo e um só espírito". Tocamos, aqui, o centro do mistério da comunidade.

Mas também é um momento íntimo, em que cada um de nós é transformado pelo encontro pessoal com Jesus: "Quem comer do meu corpo e beber do meu sangue, permanece em mim e eu nele" (Jo 6,56).

No momento da consagração, o sacerdote diz as palavras de Jesus: "Tomai e comei, todos vós: isto é o meu corpo, que é dado por vós". Este "dado por vós" é que me impressiona. É só quando comermos *deste corpo* que poderemos dar-nos aos outros. Só Deus pode criar tal realidade. Esse sacrifício, que é ao mesmo tempo um banquete de núpcias, nos convida a oferecer nossa vida ao Pai, a tornar-nos pão para os outros e a alegrar-nos com o banquete das núpcias do Amor.

Quando estou na Arca, fico muito sensível à realidade do corpo. Muitos dos que acolhemos não podem falar e exprimem seu amor e seu medo por intermédio do corpo. O corpo é mais importante que a palavra. O corpo de Cristo é mais importante que a sua palavra. Muitos deficientes não compreendem a palavra, mas podem comer do corpo de Cristo, e parece que eles têm uma profunda compreensão do que significa a comunhão. Como vivem em comunhão com as pessoas, estão eminentemente preparados para a comunhão com Cristo.

As comunidades tomam cada vez mais consciência do lugar central que a eucaristia ocupa em suas vidas. Jesus veio ao mundo para dar-nos um novo pão de vida, um novo alimento, sua palavra e seu corpo. A palavra é para o corpo, é para a comunhão. Jesus disse a seus apóstolos: "Façam isso em minha memória". É sob sua ordem que o padre preside a eucaristia, que traz Jesus à nossa presença por meio sacramental.

Quando a eucaristia é celebrada numa comunidade, todos os membros unem-se na comunhão mútua, oferecendo-se ao Pai, com, em e por seu Filho Jesus, para que, assim, toda a comunidade represente o Reino sobre a terra e a fonte da vida no amor do Espírito Santo.

* * *

A palavra é indispensável para nos conduzir ao trabalho comum. Os símbolos e o contato têm uma importância capital para levar-nos à comunhão, que é a essência da comunidade. A celebração do corpo de Cristo e da eucaristia são símbolos e sinais eficazes para criar a comunhão.

* * *

No entanto, os evangelhos e os escritos santos, através dos tempos, mostram claramente que há dois pólos na Igreja: o *corpo de Cristo* e *os pobres*. Jesus tornou-se pobre e anunciou que os pobres eram ele mesmo. O corpo ferido de Cristo só é realmente vivido na eucaristia se for visto como o corpo e o coração feridos dos pobres, os quais encontram nele seu significado.

Os dois são tão intimamente ligados que são João, no seu Evangelho, não menciona a eucaristia na última ceia, mas lava-pés. Ela é a eucaristia.

Durante toda a vida da Igreja, o padre, que, por certos motivos históricos, presidia em nome de Jesus a assembléia eucarística, começou a presidir também todas as atividades da comunidade cristã. Tornou-se a única autoridade, como se os leigos não tivessem recebido o Espírito Santo e fossem incapazes de pensar e de assumir uma responsabilidade na Igreja. A Igreja tornou-se demasiadamente clerical. Os padres tinham todo o poder. O mistério da Igreja, como comunidade, como organismo no qual cada pessoa tem seu lugar, foi esquecido.

Como os padres assumiam todo o poder, de certa maneira, os pobres tinham sido esquecidos. A Igreja estava voltada para a eucaristia e a adoração, e perdeu de vista seu outro pólo: o corpo ferido dos pobres e a comunidade de fiéis chamados para acolher juntos. Assim, a Igreja tornou-se rica e perdeu muito de sua credibilidade. Nem sempre é um sinal visível do amor.

* * *

Quando um "corpo" vulnerável entra numa comunidade, Maria, a mãe de Jesus, assume um papel privilegiado. Foi ela quem primeiro acolheu o corpo de Jesus, o Verbo transformado em carne. Os apóstolos e os discípulos foram santificados pela palavra de Jesus, e Maria foi santificada por seu corpo, por sua presença. Foi ela, também, quem estava ao pé da cruz, perto de seu corpo ferido e moribundo, enquanto os outros haviam fugido.

Talvez todos os cristãos sejam chamados a realizar a passagem da luz e da beleza da palavra para a pobreza e a insignificância do corpo. Antes, Maria estava cheia de graça, cheia de luz. Amava as palavras dos profetas que a uniam à luz do Deus invisível. Quando o Verbo fez-se carne nela, e Jesus nasceu, seu coração encheu-se com a presença e a comunhão mais profundas, mais secretas, mais místicas. Deus tornou-se visível na pobreza do corpo de um menininho que precisava ser carregado, alimentado a amado. Um menininho que buscava e ao mesmo tempo oferecia a comunhão.

* * *

As comunidades *Fé e Luz* comemoram de maneira muito especial o dia em que José e Maria apresentaram ao templo seu filho Jesus. Simeão, o sacerdote, disse a Maria que uma espada transpassaria seu coração. Muitos pais de filhos deficientes tiveram seu coração traspassado pela espada do sofrimento. No entanto, de maneira misteriosa, essas crianças são chamadas a renovar a Igreja e a sociedade. Porém, em razão de suas feridas e sua fragilidade, só podem fazê-lo por meio de outros cristãos que os escutem e vivam em comunhão com eles.

O PÃO DO SOFRIMENTO

Muitas comunidades da Arca são interconfessionais, o que significa que, nesses tempos de divisão e angústia, são uma imensa graça. Respondem a um chamado muito especial de Deus. Jesus tem sede de unidade. Antes de morrer, rezou assim: "Que eles sejam apenas um, como o Pai e eu somos um só". Se essas comunidades são um dom e uma graça, é porque também conhecem um profundo sofrimento.

Quatro pessoas de nossa comunidade de Londres viviam num apartamento. Uma delas, Pierre, era deficiente mental, proveniente de uma família de pais separados. Para ele, o domingo era insuportável, porque os outros membros iam cada um para uma igreja. Ele não podia suportar essa separação. A cada domingo, uma pessoa preparava o jantar. Uma vez, quando cabia a Pierre prepará-lo e chegou a hora de sentarem-se à mesa, seus companheiros se espantaram ao verem apenas pão e água como refeição. Pierre pegou o pão e disse: "Esse é o meu corpo". E deu um pedaço para cada um. Depois, passou o copo d'água para cada um e disse: "Agora já comungamos todos juntos". Pois é, o sofrimento da separação é difícil de suportar quando vivemos juntos.

* * *

Uma comunidade interconfessional não quer tornar-se uma outra Igreja, com seus ofícios e sacramentos próprios. Já há muitas delas! Ela é chamada para reunir pessoas e, por meio delas, suas Igrejas. Deve ajudar as pessoas a conhecerem-se mais profundamente e a descobrirem sua fé, sua beleza e, também, que aquilo que as une é muito mais profundo do que aquilo que as separa.

Isso quer dizer que cada pessoa da comunidade deve estar enraizada em sua própria paróquia e ter suas próprias tradições religiosas. Hoje em dia, no entanto — e eu não consigo imaginar uma solução para esse problema —, há cada vez mais jovens que querem seguir Jesus, mas não pertencem a nenhuma Igreja. Não têm raízes espirituais. É preciso ajudá-los a aprofundarem-se e aumentarem seu senso de participação.

* * *

Na Arca, nós não tínhamos o projeto de tornar-nos interconfessionais. Isso não estava em nossos objetivos. Mas aconteceu em razão de nosso povo. Descobrimos que nos havíamos tornado interconfessionais quando começamos a acolher deficientes mentais de outras instituições. Eles tinham necessidade de um lugar para viver, de uma família. Logicamente, não lhes perguntamos suas religiões. Nós os recebemos porque vimos sua necessidades; porém, uma vez acolhidos, tentamos descobrir uma maneira de fazê-los crescer em *sua* fé. Para isso, precisamos fazer contato com os padres e ministros da paróquia. Assim, descobrimos que não podíamos participar juntos da mesma eucaristia ou da santa ceia. Começou o sofrimento.

Alguns dentre nós pensavam que bastava ir em frente e pedir a intercomunhão. Dessa forma, não haveria mais sofrimento, seria mais fácil. Por acaso os deficientes não eram proféticos? Além disso, como compreenderiam todas as diferenças, ou por que não podiam participar da comunhão em um ofício e em outro podiam? Esses argumentos têm um certo peso. No entanto, como podemos pertencer a uma paróquia ou igreja se não permanecemos fiéis a seus costumes, tradições, teologia e leis? A intercomunhão não é permitida pela Igreja Católica, nem pela Ortodoxa, a não ser em casos muito especiais. Nós iríamos negar essas leis porque os deficientes são proféticos? Com qualquer uma das decisões, iríamos sofrer. Escolhemos viver esse sofrimento dentro da comunidade e não separar as pessoas de suas Igrejas.

Isso quer dizer que nunca poderemos ter a eucaristia na comunidade ou durante os momentos de reunião? Para católicos, anglicanos e ortodoxos, a eucaristia não está no centro de toda comunidade cristã? É ela que cria e alimenta a comunidade, pois é real presença de Jesus. A Arca não pode viver se seus membros não estiverem imbuídos de uma vida espiritual profunda, unidos a Jesus, alimentados por ele. A Arca não é apenas uma casa simpática, é mais do que isso: é uma nova maneira de viver a comunidade cristã, colocando o pobre no centro e no coração de si mesma.

* * *

Às vezes, as comunidades que acolhem apenas pessoas de uma mesma tradição religiosa sentem-se culpadas por não ser mais ecumênicas. Nós não pensamos assim. O ecumenismo é um dom, mas é também um dom maravilhoso acolher pessoas que pertencem à mesma Igreja e podem viver a eucaristia juntas plenamente. Todos somos chamados a ter um coração ecumênico, mas nem todas as comunidades são chamadas a ser interconfessionais.

* * *

Se Jesus chamou a Arca a existir, ele a guiará por meio de seu sofrimento. Acredito que nossas comunidades são preciosas para seu coração, pois ele tem sede de unidade, e qualquer gesto em direção a ela é inspirado por seu amor. Assim, se nos chamou, nos dará sabedoria e força para seguir o bom caminho em face das incompreensões, das dificuldades, das críticas e até das perseguições. Claro que cometeremos erros, mas também com eles aprenderemos.

* * *

Se a eucaristia, que está no centro de toda comunidade cristã, não pode estar nas comunidades interconfessionais, é preciso descobrir qual é o pão do sofrimento que existe no coração dessas comunidades. Se não há eucaristia, ou quando há, não podemos comer à mesma mesa, a divisão da Igreja torna-se muito presente. Mas no pão do sofrimento há um alimento e uma esperança. Muitas pessoas, hoje, não vêem a divisão da Igreja como um motivo de sofrimento: é apenas um simples fato histórico e teológico. Quando esse sofrimento torna-se angústia e agonia — como foi no coração de Cristo —, podemos oferecer-nos em sacrifício pela unidade: tendo sede de unidade, faremos tudo por ela.

* * *

Nas capelas das Irmãs de Madre Teresa há uma cruz na parede, e embaixo de um dos braços da cruz, as últimas palavras de Jesus: "Tenho sede!". Nas comunidades da Arca, que são interconfessionais, gostaria de ver escritas essas palavras: "Tenho sede de unidade". Jesus perguntou a cada um de seus discípulos: "Você está pronto para sofrer pela unidade? Quer seguir-me nessa estrada e carregar a cruz desse sofrimento?".

Todo sofrimento vindo das divisões em razão da eucaristia e entre as igrejas pode tornar-se um pão e pode alimentar. Sabemos que não há estrada e que o caminho é doloroso, mas caminhamos com Jesus, caminhamos para a unidade.

* * *

Nenhum de nós gosta do sofrimento. Todos tendemos a fugir dele, a evitá-lo a qualquer preço. É por isso que, muitas vezes, a impossibilidade de comungar à mesma mesa suscita discussões nas comunidades, às vezes até de forma agressiva, principalmente quando há assistentes novos. Não é fácil continuar no bom caminho, sobretudo quando não recebemos, com freqüência, o estímulo necessário por parte dos clérigos das várias igrejas. Cada padre ou ministro pertence a uma Igreja diferente. Todos eles têm seus problemas nas suas próprias igrejas e nem sempre se sentem tocados por uma comunidade ecumênica. A quem pertence esse tipo de comunidade? Talvez a todas as igrejas a ela relacionadas, mas somente à medida que tenham sede de unidade da mesma forma que Cristo tem.

* * *

Para as comunidades ecumênicas, o perigo é considerar a religião e as Igrejas como uma fonte de divisão. Dessa forma, será mais fácil abolir todos os valores espirituais e as atividades religiosas e voltar todas as suas energias para atividades de relaxamento e celebração comunitária, nas quais todos possam estar unidos. Mas essas atividades não bastam para construir e sustentar uma comunidade. As comunidades da Arca poderiam, facilmente, contentar-se em ser bons lares de abrigo e esquecer que são comunidades, com tudo o que isso implica.

Para viver no ecumenismo, cada um é chamado a viver e a aprofundar aquilo que é essencial à sua fé em Jesus, estar em comunhão com o Pai e crescer no amor fraternal. Contudo, deve também viver e aprofundar aquilo que é específico de sua própria Igreja. O verdadeiro ecumenismo não consiste em suprimir as diferenças, mas, ao contrário, em aprender a amar e respeitar o que é diferente. Os membros da comunidade devem, portanto, amar e conhecer suas próprias tradições, o que também quer dizer que se sentem chamados, por Jesus, a comer o pão do sofrimento, para que a unidade possa crescer. Nessas comunidades, cada pessoa deve, realmente, alimentar-se espiritualmente para poder crescer na unidade interior e na santidade.

* * *

O PÃO DA UNIDADE ANTECIPADA

Se as comunidades interconfessionais não podem alimentar-se da eucaristia, deve haver outros momentos em que a presença de Jesus se manifeste para fazê-las entrar na comunhão. Como já disse, as comunidades são lugares de comunhão antes de lugares de colaboração. Essa comunhão deve ser estimulada. Os membros das comunidades interconfessionais são chamados a aprofundar sua vida de prece em comum, a celebrar tudo o que une os cristãos de diferentes tradições, particularmente o batismo, a Palavra de Deus, a cruz de Jesus e a nossa, a vida no Espírito Santo, a prece e a presença de Jesus. Juntos, são chamados à santidade e ao amor. Se não podem celebrar a eucaristia juntos, podem celebrar o lava-pés, fazendo como um sacramento.

Na Arca, se não podemos comer à mesma mesa eucarística, podemos comer juntos à mesa do pobre. "Quando fizeres um banquete", diz Jesus, "convida os pobres, os estropiados, os coxos, os cegos, e não teus amigos, parentes ou vizinhos ricos" (Lc 14). Se não podemos beber juntos no mesmo cálice eucarístico, podemos todos beber juntos o cálice do sofrimento (Mt 20), que causa a divisão dos cristãos e a rejeição do pobre e do fraco. Esses são os dons específicos da Arca.

É dessa forma que descobriremos a íntima relação entre o corpo ferido de Cristo na eucaristia e o corpo ferido e sofrido de nosso povo. Poderemos descobrir que os pobres são um caminho para a unidade. Assim como somos chamados a amá-los e a sermos amados por eles, somos conduzidos juntos, de maneira misteriosa, ao coração de Cristo.

Tudo o que foi dito sobre as comunidades interconfessionais pode também ser dito, de outra maneira, das comunidades inter-religiosas. Nelas, o sofrimento é ainda maior. Devemos descobrir como celebrar nossa humanidade comum, descobrir os ciclos da natureza e a presença de Deus na beleza de nosso universo. Devemos aprender a celebrar, numa prece comum, Deus, o Pai de todos.

Com tudo isso, devemos concluir que a Arca é chamada a ser um lugar profético de paz e de reconciliação. Esse é o nosso chamado e o nosso dom. Nosso Deus bem-amado nos dará o alimento, como deu a seu povo, no deserto, o maná e a água da rocha. Se expressarmos nosso sofrimento, ele nos dará de comer.

CAPÍTULO

6

O dom da autoridade

AUTORIDADE

Numa comunidade, a função da autoridade só pode ser compreendida se for vista como um dom, ou um ministério entre muitos outros necessários para a construção da comunidade. A autoridade é muito importante, pois o crescimento da comunidade depende, em grande parte, do modo como ela é exercitada. Mas olha-se, às vezes demais, a autoridade como o único dom. Numa comunidade, o chefe não tem todas as luzes; sua função, pelo contrário, é ajudar cada membro a ser ele mesmo e a exercer seus dons próprios, para o bem de todos. Uma comunidade só pode ser um corpo harmoniosamente unido numa mesma vida, "um só coração, uma só alma, um só espírito", se cada um for plenamente vivo. Se só virmos o esquema patrão/empregado, oficial/soldado, autoridade/executante, não poderemos compreender o que é uma comunidade.

Discorrendo sobre autoridade nestas páginas, não quero referir--me unicamente ao responsável por uma comunidade, mas a cada um daqueles que são encarregados de dirigir, sustentar e formar outras pessoas. Na Arca, há responsáveis pelas oficinas, pelas casas, pelas equipes de jardim; na administração, na cozinha ou no acolhimento, há um responsável pelos outros. Cada um deve aprender a exercer a autoridade de modo cristão e comunitário.

Os primeiros modelos de autoridade são a mãe e o pai. Ambos são necessários, não apenas para a concepção da criança, mas também para seu crescimento. Juntos, na unidade, são responsáveis pela criança e por seu desenvolvimento. A autoridade está ligada ao crescimento. A própria palavra vem do latim *augere*, que quer dizer "crescer". Essa concepção é muito diferente da de algumas pessoas que vêem a autoridade como o guardião da lei, aquele que pune e impede o crescimento em direção à liberdade e ao desenvolvimento.

A mãe cuida de seu filho com carinho. Ela o protege, o carrega e o consola. Está próxima das necessidades de seu corpo, está presente. É em seu interior que a criança começa a crescer. É seu corpo que a alimenta.

Mas a autoridade também deve ajudar a criança a avançar, a esforçar-se e preparar-se para deixar a família. Esse é, essencialmente, o papel do pai (logicamente unido à mãe, e não em oposição a ela).[1]

Ele encoraja seu filho ou sua filha a ir em frente. Ele "autoriza", quer dizer, abre novas portas e caminhos. Ele afirma: "Vá, você é capaz. Corra o risco, vá em frente!". O pai pode encorajá-lo dessa forma porque ele mesmo atingiu uma certa plenitude e unidade na sua humanidade e liberdade interior. Estimula o filho a não permanecer prisioneiro, temeroso nem fechado em si mesmo, mas a crescer em direção à maturidade, à unidade interior e à libertação de se dar e de amar.

Hoje em dia, há uma grande confusão em relação ao papel do pai. O papel da mãe está um pouco mais claro. Muitos filhos, sobretudo na adolescência, sofrem pelo fato de não ter o pai presente e atento. Precisam de um pai, e, ao mesmo tempo, estão revoltados

---

[1] Evidentemente, não é necessário decodificar e generalizar os respectivos papéis da mãe e do pai. Ambos são importantes. Conforme os temperamentos, as situações, as culturas etc., esses dois aspectos da consolidação e da confirmação, ou do encorajamento, podem ser repartidos entre os pais.

com ele. Não conseguem afirmar-se, não sabem quais são seus dons, não confiam em si mesmos nem sabem em que direção caminhar.

Na realidade, mesmo quando têm um pai que lhes dê afirmação, os filhos, em sua maioria, têm necessidade de uma outra imagem de pai, um pai espiritual, um professor, ou alguém que os atraia e que lhes sirva de modelo. Nesse sentido, o pai é essencialmente alguém que nos ama de uma maneira única e pessoal, com quem é possível estabelecer uma relação de confiança. O pai reconhece os dons do filho, mesmo que ainda sejam discretos. Por isso pode afirmar, encorajar, ensinar, dar apoio e aconselhar e, se for necessário, corrigir, para ajudá-lo a ter confiança em si próprio e a crescer para uma maturidade, sabedoria e liberdade maiores.

Essa forma de autoridade não é, necessariamente, ligada a uma função. É algo mais importante.

* * *

Exercer a autoridade é sentir-se realmente responsável pelos outros e por seu crescimento, sabendo que eles não são nossa propriedade, nossos objetos, mas pessoas que têm um coração, nas quais existe a luz de Deus, e que são chamadas a crescer na liberdade da verdade e do amor. O maior perigo para alguém que tem autoridade é manipular as pessoas e dirigi-las para seus próprios objetivos e sua necessidade de poder.

* * *

É impressionante o número de pessoas que têm uma concepção deturpada de autoridade. Têm medo dela e de assumi-la. É como se a autoridade estivesse separada do carinho e dos relacionamentos. Como se ela fosse sempre má e opressora. Essas pessoas devem ter tido um pai autoritário, que não lhes deu carinho nem confiança. Talvez essa também seja uma doença de nosso tempo: separar da autoridade o amor e torná-la legalista.

A verdadeira autoridade é aquela que trabalha visando à justiça de fato para todos, mas, sobretudo, para os pobres, para aqueles que não podem defender-se, que fazem parte de uma minoria oprimida. É aquela que está pronta a dar sua vida, que não aceita nenhum compromisso com o mal, com a mentira a com as forças da opressão que esmagam as pessoas, principalmente os pequenos. Quando se trata de uma autoridade familiar ou comunitária, além do sentido de justiça e de verdade, deve ser personalizada, delicada, deve escutar, ter confiança e perdoar. É claro que tudo isso não exclui momentos de fechamento em si.

* * *

Da mesma forma, e talvez pelas mesmas razões, muitas pessoas confundem autoridade com poder de eficiência, como se o papel principal de um responsável fosse tomar decisões, agir e comandar eficazmente, exercendo, dessa forma, seu poder. Mas a autoridade é, em primeiro lugar, uma referência, uma segurança, uma pessoa que afirma, sustenta, encoraja e guia.

Em linguagem bíblica, a autoridade é uma rocha. É sólida e dá apoio. É fonte da água da vida, da água que purifica, perdoa e alimenta. É o pastor que conduz o gado para o bom pasto. É o jardineiro que rega as sementes para que dêem frutos.

* * *

No décimo capítulo do evangelho de são João, Jesus fala de si como o Bom Pastor. As qualidades que atribui a esse bom Pastor são as mesmas que um pastor de comunidade precisa: ele conduz o gado e indica o bom caminho, e deve conhecer "cada um pelo nome". Na visão bíblica, o nome significa o dom e o chamado, ou missão, de uma pessoa. O pastor deve ter uma relação pessoal com cada um, conhecer seus dons particulares para ajudá-lo a crescer, conhecer suas feridas para dar-lhe força, conforto e compaixão, sobretudo nas horas de sofrimento. O pastor deve estar ligado a seu povo por laços de amor e estar pronto a dar a vida por ele, a sacrificar seus próprios interesses.

O responsável deve *organizar* a comunidade de forma que cada membro esteja no seu lugar e que tudo aconteça calmamente. Deve *animá-la* para que permaneça viva e que todos tenham os olhos fixos nos objetivos essenciais. Deve amar cada um e sentir-se responsável por seu crescimento. Os membros de uma comunidade logo sentem quando os responsáveis os amam, quando confiam neles e querem ajudá-los a crescer, ou quando estão presentes apenas para gerir e administrar, provar sua autoridade, impor sua lei e sua própria visão, ou tentar agradar.

* * *

Dirigir é avaliar as situações e tomar decisões sábias. Essa avaliação sempre se faz em função de certos critérios que representam o objetivo ou a finalidade da comunidade. Por isso, o responsável deve ter diante dos olhos o objetivo ou o essencial da comunidade. Mais que isso, deve vivê-lo e amá-lo. O abade de um mosteiro de vida contemplativa deve ser uma pessoa de oração, um contemplativo. Os responsáveis pelas comunidades da Arca devem gostar da companhia dos deficientes e procurar neles fonte de vida. O responsável é sempre um modelo, e que ensina mais com sua vida do que com suas palavras.

* * *

UMA MISSÃO QUE VEM DE DEUS

O responsável por uma comunidade — e qualquer responsável — recebeu uma missão que lhe foi confiada, quer pela comunidade que o elegeu, quer pelo superior (ou qualquer outra autoridade exterior) que o nomeou. Deve prestar-lhes contas. Mas recebeu-a, também, de Deus. Não se pode assumir uma responsabilidade, em relação a outras pessoas, sem uma ajuda de Deus, pois, diz são Paulo, "só existe poder em Deus" (Rm 13,1). Toda autoridade recebida de Deus, como missão, deve voltar para Deus, a quem é preciso prestar contas. Isso significa a pequenez e a grandeza da autoridade humana.

De fato, a autoridade existe para a liberdade e o crescimento das pessoas. É uma obra de amor. Tal como Deus vela sobre seus filhos, para que todos cresçam no amor e na verdade, o responsável deve ser um servidor de Deus e das pessoas, para que todos cresçam no amor e na verdade.

É uma grande responsabilidade, muito bela, pois aquele que recebeu autoridade está certo e seguro de receber de Deus a luz, a força e os dons necessários para realizar sua tarefa. É por isso que um responsável não deve somente perguntar àqueles que lhe confiaram a responsabilidade o que ele deve fazer, como faria o secretário de uma reunião. Deve, em seu próprio íntimo, procurar o conselho de Deus, descobrir no fundo de seu coração a luz divina. Eu acredito muito na graça dada para alguém assumir uma missão ou exercer uma função. Deus vem sempre em socorro daquele que tem autoridade se ele for humilde e procurar ser servo da verdade. Compreender isso é libertador para um responsável. Ele não deve carregar todas as preocupações do mundo: Deus está presente. Foi ele quem o chamou a ser responsável e lhe dará a força e a sabedoria de que precisar. Pode ficar em paz e despreocupado. Deve apenas dar o melhor de si e, então, entregar tudo nas mãos de Deus e ir dormir com um sorriso.

* * *

O cardeal Danneels, arcebispo de Bruxelas, numa reunião com os responsáveis pelas comunidades da Arca, disse:

> Quando volto para casa depois de um longo dia de trabalho, vou à capela e rezo. Digo ao Senhor: "Bom, por hoje acabei. Agora, vamos falar sério, esta diocese é sua ou minha?", e o Senhor responde: "Que você acha?". Eu digo: "Acho que é sua". "É verdade", responde ele, "é minha." Então eu digo: "Pois então, Senhor, é sua vez de tomar as responsabilidades dela para si e dirigi-la. Eu vou dormir!".

Depois, completou: "Isso vale tanto para os pais como para o responsável de uma diocese"... ou de uma comunidade!

* * *

É preciso sempre lembrar as palavras de Jesus a Pedro: "Apascenta meu rebanho". A comunidade é, essencialmente, o rebanho de Jesus. Nós somos apenas seus instrumentos. Portanto, se fomos chamados a assumir a responsabilidade sobre ela, Jesus estará sempre presente para ajudar-nos a alimentá-la, para guiar-nos e dar a força e a sabedoria necessárias.

* * *

Na Arca, às vezes fico um pouco abatido com os problemas. Quando um membro da comunidade está em crise, quando há lares deficientes, quando há um grupo de assistentes que faz oposição a alguma coisa que considero uma opção fundamental, quando sinto divisões no interior da comunidade, particularmente entre os profissionais — que querem mais competência — e os espirituais — que querem acentuar a religiosidade —, nesses momentos fico inquieto.

Porém, não devo levar-me a sério demais, nem dramatizar. Devo estar consciente da situação e não me furtar a ela ou fingir que o problema não existe. Devo, também, lembrar-me de que não sou o único a cuidar dos problemas, primeiro porque somos muitos, depois — e principalmente — porque Deus prometeu socorrer-nos. Portanto, não é preciso preocupar-se demais. É preciso ter consciência do que está se passando, discernir sem paixão sobre o que deve ser feito e agir, dando o pequeno passo necessário, mesmo que não consigamos enxergar muito longe.

O responsável, devido à multiplicidade dos problemas e sua complexidade, deve guardar o coração como o de uma criança, seguro de que Jesus sempre virá socorrê-lo em sua fraqueza. É preciso colocar as preocupações no coração de Deus e depois dar o melhor de si.

Ninguém será feliz na comunidade se os responsáveis estiverem sempre preocupados, ansiosos, sérios e fechados em si mesmos. É verdade que a responsabilidade é uma cruz que precisamos carregar todos os dias, mas devemos fazê-lo alegremente.

O segredo de um responsável é permanecer jovem, aberto e disponível, capaz de encantar-se. O melhor modo de conseguir isso é abrir-se para o Espírito Santo.

* * *

O responsável deve lembrar-se de que Deus escolheu como responsáveis homens limitados: Moisés, que matou um egípcio; Pedro, que renegou a Cristo; Paulo, que participou do assassinato de Estêvão. Talvez porque fossem limitados e indignos de confiança, do ponto de vista humano, tenham sido humildes e, assim, melhores instrumentos de Deus.

* * *

Um responsável deve preocupar-se com o que os outros pensam, mas não precisa ficar preso a isso. Ele tem uma responsabilidade diante de Deus e não tem o direito de assumir certos compromissos, de viver na mentira ou de ser instrumento de injustiça.

Aquele que dá a última palavra na comunidade carrega consigo, sempre, uma parte de solidão; mesmo que seja ajudado por um conselho, estará sozinho nas decisões finais. Essa solidão é sua cruz, mas também é a garantia da presença, da luz e da força de Deus. É por isso que ele precisa, mais do que qualquer outro, ter um tempo só para si, para afastar-se dos acontecimentos e permanecer com seu Deus. É nesses momentos de solidão que a inspiração nascerá nele e que sentirá o rumo que deve tomar. É preciso que tenha confiança nessas intuições, sobretudo se forem acompanhadas de uma paz profunda. Contudo também deve procurar uma confirmação, falando a respeito delas com os membros da comunidade em quem confia e, depois, com o conselho da comunidade.

Diante das decisões difíceis que comprometem o futuro, precisa, é claro, raciocinar e refletir. É necessário ter o máximo possível de informações. Mas no fim, em razão da complexidade dos problemas e da impossibilidade de prever tudo, a autoridade deve — tendo assimilado tudo — apoiar-se nessas intuições profundas que recebeu na solidão. É o único modo de adquirir essa liberdade que lhe permitirá avançar e tomar decisões sem ter medo do fracasso.

* * *

A cada dia, descubro mais que a responsabilidade é um caminho maravilhoso para o crescimento no Espírito. É verdade que também é uma cruz e algumas pessoas podem gemer e lamentar-se ao carregá-la. Outras podem considerar a autoridade uma posição, uma função merecida que traz em si prestígio e vantagens. Porém, se nos conscientizamos da gravidade do papel do responsável, do que significa dirigir pessoas, se aceitamos essa cruz com todo o seu peso, é um caminho maravilhoso de crescimento.

* * *

Ser servidor

Há diferentes modos de exercer a autoridade e dar ordens: o do chefe militar, o do chefe de uma empresa e o do responsável por uma comunidade. O general tem em vista a vitória; o chefe de empresa, o lucro; e o responsável por uma comunidade, o crescimento das pessoas no amor e na verdade.

O responsável por uma comunidade tem uma dupla missão: deve conservar seus olhos e os da comunidade fixos no essencial, nos objetivos fundamentais, e mostrar sempre o caminho, para não deixar a comunidade perder-se em histórias, em coisas secundárias e acidentais. Na Arca, o responsável deve, constantemente, lembrar que a comunidade existe essencialmente para a acolhida e o crescimento de pessoas deficientes, e isso no espírito das bem-aventuranças. Numa comunidade de oração, ele deve sempre lembrar-se de que as exigências do trabalho estão subordinadas às da oração. O responsável tem por missão manter a comunidade diante do essencial.

Por isso deve anunciar sempre, e claramente, a visão da comunidade e cuidar para que outros também o façam. Uma comunidade precisa ser constantemente alimentada dessa forma.

Todavia, o responsável por uma comunidade também tem por missão criar uma atmosfera ou um ambiente de paz, de amor recíproco, de confiança e alegria entre os membros. Pela relação com cada um, pela confiança que lhes manifesta, leva-os a ter confiança mútua. O terreno propício para o crescimento humano é um meio ambiente sem tensões, feito de confiança mútua. Quando há rivalidades, ciúmes, suspeitas, bloqueios de uns em relação a outros, não pode haver comunidade, nem crescimento, nem testemunho de vida.

Os irmãos da comunidade de Taizé não chamam seu responsável de "prior", mas de "servidor da comunhão". Isso me sensibiliza profundamente. Exatamente, o papel do responsável é facilitar a comunhão. Uma comunidade é, fundamentalmente, um lugar de comunhão, mais que de colaboração.

* * *

Se o responsável, ou prior, é servidor da comunhão, deve ser uma pessoa de comunhão, deve procurar a comunhão com o Pai e com as pessoas. Assim, criará um espaço de comunhão na comunidade.

* * *

É preciso lembrar que todos nós, e não somente os responsáveis, somos chamados a ser servidores da comunhão.

* * *

Para os cristãos, Jesus é o modelo de autoridade. Na véspera de sua morte, lavou os pés dos discípulos, como se fosse um simples escravo. Pedro ficou completamente transtornado com esse gesto. E Jesus disse a seus discípulos que deviam fazer a mesma coisa. "Vocês serão felizes se fizerem o que eu faço." É uma nova maneira de exercer a autoridade, que vai contra a necessidade de imaginar-se superior e de dominar os outros. Jesus exerce a autoridade posicionando-se abaixo dos outros. Temos, realmente, necessidade do espírito de Jesus para ensinar-nos a ser humildes servidores da comunhão.

* * *

Há tantos modos de exercer a autoridade quanto há diversidade de temperamentos. Há aqueles que têm temperamento de chefe, que são criativos, que têm visão do futuro; caminham na frente.

Há os que são mais tímidos e humildes: caminham no meio dos outros; são excelentes coordenadores.

O essencial, para qualquer responsável, é que ele seja mais servo do que chefe. Quem assume responsabilidade porque quer provar alguma coisa, porque, por temperamento, tem tendência a dominar e mandar, porque precisa aparecer ou deseja privilégios ou prestígio, será sempre um mau responsável, porque não procura, antes de tudo, ser servo.

Algumas comunidades escolhem seus responsáveis segundo suas capacidades de administração ou seu poder sobre os outros. Deve-se escolher um chefe pelo quanto ele tenha demonstrado, até o momento, colocar os interesses da comunidade acima de seus interesses pessoais. É preferível alguém humilde, que queira servir à comunidade e aos outros, que saiba pedir conselho a pessoas mais experientes, mesmo que seja tímido e necessite de algumas qualidades, a alguém que seja "capaz", mas seja voltado para si mesmo e não tenha humildade. Mas é evidente que um responsável deve ter uma certa competência e capacidades naturais.

* * *

O melhor responsável é aquele que recebe sua responsabilidade como uma missão de Deus e que se apóia na força de Deus e nos dons do Espírito Santo. Sentir-se-á pobre e incapaz, mas agirá sempre humildemente e para o bem de todos. Os membros da comunidade terão confiança nele, pois sentirão que ele confia não em si próprio, nem na sua própria visão, mas em Deus; sentirão que ele não quer provar nada, que não procura nada para si mesmo, que sua visão não está bloqueada por seus próprios problemas e que ele está pronto a desaparecer quando seu tempo expirar.

* * *

Aquele que assume a função de autoridade deve lembrar-se de que a pessoa mais importante e mais próxima de Deus, na perspectiva do Evangelho, não é o chefe, mas sim o mais pobre. Deus escolheu-o para unir os fortes. É ele quem está no coração da comunidade cristã. Os responsáveis devem preocupar-se com os pobres e com seu crescimento no amor.

* * *

Um responsável deve, sempre, preocupar-se com as minorias da comunidade e com aqueles que não têm voz. Deve sempre escutá-los e ser seu intérprete para a comunidade. É o defensor das pessoas, pois elas, no seu sentido profundo, nunca devem ser sacrificadas pelo grupo. A comunidade visa sempre às pessoas, não o inverso.

* * *

O responsável é o guardião da unidade. Deve ter sede de unidade e trabalhar por ela dia e noite. Assim, não deve temer os conflitos, mas aceitá-los e esforçar-se para ser um instrumento de reconciliação. Deve estar em contato com todos aqueles que compõem a comunidade e, principalmente, com os que sofrem ou se opõem a ela.

* * *

Ser um responsável-servidor é estar mais envolvido com as pessoas do que com a instituição. Sempre existe um aspecto institucional numa comunidade: as coisas precisam ser feitas, o trabalho deve avançar. É preciso fazer a contabilidade, ordenhar as vacas etc. Mas não é bom sinal quando o responsável se preocupa mais com o aspecto institucional ou administrativo do que com as pessoas. Algumas pessoas, para seu próprio bem, ou para que possam crescer, precisam abandonar a comunidade, ou trabalhar menos por algum tempo, mesmo que isso implique sofrimento e prejuízo para a instituição.

Na Arca, existe todo um aspecto institucional no que se refere às necessidades e à pedagogia dirigida aos deficientes. Pode acontecer de os responsáveis darem mais atenção a isso do que ao crescimento dos assistentes. Eles devem buscar a sabedoria e a harmonia, preocupando-se, evidentemente, com o aspecto institucional, sem esquecer as necessidades e o crescimento dos assistentes.

* * *

O PERIGO DO ORGULHO

Quanto mais o tempo passa, mais vejo como é difícil exercer a autoridade numa comunidade. Depressa se quer mandar por questão de honra, de prestígio ou de admiração que se recebe, ou para provar alguma coisa. Em nosso íntimo, existe um pequeno tirano que quer o poder e o prestígio e que se agarra a isso; quer dominar, ser superior, controlar. Teme qualquer crítica, qualquer controle: é o único a ter razão (e, às vezes, em nome de Deus); imiscui-se em todos os campos, fazendo tudo, mandando tudo, conservando ciosamente sua autoridade. Os outros ficam reduzidos a executantes incapazes de julgar bem as coisas. Só permitimos a liberdade à medida que não atrapalha nossa autoridade e com a condição de a poder controlar.

Queremos que nossas idéias se realizem imediatamente; a comunidade torna-se, então, "nossa" coisa, "nosso" projeto. Todas essas tendências se infiltram facilmente no exercício da autoridade, em diversos graus. E os cristãos podem, às vezes, ocultar essas más tendências sob máscaras de virtude, em favor de uma pretensa boa causa. Não há nada mais terrível do que a tirania sob o manto da religião. Senti muitas vezes essas tendências dentro de mim; devo, constantemente, lutar contra elas.

É importante, numa comunidade, que os limites do poder de cada um estejam claramente definidos e até mesmo escritos. Rapidamente, um pai ultrapassa o seu poder sobre os filhos ao querer formá-los conforme seu projeto. Depressa deixa de levar em conta sua liberdade ou seus desejos.

No exercício da autoridade, não é fácil encontrar o meio-termo entre o dominar demais e o deixar fazer tudo.

O perigo do orgulho e o desejo de dominar são tão grandes para o chefe que ele precisa de barreiras e limites que demonstrem até onde vai seu poder e necessita de sistemas de controle que o ajudem a ser objetivo e a estar verdadeiramente a serviço da comunidade.

Um dos perigos para o responsável é demorar para tomar uma decisão por medo e não escolher o melhor, ser impopular e entrar em conflito com os outros. Algumas pessoas têm dificuldades em tomar decisões. Gostam de analisar a situação, pesar os prós e os contras, mas não conseguem decidir-se a enfrentar e modificar a realidade.

Mas não tomar uma decisão já é uma decisão. É verdade que a paciência é uma qualidade importante para um responsável. Ele não deve agir motivado pela cólera. Precisa saber escutar, informar-se, ter o tempo necessário, mas, ao mesmo tempo, depois de ter rezado e ter-se aconselhado, deve decidir, e não deixar-se governar pelo tempo e pela história.

* * *

Um bom responsável é aquele que gera confiança e esperança na presença de Deus e na comunidade. Ele é sempre humilde.

* * *

Alguns responsáveis, querendo se aproximar das pessoas, têm tendência a dizer sempre "sim". Muitas vezes, perdem o senso de comunidade como um todo e não querem submeter-se às estruturas. Isso pode levar ao caos.

* * *

A rivalidade ou o ciúme entre certos membros da comunidade, quanto ao poder e ao brilho, é uma força terrível de destruição.

Uma comunidade unida é como um rochedo; uma comunidade que se levanta contra si mesma destrói-se rapidamente.

Mesmo os apóstolos, na presença de Jesus, e às vezes nas suas costas (Mc 9,34), e numa atmosfera de discussão (Mc 10,41), se interrogavam para saber quem era o maior dentre eles. São Lucas diz que ainda falavam disso durante a última refeição. Terá sido essa discussão que levou Jesus a levantar-se da mesa e a lavar os pés de seus discípulos?

A rivalidade entre os membros de uma comunidade surge, muitas vezes, quando se trata de votar para eleger um responsável; ou, então, é uma rivalidade em virtude da irradiação espiritual ou intelectual. Essas lutas pelo poder e pela influência estão profundamente enraizadas no coração humano. Temos medo de deixar de existir se não formos eleitos, se não tivermos determinado cargo. Depressa se identificam cargo, dom e pessoa; popularidade, ser reconhecido pelo grupo e qualidade do ser.

Nenhuma autoridade está ao abrigo de julgamentos rápidos que ferem as pessoas e as arrastam num círculo vicioso de cólera e tristeza. A humildade é a terra da unidade e a salvaguarda contra cisões e cismas. O espírito do mal nada pode contra a humildade. Ele é o príncipe da mentira e da ilusão, inspira a divisão que leva à cizânia, às lutas internas, às críticas destrutivas e ao orgulho.

Dividir as responsabilidades

Um responsável não deve, jamais, cansar-se de dividir o trabalho com outros, mesmo se sentir que eles não fazem tão bem o trabalho quanto ele, ou diferente dele. É sempre mais fácil fazer as coisas do que ensinar os outros a fazê-las. Um responsável que cai na armadilha de querer fazer tudo ele mesmo corre o risco de isolar-se, de tornar-se hiperativo e perder de vista os objetivos da comunidade.

* * *

Pessoas limitadas e frágeis, em colaboração com uma boa autoridade — isto é, alguém que tenha visão, coração solidário e firme —, podem fazer coisas maravilhosas. Elas compartilham da visão da autoridade e desfrutam de seu dom. A riqueza da comunidade reside em uns compartilharem os dons dos outros.

Às vezes, é difícil para aqueles que chamamos de "intermediários" — ou seja, que têm autoridade restrita a um certo domínio, porém são autoridades imediatas em relação a alguém — harmonizarem-se com o conjunto e integrarem-se.

Além disso, no fundo, todo responsável é responsável em relação a outro.

Sempre existe um conselho administrativo abaixo do diretor. Não é fácil distinguir os limites a partir dos quais podemos tomar iniciativas sem consultar o responsável superior, saber quando devemos escutá-lo, saber o que pensa, ou reconhecer sua autoridade. Alguns responsáveis até se recusam a informar seu superior para poder estar mais livres e fazer o que desejam, sem ser controlados. Agem como se fossem os únicos chefes. Outros vão na direção oposta: têm tão pouca confiança em si mesmos e tanto medo da autoridade que a consultam a todo instante, até para as coisas mais triviais. Tornam-se simples executantes servis de tarefas. É preciso encontrar o equilíbrio entre esses dois extremos, assumindo, completamente, sua responsabilidade diante de Deus, consultando-o, fazendo o mesmo em relação ao seu superior, com sinceridade e o coração disponível. Para isso, é preciso ter um coração transparente, que não busque, em hipótese alguma, os próprios interesses.

* * *

A autoridade máxima também pode agir inadequadamente, seja permitindo que as autoridades intermediárias façam tudo sem dialogar nem prestar contas, seja dizendo-lhes tudo o que devem fazer e como. Uma autoridade de verdade dialoga, orienta e dá idéias, depois disso deixa que os outros assumam suas responsabilidades e façam seus trabalhos. É claro que, depois do trabalho terminado — tenha ele dado certo ou não —, deve haver uma conversa para confirmar, dar apoio e corrigir o que for necessário.

O responsável deve acompanhar de perto aquelas pessoas que têm alguma responsabilidade na comunidade, mas que, por uma razão ou outra (saúde, cansaço, ausência de algumas qualidades etc.), não podem exercê-la a contento. Talvez seja preciso desobrigá-las de suas responsabilidades, ou talvez cobrar-lhes mais empenho. Isso exige muito discernimento.

* * *

Evidentemente, entre os responsáveis deve haver diálogo, unidade e amor. Se eles se fecham e se criticam uns aos outros, a comunidade corre perigo. Se não há comunhão, nem partilha entre eles, como poderão estar a serviço da comunhão? Estão sujeitos a tornar-se criados da dissensão e da destruição.

Na comunidade da Arca, em Ouagadougou, em Burkina Faso, acolhemos Karim, que veio de um orfanato. Ele foi para lá em razão da morte de sua mãe e contraiu uma meningite de graves conseqüências: não podia falar, nem andar. Em virtude de sua doença, isolaram-no, durante anos, das outras crianças. Quando o acolhemos, aos 7 anos de idade, ele estava profundamente angustiado e batia constantemente a própria cabeça.

Depois de alguns anos na comunidade, tornou-se calmo, conseguia andar e trabalhar: pertencia a uma nova família e sentia-se seguro. Mas se os assistentes ficassem bloqueados e não conseguissem comunicar-se entre si, nem partilhar, Karim o percebia, ficava angustiado e começava a bater a cabeça. A solução não era pedir a um psicólogo que o ajudasse, mas pedir a um apaziguador para reconciliar os assistentes.

Estar em comunhão com os outros não quer dizer não ter divergências. É possível amar, apreciar-se mutuamente e lutar pelos mesmos ideais sem partilhar, sempre, das mesmas idéias.

* * *

O fundador, no início de sua obra, tem uma visão das coisas segundo a qual age. Depois, pouco a pouco, outros se juntam a ele e forma-se uma comunidade. Os membros, juntos, tornam-se um corpo, com tudo o que é vital e também com tensões.

O fundador não pode mais agir como se fosse o único a ter uma visão das coisas. Deve escutar, respeitar a vida do corpo, que é a comunidade e tem sua visão própria. O papel do responsável e do fundador é apreender essa vida que está no corpo da comunidade, compreendê-la e deixá-la desabrochar.

O mais difícil para um responsável é aceitar que outros tenham uma visão mais clara e mais real da comunidade como ela é, com seus objetivos fundamentais.

* * *

Para aquele que tem autoridade, uma das coisas mais importantes é ter prioridades claras e nítidas; se se perder em mil pequenos detalhes, corre o risco de perder a visão de um conjunto. É preciso que permaneça, constantemente, com os olhos no essencial. No fundo, a melhor autoridade é aquela que faz muito pouco, mas lembra aos outros o essencial de sua função e de sua vida, que os chama a assumir responsabilidade, os sustenta, os confirma e os controla.

* * *

Um bom responsável é consciente tanto de sua força quanto de sua fraqueza. Não tem medo de reconhecer esta última. Sabe onde encontrar apoio e é humilde o bastante para pedi-lo. Não existem responsáveis perfeitos, que tenham todos os dons necessários para assumir sua responsabilidade.

* * *

AS ESTRUTURAS DA COMUNIDADE

Na Arca, temos um conselho de dezessete pessoas, eleitas pelos assistentes, que fazem parte da comunidade há alguns anos. Esse conselho tem encontros uma manhã por semana, para conversar sobre as orientações profundas da comunidade e tomar decisões a respeito das coisas importantes. Aprendi muito com esse conselho. Aprendi sobre as dificuldades de partilhar e de procurar juntos não a "minha vontade", mas a vontade de toda a comunidade e a vontade de Deus. Com muita rapidez, nós nos tornamos possessivos e apaixonados. Esse conselho me ajudou muito a descobrir como era preciso que eu crescesse para abrir-me ao Espírito e para tornar-me mais objetivo. Parece-me que toda autoridade deveria ter um conselho como esse, um lugar comunitário e fraterno, em que se pode discernir juntos, em que a autoridade é partilhada, sustentada e controlada e em que todos podem crescer, para carregar, juntos, a responsabilidade.

Para um grupo, não é fácil discutir tranqüilamente, nem tomar decisões adequadas. É preciso conhecer os métodos de discernimento. Abordarei esse assunto no capítulo sobre as reuniões.

* * *

Alguns responsáveis têm medo do conselho comunitário ou dependem muito dele. Não parecem capazes de assumir suas funções. Não acredito que um conselho comunitário possa ser profético, mas um responsável deve ser, pelo menos em alguns momentos. Um conselho composto de anciãos é importante: dá condições ao responsável de enxergar todos os aspectos de uma questão; entretanto sempre tende a ser conservador: "Nós sempre fizemos assim...". Os anciãos podem bloquear o crescimento e a evolução de uma comunidade. Na maioria das vezes, estão contentes com o *status quo* e têm medo de mudanças. Um responsável deve saber servir-se do conselho com discernimento, saber ajudá-lo e deixar-se ajudar por ele na tomada de decisões acertadas e nas boas orientações. Porém, como ajudar um responsável a encontrar a liberdade interior e o equilíbrio entre dizer ao conselho o que deve fazer (o que é uma certa forma de ditadura) e deixá-lo decidir sem uma direção clara?

Gorbachev, até onde se sabe, tinha dificuldades em fazer avançar sua política de reformas na União Soviética. A velha guarda tinha medo de perder seus privilégios e tentava dificultar a *perestroika*. Ele precisava de apoio e buscou-o no povo. Os responsáveis devem procurar, cada um segundo seu carisma, a melhor forma de convencer os mais velhos e poder avançar na verdade e na justiça.

* * *

É importante que cada comunidade tenha uma constituição que defina sua estrutura e seu modo de governo: quem toma decisões etc. Quando as estruturas não são claras e as pessoas não sabem quem decide o que e quem é responsável por determinadas coisas, seguramente haverá sofrimentos e mal-entendidos. A tendência do responsável será a de tomar decisões em segredo, com algumas pessoas de sua escolha, muitas vezes apenas por medo de conflitos ou por necessidade de fazer as coisas a seu modo. Os responsáveis ruins tendem a reunir a sua volta pessoas que sempre lhe dizem "sim". Essa falta de lucidez na tomada de decisões suscitará cada vez mais tensões, até que ocorra uma explosão. Nessa hora, então, ou as estruturas serão mais bem definidas e uma constituição será aceita por todos, ou algumas pessoas deixarão a comunidade, revoltadas, e o responsável continuará governando mal.

* * *

Às vezes, os responsáveis carismáticos têm medo de definir estruturas. Hesitam em assumi-las. No entanto, as estruturas são essenciais ao crescimento da comunidade e de seus membros.

* * *

As estruturas definem os mandatos e as responsabilidades. Determinam a maneira pela qual os responsáveis serão eleitos ou nomeados e por quanto tempo; definem de que maneira as decisões importantes serão tomadas e por quem; definem os limites do poder e a extensão das responsabilidades; definem as relações entre o responsável e o conselho comunitário. Tais estruturas parecem, às vezes, pesadas, mas são necessárias para uma vida comunitária sã. Se todos são chamados a sentir-se responsáveis pela comunidade, devem saber como são tomadas as decisões, mesmo que nem todos participem das deliberações.

É evidente que as estruturas devem evoluir e ser redefinidas à medida que a comunidade cresce e amadurece. Acredito não ser sadio estabelecer, desde o início, uma constituição que não possa mais ser alterada segundo as necessidades.

* * *

Uma vez estabelecidas as estruturas, o responsável deve respeitá-las. É um erro grave tomar sozinho decisões que devem ser tomadas em conselho. Muitas vezes, o processo é longo demais e torna-se difícil para o responsável não ter liberdade para seguir suas próprias "inspirações", mas só assim uma comunidade pode tomar decisões sábias.

Quando um responsável por uma comunidade termina seu mandato e não é reconduzido à sua posição anterior, pode passar por um momento de sofrimento, principalmente se for o fundador ou se espera por isso. Pode passar por uma forma de depressão ou de tristeza, difíceis de suportar. Essa tristeza pode tornar a vida insuportável, tanto para ele quanto para os outros. Pode ser que deva até deixar a comunidade, sobretudo no caso de o novo responsável ser jovem, inexperiente e tiver medo da presença do mais velho. Essa pessoa terá, então, necessidade de compaixão e de alguém competente que a apóie e acompanhe. Nessa hora, a cruz torna-se realidade. Ela deve rezar e esperar a ressurreição, o momento em que poderá, novamente, dar, de fato, a vida.

* * *

Na Arca, damos bastante responsabilidade ao conselho administrativo de cada uma de nossas comunidades. Numa comunidade, como em qualquer associação civil, deve existir um estatuto ou uma constituição, segundo as leis de cada país. O conselho administrativo, assim como seu presidente, é legalmente responsável pelas questões administrativas, financeiras e por tudo o que acontece na comunidade, particularmente no que concerne aos deficientes que foram confiados à comunidade pelas autoridades locais.

A experiência nos mostra que esses homens e mulheres dos conselhos administrativos não são competentes apenas em matéria de leis e finanças, mas também exercem um papel importante na solução de crises da comunidade, ajudando-a a manter a lucidez, a definir e a organizar suas estruturas, auxiliando-a, de modo geral, a ser coerente com os objetivos que definiu para si mesma enquanto comunidade da Arca.

Os membros do conselho administrativo devem compreender, de fato, a vocação e a realidade da Arca e descobrir que os deficientes têm um papel particular na Igreja e na sociedade, podendo alimentá-los e aproximá-los de Deus. Precisam saber que não devem reunir-se apenas para discutir questões sérias, mas também para celebrar juntos, para partilhar em um nível mais aprofundado, sobretudo para gozar a presença dos membros da comunidade.

* * *

Em algumas comunidades da Arca, já houve conflitos sérios entre o conselho administrativo e o responsável, e é comum um agir sem consultar o outro, ou tomar decisões num campo em que não é o único competente. Nesses casos, deve haver uma autoridade exterior à qual ambos possam recorrer. Essa autoridade é um reconciliador que ajuda a restabelecer o diálogo, para que a confiança e a comunhão possam renascer e as responsabilidades de cada um sejam mais bem definidas.

APRENDER A ESCUTAR E A EXERCER A AUTORIDADE

Quando se confia uma responsabilidade a alguém, é preciso sempre dar-lhe os meios para poder assumi-la. Convém evitar a superproteção, que é, afinal, uma recusa de dividir a responsabilidade. É necessário dar o direito de errar, de "dar cabeçadas". Fazer tudo para evitar que alguém fracasse é também impedir que tenha sucesso (ainda que eu não goste das palavras "fracasso" ou sucesso" na vida comunitária).

Contudo, para carregar uma responsabilidade, não se pode estar completamente sozinho. É preciso alguém que aconselhe, sustente, encoraje e controle. Nunca se deve deixar alguém "virar-se" sozinho, quando as situações e as tensões são muito pesadas. É preciso alguém a quem se possa falar livremente, que compreenda e que confirme na responsabilidade; uma presença discreta que não julga, que tenha experiência das coisas humanas, alguém em quem se confia e que transmite confiança. De outra forma, estamos sujeitos a fechar-nos ou arruinar-nos, particularmente no caso dos responsáveis pela comunidade. Os responsáveis pela comunidade, ou aqueles que assumem responsabilidades na Igreja e na sociedade, têm muita necessidade de ajuda, formação e apoio. Precisam prestar contas e avaliar-se para exercer suas responsabilidades com mais sabedoria.

Jesus prometeu enviar aos discípulos um outro Paráclito. Precisamos ser paráclitos uns para os outros, isto é, pessoas que respondam ao apelo do outro. A cruz da responsabilidade é, às vezes, pesada, e o amigo cheio de compreensão, o irmão ou irmã mais velhos são necessários para torná-la mais leve.

* * *

Para poder assumir responsabilidades pelo crescimento dos outros, o responsável precisa estar voltado para a verdadeira maturidade e liberdade interior. Não deve fechar-se na prisão de ilusões do egoísmo e deve permitir que outros o guiem. Deve aceitar seu próprio crescimento.

* * *

Só conseguimos dar boas ordens se sabemos obedecer; só podemos ser chefes se sabemos servir; ser pai e mãe, se sabemos ser filho ou filha. Jesus, antes de ser pastor, é ovelha. Sua autoridade vem do Pai. Ele é o Filho bem-amado do Pai.

* * *

Cada vez mais descubro como é difícil exercer a autoridade. Bem depressa eu me choco com os meus bloqueios interiores. Tenho dificuldade para aliar a escuta das pessoas e a compaixão com a firmeza, a objetividade e a esperança que elas podem fazer crescer. Ou sou muito tímido, deixando as pessoas fazerem tudo, ou sou demasiado rígido e legalista.

Há uma inteligência a respeito das coisas que eu devo adquirir todos os dias, uma sabedoria em relação à responsabilidade, mas também uma força e uma paciência. Meus irmãos e irmãs do conselho da Arca ajudaram-me muito a progredir, mas ainda há muito trabalho a ser feito.

* * *

Uma das qualidades essenciais de um responsável é saber escutar todos (e não só os amigos e os admiradores), saber como cada um se sente na comunidade, como crescem. Deve criar laços verdadeiros, se possível até calorosos. O mau responsável esconde-se atrás do prestígio, do poder, da palavra, da ordem; só escuta os amigos. Fala muito, mas preocupa-se pouco em saber como os outros recebem a sua palavra e, sobretudo, não procura conhecer suas necessidades profundas, suas aspirações, suas dificuldades, seus sofrimentos e o apelo de Deus para eles.

Um responsável que não sabe escutar o contestatário para captar o grão de verdade oculto entre as ervas daninhas do descontentamento vive na insegurança.

Seria bom se permitisse aos membros de sua comunidade que se expressassem livremente diante de uma terceira pessoa — um olho de fora — a respeito de seu modo de exercer a autoridade.

Seria bom que permitisse aos membros de sua comunidade falar livremente diante da autoridade exterior, de que falamos no capítulo 4, sobre sua maneira de exercer a autoridade.

Um dos perigos para um responsável é ser incapaz de ver a realidade de sua comunidade tal e qual ela é; por isso que ele não a escuta. Torna-se, assim, um otimista preguiçoso: "Tudo dará certo" é seu lema. No fundo, tem medo de agir, ou então se sente incompetente e incapaz diante da realidade. É difícil ficar constantemente consciente diante dela, isso incomoda, mas também desperta. A autoridade consciente das dificuldades torna-se uma autoridade que busca, que reza e que grita para Deus. Sua sede de verdade aumenta e Deus responde ao seu apelo. Mas deve saber ser paciente.

* * *

Um mau chefe só se preocupa com regulamentos e com a lei. Não procura saber como vão as pessoas. É fácil esconder sua incapacidade de compreender e de escutar atrás da imposição de uma lei. Impõe-se uma regra quando se tem medo das pessoas.

* * *

Os fundadores de uma comunidade podem tornar-se um peso se ela continuar referindo-se a ele muito tempo ainda depois de sua morte para questões que não dizem respeito diretamente ao espírito fundamental da comunidade. Os novos responsáveis devem ser como fundadores. Devem adaptar a comunidade às novas situações; devem sentir-se livres para dirigir com sabedoria e segundo sua própria luz (guardando o espírito inicial da comunidade). Para isso, precisam de uma grande força interior, principalmente se os anciãos da comunidade têm medo das mudanças. Os responsáveis que se apegam ao passado sufocam a comunidade e correm o risco de tornarem-se legalistas. Sob um certo ângulo, cada responsável deve ser um pouco profético para poder conduzir adequadamente a comunidade nas situações do presente.

* * *

É importante que aquele que tem autoridade escute os jovens que entram ou que querem entrar na comunidade. O apelo desses jovens, suas inspirações e seus desejos podem revelar-lhe muitas coisas. O responsável deve saber escutar com interesse e com admiração a obra de Deus neles, pois seu apelo pode mostrar o que deveria ser a comunidade e quais são suas falhas.

Na sua regra, são Bento diz que cada vez que houver um assunto importante a tratar, o abade deve convocar toda a comunidade para recolher a opinião dos irmãos. Se o abade pede conselho a todos, é porque, "muitas vezes, o Senhor revela aos mais jovens as melhores sugestões".[2]

* * *

Não se esconder

Para um responsável, o perigo é criar uma barreira entre ele e aqueles por quem é responsável. Dá a impressão de estar sempre ocupado. Impressiona pelo tamanho do seu carro, ou do seu escri-

---

[2] Regra de são Bento (3,3).

tório. Faz sentir que é superior ou mais importante. Esse tipo de chefe tem medo e provoca medo. Ele é inseguro. Por isso mesmo, guarda uma certa distância. Um verdadeiro responsável fica disponível. Anda a pé, dá às pessoas muitas ocasiões para abordar e para falar-lhe como a um irmão ou irmã. Não se esconde e, por isso mesmo, fica vulnerável a toda contestação ou crítica aberta. Um bom responsável deve sempre ficar próximo daqueles por quem é responsável e permitir-lhe encontros verdadeiros e simples. Se ficar afastado, não poderá conhecer o seu povo, nem as suas necessidades.

É importante que um responsável se mostre tal qual é e partilhe suas dificuldades e suas fraquezas. Se as esconder, as pessoas correrão o risco de o ver como um modelo impossível de ser imitado. Mas um dia vão enxergar seus defeitos e vão revoltar-se. Depois de o ter colocado nas alturas, vão jogá-lo no abismo. É importante que o vejam falível e humano, mas, ao mesmo tempo, confiante e fazendo esforços para progredir. Se o responsável precisa ser um verdadeiro servidor da comunhão, deve estar em comunhão com outros enquanto pessoa, não enquanto responsável. Deve dar o exemplo da partilha.

* * *

Uma comunidade é um corpo. O responsável não exerce a autoridade do alto do pedestal. O organograma de uma comunidade não tem forma de uma pirâmide, mas de um círculo. O responsável por uma comunidade é responsável com e entre as outras pessoas. É no exército ou numa indústria que o organograma tem forma piramidal.

* * *

Nós não pensamos que o irmão Roger é a cabeça da comunidade, mas sim o coração. Sua visão do mundo nos inspira. Seu papel é exprimir aquilo que a comunidade vive. É, também, um homem de escuta que procura sempre revelar os dons de cada um e apoiar-se neles.

O irmão Roger buscava com seus irmãos. Juntos, tentaram avançar nesse "milagre que é a vida comum", uma "aventura com Deus".[3]

É conveniente, também, que um responsável faça um pouco de trabalho manual, nem que seja lavar louça ou, às vezes, cozinhar. Isso obriga a aterrissar e pôr as mãos na massa. Cria um relacionamento novo; quando se trabalha com ele, pode ser atingido como pessoa e não somente no seu cargo.

Certos responsáveis precisam ter sempre, perto deles, alguém que saiba fazê-los descer do pedestal, dar-lhes umas palmadas ou brincar com eles. Muitas vezes, os responsáveis são adulados ou agressivos. Podem fechar-se na sua função, por medo, ou por considerar-se um pequeno deus. Precisam de pessoas que brinquem com eles, com gentileza, que não os levem muito a sério, vejam sua pessoa por trás do cargo que ocupam e os façam descer à terra. Senão, depressa vão ser planadores, ou se esconderão e perderão o contato com a realidade. É preciso que eles tenham confiança nessas pessoas e se sintam amados por elas.

UMA RELAÇÃO PESSOAL

Algumas comunidades recusam ter um responsável. Querem decidir tudo por "via democrática", por um consenso de opiniões, ou por colegialidade, sem coordenador nem responsável. Não ouso dizer que isso é impossível, mas tenho, verdadeiramente, a impressão, segundo minha experiência na Arca, de que os membros de uma comunidade precisam de uma pessoa que seja um ponto de referência e com quem possam ter uma relação pessoal. Pode ser que se rejeite toda a autoridade pessoal, porque se tem a impressão de que ela é sempre subjetiva, em vista de um prestígio pessoal, e que só a colegialidade permite a objetividade.

---

[3] Citação de um irmão da Taizé no livro de Kathryn Spink, *Frère Roger de Taizé*, Paris, Seuil, 1986, p. 161.

É verdade que o sistema de colegiado permite objetividade e controle maiores, apesar de que, como já dissemos, os anciãos da comunidade podem fechar-se em si mesmos. Também é certo que todos juntos somos mais inteligentes que qualquer um de nós sozinho e que um grupo elabora leis mais justas do que uma única pessoa. Porém, o grupo sempre tem dificuldades para permitir que haja exceções a suas leis e não tem visão profética para caminhar com sabedoria em direção ao futuro, adaptando a comunidade às suas novas necessidades. Numa comunidade que visa ao crescimento interior das pessoas, deve haver uma autoridade que possa dialogar e estabelecer relações de confiança entre elas. As comunidades que recusam a idéia de ter um responsável, freqüentemente, têm membros que estão voltados para um trabalho eficaz e interessante, ou para grandes causas e outras formas de ação. Quando uma comunidade é mais velha e tem experiência em relação às fraquezas das pessoas, quando acolhe marginais, pessoas frágeis em todos os sentidos, compreende a necessidade de uma autoridade pessoal, que inspire amor, confiança e apoio.

Muito depressa, na comunidade, há uma baixa do tônus de vida de todos: surgem fraquezas, egoísmos, cansaços. O papel do pai, ou do irmão mais velho, é justamente alimentar, encorajar, sustentar, perdoar, controlar, às vezes mesmo, chamar a atenção. Não se entra numa comunidade porque se é perfeito, objetivo, inteligente, mas porque se quer crescer para um amor e uma sabedoria mais verdadeiros. E para que haja esse crescimento humano, é preciso que alguém escute de maneira muito pessoal, que confirme, sustente, dê segurança, ajude as pessoas a recobrar a confiança em si mesmas, para retomar o caminho com mais audácia e mais confiança. Realmente, o responsável deve ajudar os membros a resolver as questões comunitárias pela via do discernimento comunitário, mas há sempre essas exceções da fraqueza humana, espiritual ou psicológica que precisam encontrar um coração humano, bom e cheio de compaixão, com quem se possam abrir com toda a confiança. Nós não abrimos o coração a um grupo, mas a uma pessoa.

Aristóteles fala de *epikie* como uma das virtudes próprias do chefe. É a que lhe permite mudar a lei. De fato, é impossível, para o legislador, prever todos os casos. O chefe tem, então, um tal sentido da justiça e do bem das pessoas que, diante da exceção, do imprevisto, age como o próprio legislador teria agido se estivesse diante desse caso excepcional.

Um grupo agirá sempre conforme a justiça e uma certa lei, pois, numa comunidade, não se pode tomar decisões a cada momento; seria a porta aberta para todas as comparações, os ciúmes, as reivindicações. Porém, ao mesmo tempo, se é preciso regra, é preciso, também, possibilidade de fazer exceções. A autoridade personalizada porá sempre o bem de uma pessoa acima do grupo e da lei; será uma autoridade de misericórdia e de bondade para com o fraco e o caso excepcional. Isto implica, é claro, que a autoridade seja uma verdadeira autoridade de amor e a serviço das pessoas.

* * *

Atualmente, há uma crise de autoridade; e certas doutrinas psicanalíticas vão no sentido da morte do pai e de toda autoridade. Mas ninguém pode aceitar uma lei se ela não for precedida pela confiança na pessoa que a encarna. O delinqüente é, precisamente, aquele que está revoltado com a lei, porque não fez a transição da ternura da mãe para a confiança no pai. É por isso que a autoridade lhe é insuportável. Só se pode aceitar uma lei se alguém a encarnar, alguém que seja capaz de perdoar, de fazer exceções à lei e, sobretudo, de ser compreensivo e misericordioso.

* * *

O padre Léon de "La Poudrière", de Bruxelas, dizia-me que, quando uma comunidade não tem responsáveis, a agressividade dos membros volta-se contra o mais fraco.

Numa comunidade, há sempre alguma coisa que vai mal e é importante que o responsável saiba que tem por função receber e canalizar essa agressividade.

* * *

DIFERENTES ATITUDES EM RELAÇÃO À AUTORIDADE

Às vezes, na comunidade, ouço dizer que só se pode obedecer à autoridade se se tiver confiança, e subentendida, uma confiança total na pessoa que tem autoridade. Pergunto-me se isso não é uma atitude infantil. A criança obedece aos seus pais porque tem total confiança neles, mas no dia em que ela descobre que eles têm defeitos, não é razão para que tudo vá por água abaixo!

Numa comunidade, a autoridade não é todo-poderosa. Há sempre um controle, limites estabelecidos pela constituição. A responsabilidade do chefe deve ser bem delimitada. Além disso, é preciso que os membros da comunidade tenham um meio de poder expressar, dentro da legalidade, suas inquietações e suas censuras, talvez justificadas, em relação ao responsável. Senão, é a porta aberta para as queixas e a cizânia.

Querer obedecer só a uma autoridade em quem se tem uma confiança total é procurar um pai ou uma mãe ideal. Isso exclui toda autoridade eleita por um tempo determinado e toda verdadeira partilha de autoridade. Deve-se saber obedecer a uma pessoa que foi nomeada ou eleita segundo uma constituição, para servir como responsável, mesmo que não se tenha com ela profundos laços de afeição ou de amizade. Se esses laços existirem, tanto melhor. Todavia, não se pode esperar que todos os membros tenham esses laços de amizade com o responsável. Se é possível obedecer só quando houver tal confiança afetiva, a porta estará aberta a todas as anarquias; será, enfim, a morte da comunidade.

Não se trata de ter confiança total na autoridade, porém de ter confiança na constituição e nos irmãos e irmãs que elegeram essa pessoa. Confiança, igualmente, nas estruturas de controle e de diálogo, e confiança em Deus, que vela pela comunidade. Ele poderá até servir-se de alguém aparentemente incompetente e dar-lhe a graça para assumir seu cargo com competência e sem muitos erros. Sim, é preciso acreditar na graça de estado do responsável.

* * *

Visitei uma comunidade em que uma pessoa que tinha um papel muito importante me disse: "Não tenho confiança no diretor". Fiquei um pouco surpreso e chocado e lhe disse: "Mas por quê? Você acha que ele seria capaz de fugir com o dinheiro que está no banco?". Ela respondeu um pouco tímida: "Não". Então, eu lhe disse: "Você acha que ele poderia abusar sexualmente de um deficiente?". Ela respondeu ainda mais tímida: "Não". "Então, diga-me em que sentido exatamente você não confia nele?".

Parece muito fácil dizer; "eu não confio em tal pessoa", porém isso não é justo. A confiança é sempre relativa e está ligada a certos aspectos de uma pessoa ou de seu papel.

* * *

A falta de obediência pode prejudicar uma comunidade, porque obediência é confiança. Entretanto, a obediência não é uma atitude servil e exterior. É uma adesão interior à autoridade legítima, às estruturas de decisão e à consciência comum da comunidade; é procurar a visão comum, aderir aos princípios de vida e de ação da comunidade.

A pessoa é fonte de divisão e de cizânia quando se recusa, interiormente, a aderir a essa consciência comum; quando pensa ser a única a possuir a verdade; quando se faz de contestadora ou de salvadora; quando recusa as estruturas legais; quando, finalmente, quer provar que tem razão.

Claro que os responsáveis podem enganar-se. Podem recusar-se a tomar decisões e a agir no tempo desejado, o que é um verdadeiro perigo para as pessoas e a comunidade. Podem querer defender seus privilégios ou a maneira de fazer as coisas e não mais estar a serviço do bem-comum. Os membros, individualmente, devem conversar com o responsável de maneira amigável. Muita gente em comunidade critica o responsável pelas contas, às vezes por medo de falar-lhe diretamente, com sinceridade e amor.

Muitos problemas podem surgir quando um responsável não tem sabedoria ou visão suficientes, ou, então, em virtude de seus limites, seus preconceitos ou insegurança, comete erros graves e prejudica pessoas da comunidade. Os erros da direção podem ter conseqüências terríveis. Podem minar as energias, destruir o espírito da comunidade e provocar uma espécie de depressão no grupo.

Diante de reconhecida incompetência e de graves limitações da parte do responsável, o perigo para os membros de uma comunidade — pelo menos para os mais atentos — é de sentirem-se frustrados e revoltados, criando uma rede de resistência e crítica; ou ,então, de submeterem-se passivamente, observando a comunidade caminhar para a desintegração.

Evidentemente, algumas pessoas podem supor, de modo injusto, que o responsável é incompetente, tem preconceitos ou toma decisões equivocadas. Ele não é, necessariamente, um mau responsável só porque não faz aquilo que um ou outro não quer. Mas se sua incompetência e falta de abertura e visão forem evidentes objetivamente, e isso for confirmado por membros lúcidos e experientes, podem ocorrer muito sofrimento e angústia. Que fazer?

A primeira atitude, a fundamental, é a paciência e a prece. Os membros devem ser chamados a ficar atentos e prontos para ajudar o responsável a tomar decisões justas, seja pelo contato pessoal, seja através das estruturas apropriadas. Dessa forma, aprenderão a esperar a ter confiança em Deus. Se for necessário, logicamente, devem ser avisados uma autoridade exterior e os acompanhadores da comunidade que possam exercer influência sobre o responsável, a fim de corrigir a situação. Mas eles não poderão fazer de uma pessoa que não possui as qualidades necessárias para governar um responsável pleno de amor, bondade e sabedoria. Uma vez que se fez o possível para ajudar um responsável, sempre há a possibilidade de o conselho administrativo ou autoridade exterior pedir-lhe para abandonar o cargo. Porém, esse seria um caso excepcional. É melhor deixá-lo terminar seu mandato, dando-lhe ajuda complementar.

Conheço muitas comunidades que passam por esse sofrimento, não pela presença de um responsável incapaz de cumprir bem suas funções, mas pela falta de alguém que possa assumir com sabedoria essa responsabilidade. Em virtude disso, os jovens vão embora, outros ficam magoados, e o espírito de amor é ferido, ou não cresce.

É muito duro ver uma comunidade desintegrar-se. No entanto, se a desintegração for aceita, encaminhada pela prece e oferecida ao Pai em sacrifício, ela pode vir a ser fonte de vida. Na hora certa, Deus pode fazer a comunidade renascer, chamando pessoas novas para ela.

É sempre bom lembrar que a comunidade não é um fim em si mesma, que cada pessoa é importante, que todos podem crescer na santidade e na comunhão com Deus, no seio de uma comunidade ferida, moribunda e através de perseguições de todo tipo.

* * *

Todos nós esperamos encontrar responsáveis, solidários e sábios, e nos decepcionamos quando descobrimos seus defeitos e limites. Podemos nos fechar a eles se isso acontecer. Um dos maiores sofrimentos de uma criança é descobrir que seus pais não são perfeitos, que têm muitos defeitos e até são rudes. Mesmo assim, deve obedecer-lhes. Nesse momento é que a criança pode fechar-se para a autoridade, produzindo feridas no seu coração, dizendo "sim" por fora, mas guardando raiva e revolta em seu íntimo.

O mesmo pode acontecer com os membros de uma comunidade quando descobrem defeitos em seu responsável. Certos sofrimentos e raivas de sua infância vêm à tona. Porém, mesmo assim, devem aprender a continuar em comunhão com o responsável, mesmo que seus defeitos sejam reais. Os membros são chamados a apoiá-lo, a rezar por ele e a ajudá-lo a crescer. Os responsáveis têm suas feridas e seus limites como qualquer um. É preciso amá-los como irmãos e irmãs. Os membros que sentem dificuldade com a autoridade e com os limites de seu responsável têm necessidade de ser bem acompanhados para não se tornarem fechados.

* * *

Nós vos pedimos, irmãos, tende consideração por aqueles que trabalham no meio de vós, que estão a vossa frente, no Senhor, e que vos repreendem. Estimai-os com caridade extrema, em razão de seu trabalho.

Estai em paz entre vós. Nós vos pedimos, irmãos, repreendei os preguiçosos, encorajai os temerosos, sustentai os fracos, tende paciência com todos. Vigiai para que ninguém pague o mal com o mal, mas procurai sempre o bem, quer entre vós, quer para com todos. Sede sempre alegres. Rezai sem cessar. Em qualquer circunstância, dai graças a Deus. É esta a vontade de Deus para vós, no Cristo Jesus.

Não apagueis o Espírito, não desprezeis os dons de profecia, mas verificai tudo: o que é bom, conservai-o. Guardai-vos de toda a espécie de mal (1Ts 5,12-22).

* * *

Numa comunidade, a autoridade é, muitas vezes, um alvo. Quando alguém está descontente consigo mesmo, ou com a comunidade, precisa censurar alguém! Muitas vezes, espera-se demais do responsável; gostaríamos que ele fosse ideal; que soubesse tudo, que resolvesse todos os problemas; que tivesse todos os dons de chefe e de animador. Quando percebemos que ele não tem tudo isso, nós nos sentimos inseguros e o rejeitamos.

Muitas vezes, os membros são por demais dependentes do responsável e procuram sempre e em toda parte a sua aprovação. Têm comportamentos de servilismo. Depois, descontentes com sua atitude, criticam o responsável pelas costas. O chefe atrai, freqüentemente, ou o servilismo, ou a agressividade.

O relacionamento com a autoridade é, muitas vezes, marcado pelo relacionamento que os membros tiveram, quando crianças, com os próprios pais. Quando esse relacionamento foi difícil, quando os pais foram pouco respeitadores da liberdade dos filhos, não escutando os desejos deles, mas impondo os seus, o coração dos filhos fica cheio de cólera e de tristeza mais ou menos marcadas; eles ficam desconfiados de toda autoridade. O relacionamento com os responsáveis vai ser afetado com todas essas emoções e bloqueios profundos. Logo que o chefe intervém, a pessoa se rebela, rejeita-o, recusa qualquer controle. Quer que ele aprove e abençoe tudo, mas logo que ele parece desaprovar qualquer coisa, ou que ele questiona, a pessoa se fecha. Tem, muitas vezes, dificuldade em ver a autoridade como uma pessoa que não pode fazer tudo, que tem lacunas e também, igualmente, um dom a exercer e que, a cada dia, também deve crescer melhor no seu dom. Muitas vezes, a pessoa não admite que a autoridade possa ter fraquezas. Não é simples com ela e tem dificuldade em dialogar de verdade. Os diálogos têm todos os tons de medo ou de atitudes infantis.

Outras vezes, coloca o chefe num pedestal, idealiza-o, depois o ataca, como se quisesse que o alvo ficasse mais fácil. Mas evita, cuidadosamente, feri-lo no coração; a pessoa se contenta em feri-lo na perna. Se o matasse, seria uma catástrofe, pois um outro seria obrigado a assumir o seu cargo, e isso ela não quer.

* * *

A etapa mais difícil para uma criança ultrapassar, no seu crescimento humano, é, talvez, essa passagem de dependência dos pais e de uma agressividade contra eles para uma amizade e um diálogo com eles, que seja um reconhecimento da graça e do dom que existem neles. Uma pessoa torna-se verdadeiramente madura quando adquire a liberdade interior e uma real capacidade de julgar; e também quando aceita plenamente o dom dos outros e quando aceita ser tocada pela luz que está neles. É a passagem da dependência para a interdependência. Aquele que exerce a autoridade deve desempenhar um papel importante para ajudar as pessoas a fazer essa passagem. E tal passagem exige que as pessoas passem por crises e por angústias antes de emergir, pouco a pouco, para uma nova liberação interior.

* * *

Saber dialogar com a autoridade e obedecer-lhe são qualidades importantes na vida comunitária. É sinal de maturidade.

* * *

SINAL DO PERDÃO

O perdão está no coração de uma comunidade cristã. O chefe deve ser o sinal e o modelo desse perdão. Deve saber perdoar sete vezes setenta vezes todas essas agressividades e antipatias de que é alvo, e isso nem sempre é fácil. Deve aprender, todos os dias, como ir ao encontro das pessoas como pessoas e deixar que elas o encontrem como pessoa, sabendo que, para cada um, é preciso um longo caminho para encontrar o relacionamento verdadeiro com a autoridade. Por meio desse perdão — e nesse perdão —, o chefe assume e ultrapassa seus próprios medos e seus sistemas de defesa que o incitam a ser, ele também, agressivo, ou a fugir dos outros. Perdoar é ser sempre aberto, compreensivo e paciente com aqueles que o agridem.

Stephen Verney[4] resume muito bem essa verdade: diante da hostilidade ou do servilismo,

> o chefe pode agir de vários modos. Pode orientar a atitude do grupo para os objetivos essenciais e desarmar, assim, a agressividade contra si. Pode ter relação pessoal e calorosa, com cada pessoa, ao mesmo tempo que mantém seu comando sobre todo o grupo. Essas duas táticas podem ser benéficas e fazer crescer a saúde do grupo. Mas se ele quiser que o grupo atinja a vida de uma "nova era", então, ligada a essas formas de autoridade, deve exercer uma terceira: estar um passo à frente do grupo nesse processo de perdão, que constitui o essencial de sua vida. Deve ser mais consciente da mistura de bem e de mal que há em si próprio e no grupo, e deve passar através dessa experiência de morte e ressurreição, por meio da qual podem ser separados e transformados. E isso ele tem de fazer não só uma vez, mas durante todo o tempo. Como Jesus disse hiperbolicamente, mas de um modo tão realista: deve tomar a sua cruz todos os dias.

* * *

---

[4] *Into the new age*. p. 121.

O perdão torna-se particularmente necessário quando um ou vários membros estão constantemente fazendo oposição e contestando a autoridade e a competência do responsável. Isso pode ser muito doloroso para ele, que sentirá tudo como uma ameaça terrível. Ele deve aprender a não evitar essas pessoas, mas a dialogar com elas, sempre acolhê-las e perdoá-las. Deve, também, perceber no que suas atitudes poderiam ter magoado tais pessoas, para poder mudar e abrir-se mais. Para tudo isso, é preciso uma graça especial de Deus.

Na mesma linha de pensamento, o chefe deve ser muito paciente com os lentos e os medíocres de sua comunidade. Por seu estado de graça, ele tem, talvez, uma visão mais compreensiva; ele capta, talvez melhor e mais rapidamente que seus irmãos e irmãs, as necessidades deles, o sentido de sua evolução, o chamado de Deus para eles e a urgência de ser mais verdadeiro e mais fiel. É normal que seus irmãos e irmãs sejam mais lentos. O chefe não deve sacudi-los, impor sua visão depressa demais e, menos ainda, culpá-los. Por sua ternura, sua doçura, pela aceitação de cada um, por sua paciência e, sobretudo, sua humildade, deve gerar um espírito de confiança, para que seus irmãos e irmãs, por sua vez e a seu tempo, evoluam não para a sua própria visão, mas para a visão de Deus sobre a comunidade, e exercitem, sempre, a escuta, o perdão e o respeito pelo ritmo de cada um. Gosto muito da resposta de Jacó a Esaú: (Gn 33) quando este o convida a partir na frente:

> Meu Senhor sabe que as crianças são delicadas e que tenho de pensar nas ovelhas e vacas leiteiras; se as forçar um só dia, todo o rebanho vai morrer. Que meu senhor parta, pois, diante de seu servo; quanto a mim, caminharei calmamente ao passo do rebanho que tenho diante de mim e ao passo das crianças.

DEIXAR A COMUNIDADE EVOLUIR

Um dos papéis do responsáveis por uma comunidade é compreender e carregar o conjunto. Claro que ele não o fará sozinho, mas com todos os outros que têm responsabilidades. Escreve, ainda, Stephen Verney:

Carregando o grupo deste modo, oferece-se um espaço que dá segurança (espaço para se movimentar, tempo para acolher novas realidades, possibilidades de mudança), no qual se pode experimentar, sem perigo, novas formas de enfrentar o mundo. E isso corresponde ao modo como a mãe carrega o feto e, mais tarde, o filho; e como o pai carrega a mãe e o filho e, depois, a família.[5]

Um chefe inseguro e medroso, preocupado com sua autoridade, não permitirá que sua comunidade evolua. Irá enrijecê-la num modelo estático. O chefe deve ser muito livre interiormente e ter bastante confiança no grupo e em si próprio para permitir que as pessoas tomem iniciativas. Para isso, não deve deixar-se afogar pelo cotidiano; pelo contrário, deve manter a distância necessária para ter os olhos e o coração fixos no essencial da comunidade. Assim, permitirá ao grupo avançar por caminhos novos e o encorajará.

Do mesmo modo, dará às pessoas, individualmente, o espaço que lhes permitirá movimentar-se e realizar novas inspirações. O chefe não é, simplesmente, o guardião da lei, ainda que isso seja um aspecto de sua função; ele existe para garantir a liberdade e o crescimento das pessoas, segundo as inspirações de Deus. Há inspirações autênticas, vindas de outros membros, que servem para a construção da comunidade e que estão de acordo com seus objetivos fundamentais, ainda que a comunidade não possa, imediatamente, reconhecê-las como tais. Muitas vezes, essas inspirações podem incomodar a comunidade e até o responsável, porque são questões proféticas. Mas essas questões, essa volta ao essencial, são necessárias. O responsável deve reconhecer sua autenticidade e também ajudar a comunidade a reconhecê-la.

* * *

A oração de Salomão deveria ser a oração de todos os responsáveis: "Dá, pois, a teu servo um coração cheio de prudência, para governar teu povo, para discernir entre o bem e o mal" (1Rs 3,9).

---

[5] Idem, ibidem.

CAPÍTULO

7

Outros dons

O GUIA ESPIRITUAL

No começo da vida humana, a criança recebe tudo de seus pais. Eles lhe fornecem todos os bens materiais: alimentação, higiene, limpeza, mas, sobretudo, lhe dão segurança; e pelo amor e pelo dom de si mesmos alimentam e despertam o coração dela. Depois, quando a criança cresce, "dão-lhe" a fala e presidem ao despertar de sua inteligência. Transmitem-lhe uma tradição religiosa e moral: são eles, também, que respondem às primeiras perguntas de seu filho, a todos os seus "porquês".

Pouco a pouco, porém, a criança descobre que seus pais não lhe bastam mais. Seu papel torna-se específico. É um outro que deve alimentar sua inteligência — o professor; é um outro que deve ajudá-la a crescer na oração e no conhecimento de Deus — o padre ou a religiosa. É assim que, pouco a pouco, crescendo, à medida que despertam as diferentes partes do seu ser, a criança descobre referências e formas de autoridades múltiplas. De um modo específico, o pai e a mãe ensinam-lhe a viver na comunidade familiar com os irmãos e irmãs, comunicam-lhe uma tradição, um modo de viver, e o que é preciso fazer. Um guia espiritual — muitas vezes o padre — forma sua consciência profunda e o segredo de sua pessoa, onde estão as sementes do Eterno. Essa parte secreta pode ser um jardim fechado para os pais, que não têm, necessariamente, o direito de nele penetrar. Se o filho quiser divulgar seu segredo, os pais devem acolhê-lo com todo o respeito. O mestre da inteligência que encontra na escola é ainda outro. Forma não o segredo da pessoa, nem sua vida de relacionamento, comunitária, familiar e tradicional, mas ajuda a pessoa a descobrir a inteligibilidade do universo e da história humana, a ficar em condições, em todos os sentidos, de ocupar seu lugar na sociedade.

* * *

Do mesmo modo, no início de uma comunidade há um pai ou uma mãe que assume todas as funções. Pode ser, ao mesmo tempo, o responsável pela comunidade, a autoridade, o pai ou a mãe espiritual, o pastor, o mestre intelectual. Pouco a pouco, porém, essas funções devem ficar distintas. Ele deve ajudar os membros a descobrir o guia espiritual que possa ajudá-los com o segredo de seu coração, na sua união com Deus, e também deverá dar espaço ao mestre intelectual, que os ajudará na sua formação.

* * *

À medida que as pessoas crescem espiritualmente, sua relação com o guia espiritual evolui. No começo, ele é como um pai ou uma mãe, que, de certa forma, dá à luz a vida interior da pessoa e sua união com Deus. Os jovens que tiveram alguma experiência com Deus e respondem a um chamado interior para crescer no amor necessitam de um guia que os direcione, pois ainda são inexperientes e não sabem distinguir o sonho da realidade. Para dar os primeiros passos para o crescimento interior, precisam de alguém firme e que os ame, alguém a quem possam obedecer. Se não aceitam nem a obediência, nem um guia, vão perder-se, dispensando-se nessa experiência. Não crescerão no conhecimento e no amor de Deus, nem na prece.

Quanto mais a pessoa cresce e amadurece espiritualmente, e encontra seu centro, mais o guia espiritual torna-se um conselheiro, uma testemunha de seu crescimento, e um companheiro espiritual.

* * *

Em todas as épocas, os santos foram considerados professores que nos ensinam os caminhos de Deus. As pessoas visitavam os ermitãos, os padres do deserto, os monges, para levar-lhes seus sofrimentos, pedir-lhes salvação e prece, buscar conselhos e orientação. Esses santos eram considerados mensageiros de Deus. Na Alta Idade Média, o aconselhamento espiritual estava ligado à confissão. O penitente falava de sua vida com o padre-monge, que o encorajava, aconselhava, lhe dizia palavras sábias e, depois, em nome do Pai, do Filho e do Espírito Santo, lhe perdoava os pecados, se fossem pequenos. Hoje em dia, há uma tendência a separar esses papéis, do orientador espiritual e do confessor. Há várias razões para isso, entre outras a falta de padres disponíveis para acompanhamento espiritual. Também porque começamos a reconhecer que muitos leigos têm esse dom de guia e acompanhante espiritual.

No entanto, creio ser de grande ajuda ter um guia espiritual que também seja padre e confessor. Toda partilha se torna sagrada pelo sacramento, do contrário o padre é apenas um instrumento do perdão de Jesus.

* * *

Jesus foi atacado porque ousou dizer: "Teus pecados estão perdoados". Os fariseus e os escribas diziam que ele estava blasfemando, e foi por isso que o crucificaram.

Após sua ressurreição, disse aos apóstolos: "Recebei o Espírito Santo. Aqueles cujos pecados vocês perdoarem, serão perdoados. Aqueles cujos pecados vocês não perdoarem, não serão perdoados". O padre pode ajudar os membros a descobrir esse perdão de Deus e, a partir daí, encontrar uma esperança renovada. Essa é uma boa razão para que o padre não se misture ao poder temporal.

* * *

Teresa de Ávila insiste no fato de que os guias espirituais devem ser bons teólogos. Principalmente nos casos de pessoas cujo caminho espiritual é difícil e complexo. O guia espiritual não deve ser apenas santo, ou seja, querer dedicar toda a sua vida à luz do Espírito Santo e crescer nela, mas também deve ser sábio e ter um certo conhecimento do mundo espiritual, da Palavra de Deus, do ensinamento dos santos e mestres espirituais. Deve, também, conhecer bastante as questões da humanidade.

* * *

Quando alguém é chamado, interiormente, a mudar de vida, a seguir Jesus por algum caminho espiritual ou em alguma comunidade, é importante falar sobre isso com algum guia espiritual. Uma vez que o guia tenha conhecido a pessoa e haja confiança entre ambos, ele poderá aconselhá-la a respeito da maneira de responder a esse apelo, poderá confirmá-lo e assegurar-lhe que não é uma ilusão, encorajando-a a seguir adiante.

Na Arca, descobrimos o quanto é importante para os assistentes ter um guia espiritual que os ajude em seus conflitos espirituais, e em sua luta para amar e seguir Jesus; que os ajude a aprofundar--se nos valores do Evangelho e da comunidade, tão diferentes dos valores do mundo; que os apóie nos momentos de angústia e de dúvida, quando devem tomar uma decisão difícil, ou fazer uma escolha delicada num momento de mudança em suas vidas.

Esse guia espiritual ajuda-os a conhecerem-se e a compreenderem como Jesus age neles e através deles. Torna-se, para eles, uma referência segura; recebe-os em suas preces, cuida deles dia e noite, no verão e no inverno, nos momentos de trevas e de lucidez. Para os assistentes, é importante ter alguém que conheça os segredos do seu coração, que os estimule no crescimento e na fidelidade, que lhes lembre do primeiro chamado e, durante os anos, esteja sempre próximo.

* * *

Um dos enganos em que uma comunidade pode incorrer é considerar o responsável como o profeta e o guia espiritual, transformando-o num pastor todo-poderoso. Isso pode ser perigoso, da mesma forma que considerar o responsável como um psicanalista e todos os membros como seus pacientes.

Um responsável que também é um chefe espiritual está arriscando sua liberdade interior. Corre o risco de manipular as pessoas, com seu poder espiritual, para o bom funcionamento da comunidade. Não procura mais, então, ajudar as pessoas a serem fiéis a Deus, a fim de crescer em liberdade interior, mas parte do princípio de que elas devem agir para a comunidade. Isso é perigoso e uma porta aberta para muitos abusos.

Do mesmo modo, as pessoas podem criar armadilhas para um responsável. Podem fazer-lhe toda espécie de confidências que o liga a elas, tornando muito difícil o exercício efetivo da sua autoridade. Podem até fazer o responsável acreditar que só ele pode compreendê-las e ajudá-las. Nesse momento, ele caiu na armadilha através de uma espécie de chantagem emocional. É por isso que, em certos casos, o responsável não deve ter medo de dizer a um membro da comunidade que ele não o pode ajudar nas coisas íntimas do coração, nem em seus problemas psicológicos. Ele está lá para ajudá-lo a encontrar seu lugar na comunidade, para exercer bem sua função e para encontrar o guia espiritual de que precisa. Incomoda-me encontrar responsáveis por comunidades que são padres ou psicoterapeutas. Não deve haver confusões entre esses três domínios de responsabilidades.

Existe o papel do responsável, que é o de ajudar as pessoas a encontrar seu lugar na comunidade; o papel do guia espiritual e do padre, que é o de acompanhar as pessoas nos segredos mais íntimos de suas consciências; e existe o papel do terapeuta ou do médico, que é o de conduzir as pessoas à cura. Se essas três funções estiverem separadas, e se as pessoas que as exercem trabalharem em harmonia, cada uma com seu próprio carisma, todos crescerão para uma maior liberdade interior.

* * *

Também pode ser problemático se o guia espiritual enxergar os defeitos de uma comunidade e de seu responsável e começar a criticá-los na frente das pessoas que ele orienta. Ele deve ser independente da comunidade, mas é chamado a ajudar as pessoas a aceitar a comunidade que lhe foi dada e a crescer nas situações difíceis. Deve falar com prudência a respeito da comunidade e de seu responsável.

* * *

Às vezes, fico um pouco inquieto quando vejo comunidades que nascem sob a direção ou responsabilidade de um pastor muito forte, ou de uma equipe de pastores solidamente unidos. Como essas comunidades são desprovidas de tradições, de uma constituição, de história e de qualquer controle por parte de uma autoridade eclesiástica, de uma autoridade legal ou de um conselho administrativo, não há nenhum freio para impedir que esses pastores se comprazam no seu papel, que tomem gosto por ele, que se considerem indispensáveis e que se tornem, inconscientemente, dominadores. Há, também, o risco de misturar o poder comunitário e o poder espiritual. Seria conveniente e útil que esses pastores deixassem para outros guias a direção espiritual das pessoas.

* * *

Um pastor nunca deveria tornar-se "onipotente". Deve-se evitar, a todo custo, colocá-lo num pedestal de santidade, de profetismo ou de poder. O maior perigo para um pastor ou um chefe é acreditar que tem sempre razão, que Deus está com ele em todas as suas decisões. Não: todo ser humano é falível.

Às vezes, pessoas fracas, para sentir-se seguras, têm tendência de divinizar seu pastor. É errado e doentio. É sua insegurança que as leva a querer fazer de seu pastor esse santo que dá segurança e que as instrui em tudo.

Todo ser humano é uma mistura de bem e de mal, de luz e de trevas. O guia espiritual deve ser humilde, conhecer seus limites e não meter-se onde não foi chamado. Deve exercer seu dom respeitando o dom e o carisma dos outros. Também deve saber ir embora. Carrega o segredo íntimo da pessoa, esse lugar em que ela está unida a Deus, mas deixa a outros o cuidado de ajudá-la a encontrar seu lugar na comunidade.

* * *

É preciso desconfiar de pessoas que se autodenominam pastores ou conselheiros espirituais sem ter recebido a missão ou a autoridade. Geralmente, essas pessoas pretendem deter um poder espiritual sem limites.

É impressionante a dificuldade que as pessoas encontram, hoje, para o discernimento. Antigamente, fazíamos nosso julgamento segundo a lei e a objetividade. Era preciso apenas obedecer. Atualmente, o discernimento se apóia cada vez mais em fatores subjetivos. Escuta-se a emoção: se algo nos incomoda no íntimo, é porque não estamos seguindo a verdadeira vontade de Deus. Passamos da objetividade total e das leis para a subjetividade absoluta. Parece que esquecemos que há uma enorme diferença entre a paz, dom de Deus, acima da compreensão intelectual, e a paz psicológica. Se vivemos de sonhos e ilusões ou se temos um bloqueio, e surge alguém para colocar-nos diante da realidade, enfrentando essas questões, ficamos confusos e nervosos. Para atingir a realidade, às vezes é necessário perder a paz psicológica. A paz verdadeiramente divina provém, freqüentemente, do sofrimento, da humilhação e de conflitos psicológicos suportáveis. Surge como um dom de Deus que vem de nosso íntimo e de nossas feridas. Fundamenta-se na presença de Deus e no desejo de servir nossos irmãos e irmãs. Ajuda a carregar nossa cruz.

Muitas pessoas que procuram seu chamado, sua vocação, ficam tão obcecadas por essa busca que não ouvem mais o grito de sofrimento e o chamado dos pobres. Às vezes, descobrimos nosso próprio chamado ouvindo o chamado alheio.

* * *

Tenho a impressão de que, atualmente, há, em muitos, uma luta entre o desejo da independência e a aceitação de uma interdependência. Na psicologia moderna, certas correntes parecem querer dizer que é preciso que nos libertemos do pai, como se cada um de nós pudesse tornar-se totalmente independente em seu pensamento, em seu julgamento e em sua vida afetiva. Mas muitas vezes, ao nos crermos livres do pensamento do pai, somos influenciados, portanto dependentes das correntes de pensamento do ambiente. Não é evidente saber quando e como ser livre. O importante não é ser livre por ser livre, mas ser livre para servir e amar mais.

* * *

Hoje, cada vez mais há necessidade de guias espirituais, pastores que ajudem as pessoas a ultrapassar uma paz psicológica, a procurar a própria identidade ou liberdade para escutar o apelo de Deus e o grito daqueles que sofrem, para entrar em aliança com eles.

* * *

O guia espiritual deve saber do que o coração humano é capaz, mas deve também, sobretudo, conhecer os caminhos de Deus, saber como o Espírito Santo conduz as pessoas e como é o mestre do Amor. A psicologia é útil com a condição de ser ultrapassada. O psicólogo procura desbloquear as pessoas, libertá-las psicologicamente. O ser humano de Deus ajuda a pessoa a viver com seus bloqueios e suas dificuldades psicológicas, a crescer na vontade do Pai e no amor de Jesus e de seus irmãos e irmãs, na fidelidade e na humildade, com a certeza de que esse é um dos melhores modos de fazer desaparecer as dificuldades. Ajuda a pessoa a permanecer na luz de Deus.

* * *

O guia espiritual é aquele que nos ajuda a descobrir o sentido das nossas provações e que, sobretudo, nos ajuda a utilizá-las. Quando se passa pelas decepções da vida comunitária, quando uma pessoa se sente marginalizada e posta de lado, ele nos lembra: "Não te inquietes, é um momento de provação. É uma morte, mas não sabes que é preciso morrer com o Cristo para ressuscitar com ele? Espera a aurora; sê paciente. Lembra-te da aliança". É pena não nos aproveitarmos de nossos sofrimentos e de nossos fracassos para crescer espiritualmente. Paramos tão depressa nas nossas frustrações, nas nossas cóleras ou nas nossas depressões!

* * *

O conselheiro espiritual não precisa sempre dar conselhos. Cada pessoa tem em si a luz da verdade. Se ficarmos tranqüilos, se estivermos maduros o suficiente, descobriremos em nós a resposta. Mas sempre precisaremos de uma pessoa que faça as boas perguntas.

* * *

O PAPEL ESPECÍFICO DO PADRE OU DO MINISTRO ORDENADO

Já discorremos sobre o papel do padre como guia espiritual, mas essa não é sua função específica. O guia espiritual pode ser leigo. O padre é, essencialmente, responsável pela vida sacramental dos membros da comunidade, em particular pela transformação do pão e do vinho em corpo e sangue de Cristo. O padre está ligado à eucaristia.

Nossas comunidades da Arca sempre precisam de padres ou ministros ordenados que nos ofereçam o alimento da eucaristia e o perdão. Precisamos deles enquanto comunidade e enquanto pessoas. Precisamos colocar os segredos de nosso coração no coração de Deus, por intermédio do padre. Ele deve ser um homem de prece, transparente, doce e firme ao mesmo tempo, e, às vezes, enérgico na luta contra os poderes das trevas e do mal. Através de sua palavra, deve lembrar-nos, constantemente, do quanto o corpo de Cristo nos lembra, na eucaristia, do corpo de Cristo nos corpos feridos dos pobres.

Se uma comunidade é centrada na eucaristia, que é sacrifício e união, certamente o padre terá um papel importante na comunidade. Porém esse papel não será relativo ao governo ou às estruturas: será uma oferta de si mesmo pela prece e pelo sacrifício, pela comunidade. Sua função será alimentar com o corpo de Cristo. É o corpo de Jesus, recebido com amor, que santifica e unifica cada membro, e os une todos no mesmo e único corpo da comunidade e da Igreja. O padre não é mais santo que os outros. Ele é o ministro e o servo que o Senhor Jesus escolheu para si. A pessoa mais santa e que tem mais amor é aquela que recebe o corpo de Cristo com maior anseio e amor. Pode ser uma pessoa muito frágil e ferida.

* * *

Entretanto, o papel do padre não se limita a presidir a eucaristia e a guiar as pessoas individualmente. Ele também tem uma responsabilidade em relação à comunidade como um todo, sobretudo se for um de seus membros ou se recebeu ordem de ajudar a comunidade em seu crescimento.

Estamos tocando, aqui, em uma questão muito delicada, entre o poder espiritual e o poder temporal. O ser humano tem sede de poder, e os padres não são exceção. Não é difícil que um padre se sinta mal numa função puramente espiritual e utilize seu poder espiritual para conseguir poder sobre as pessoas e privilégios que lhe permitam fazer o que quiser sem ter de prestar contas de seus atos a ninguém — apenas a seu bispo, que, muitas vezes, está distante.

Seja numa sociedade, seja numa comunidade, os responsáveis podem sentir-se ameaçados pelos padres ou ministros ordenados. Por isso, podem tentar limitá-los à espiritualidade, afastá-los dos problemas temporais e calá-los assim que fazem denúncias de injustiças ou incitam a comunidade a buscar o essencial e sair da mediocridade.

A experiência de nossas comunidades da Arca me mostrou que a comunidade cresce na luz e no amor, quando o responsável e o padre trabalham verdadeiramente juntos, em comunhão, um ajudando o outro a encontrar seu lugar e se esforçando para que suas funções sejam reconhecidas. Mas não estou certo de que seja possível delimitar, claramente, o domínio da responsabilidade de cada um na comunidade. Depende muito do dom e do temperamento de cada um. Claro que o padre tem sua parte de responsabilidade nas questões de formação e crescimento das pessoas no amor e na sabedoria. Ele é chamado a defendê-las contra os abusos da comunidade, a estar em comunhão, no seu sacerdócio e por ele, com outras pessoas que não pertencem à comunidade, com a igreja da diocese, e por meio dela, com a Igreja universal. Um padre nunca é ordenado somente para as pessoas da comunidade, mas para a Igreja universal.

* * *

Para que o padre possa exercer, livremente, seu papel na comunidade, é preciso que a ordem que recebeu para isso venha de fora, e não do diretor ou do conselho comunitário. Se possível, do bispo. Isso lhe dará maior respaldo para exercer, livremente, seu serviço de amor, alimentando, confirmando, ajudando os membros da comunidade, mas também os questionando e fazendo-os sair de seu comodismo. O padre existe não para assumir todo o poder espiritual, mas para ajudar as pessoas a assumir sua parte na realidade de sua missão. Está presente como um olho exterior da Igreja e de sua autoridade espiritual, integrando o corpo da comunidade; para lembrar o Evangelho, quando a comunidade está sujeita a fechar-se na insegurança, no medo e na frieza.

Muitas vezes, o diretor e o conselho comunitário não gostam de ser incomodados ou questionados. Não gostam, também, de permitir que outros tenham autoridade. Porém, isso é necessário para o bem-estar da comunidade, inclusive para seu renascimento em momentos de crise.

Quando o padre ou o ministro não tem nenhum outro poder além daqueles que o sacerdócio lhes confere, tem total liberdade para circular pela comunidade e estar presente na vida comunitária, sob todos os aspectos. Pode ser um padre para todos. Ninguém o estranha e nenhuma situação está excluída de seu campo de ação, que deve ser, sempre, o mesmo de Jesus. É livre para relacionar-se com todos, ir a qualquer lugar, e, por sua presença, lembrar, constantemente, o lugar do Evangelho e de Jesus na comunidade. Só estando sempre no meio de seu povo é que um padre conhece suas alegrias e suas penas, e encontra inúmeras ocasiões de fazer brilhar a luz de Deus em tudo o que concerne à vida dos membros da comunidade.

* * *

Na Arca, descobrimos o lugar especial que o padre ou o ministro ordenado ocupa no acompanhamento daqueles que estão próximos da "grande passagem" da morte e da comunidade, quanto ao sofrimento de separação que existe nesses casos. Eles conseguem lhes dar algo que outras pessoas não podem.

* * *

Acompanhamento comunitário e acompanhamento funcional

Na Arca, distinguimos três formas de acompanhamento. Acompanhar alguém é caminhar com ele como um companheiro e um amigo, para ajudá-lo a crescer na liberdade e no espírito de comunidade. A palavra acompanhamento vem do latim *cum pane*, comer o pão junto, o que traduz um laço de amizade, uma aliança.

O *acompanhamento espiritual* toca o que há de mais profundo em nós, nossa vida no Espírito e nossa união com Deus. O *acompanhamento funcional* é feito por um responsável que mostra a alguém o que deve fazer, é a pessoa a quem prestamos contas de nosso trabalho. Por exemplo: o diretor de uma comunidade acompanha os responsáveis pelas casas e pelo trabalho; o responsável pela casa acompanha o trabalho dos assistentes da casa etc. Esse modo de caminhar juntos não tem por objetivo apenas ajudar as pessoas a ser mais competentes, mas também a trabalhar com mais amor e em um determinado espírito.

O *acompanhamento comunitário* é feito por alguém que não participa da hierarquia do trabalho, da qual depende um assistente, alguém que é convidado pela comunidade para acompanhá-la. É chamado a entrar numa relação mais pessoal, a dividir, segundo o espírito e as tradições da comunidade, as necessidades, as dificuldades e o crescimento da pessoa na comunidade e no seu lugar de trabalho. Assim, os assistentes podem partilhar com seu acompanhante aquilo que vivencia, e ele pode ajudá-los a objetivar os problemas que surgem, a enxergar de que forma suas feridas e seus bloqueios são causas de conflitos e dificuldades. Pode, também, ajudá-los a aprofundar-se e crescer na verdade, no amor e na sabedoria da vida comunitária. Muitas pessoas têm muita necessidade de dividir seus sofrimentos e suas alegrias com alguém que possa suportá-los sem julgamento, mas com compreensão, compaixão e certa sabedoria.

* * *

Essas três formas de acompanhamento são vitais para a realização da passagem dos valores do mundo para os da comunidade, em particular os valores do Evangelho. As pessoas só poderão envolver-se profundamente numa comunidade de fé e numa aliança com o pobre se forem acompanhadas de modo muito transparente e inteligente.

Os aspectos essenciais dessas três formas de acompanhamento são: escuta, preocupação e amor verdadeiro pela pessoa, busca de solução para os problemas e competência para confirmar e questionar. Os assistentes precisam sentir que alguém os escuta, os ama, os ajuda a clarear suas expectativas em relação ao trabalho, à comunidade e à sua vida espiritual. Por fim, precisam ser questionados e confirmados em seu crescimento e em sua luta para fazer escolhas e esforços. E o fundamento de tudo isso é a confiança.

Acompanhamento psicológico

Em razão de graves conflitos com seus pais, ou em virtude da indiferença ou ausência destes na sua infância, muitas pessoas foram obrigadas a construir pesadas barreiras ao redor de seu coração. Desse modo, protegeram-se do sofrimento, da angústia, do isolamento, da culpa, dos conflitos e da raiva que poderiam tê-las feito sucumbir ou morrer se tivessem permanecido na superfície de suas consciências. A natureza humana é tal que, para poder viver, ou mesmo sobreviver, uma criança pode ocultar todos esses sofrimentos em zonas secretas e inconscientes de seu ser para poder esquecê-los. Mas esses sofrimentos ou trevas acumuladas num canto obscuro de seu ser, numa espécie de túmulo interior, continuam a governar, inconscientemente, muitas de suas atitudes e ações. Há, às vezes, nessas pessoas, muita raiva contida, um desejo muito profundo de que reparem nelas, de ser amadas como únicas, muito isolamento transformado em culpa e em falta de confiança em si, muita dúvida em relação à autoridade, para poder viver em harmonia com a comunidade.

Algumas delas, que carregam em si muito sofrimento, são capazes de entrar em uma comunidade: sua generosidade e sua necessidade profunda de pertencer a algo parecem poder encobrir esse mundo de sofrimento. Essas pessoas são capazes de trabalhar bem, de cumprir o regulamento e estabelecer relações harmoniosas com os outros.

Sua angústia sufocada pode tornar-se até um tipo de motor responsável por sua competência e inteligência. Mas quando essas pessoas são aceitas como membros permanentes, às vezes, depois de uma derrota pessoal, uma explosão horrível pode ocorrer. Toda a lama escondida naquele túmulo parece subir à consciência. Torna-se insuportável, para elas, viver em comunidade. Muitas vezes, criticam a comunidade em razão desse sofrimento interior e completamente pessoal. Para elas, foi a comunidade que errou.

Nessa hora, é necessário maior ajuda psicológica e terapêutica, ou apoio espiritual adaptado: alguém a quem possam confiar todo o seu sofrimento, mesmo aqueles que já tinham sido esquecidos, mas que estavam no fundo da memória. Desse modo, poderão libertar-se, aos poucos, dessas forças e sofrimentos interiores que as governam, ou pelo menos compreendê-los e aceitá-los melhor. A partir disso, começarão o caminho em direção à cura e à unidade interiores.

A finalidade deste livro não é estudar o valor e o risco dessas formas de acompanhamentos psicológico e espiritual especializados. Há muitos tipos de terapias e terapeutas hoje em dia. Basta dizer que é preciso muito discernimento para escolher a terapia e o terapeuta e que deve ser a própria pessoa quem deve solicitar esse tipo de acompanhamento. Sempre há o perigo de a comunidade querer que uma pessoa se trate e se cure por ela ser uma pedra no sapato de todos.

* * *

Cada pessoa tem um dom para partilhar

Uma comunidade é como uma orquestra que toca uma sinfonia. Cada instrumento sozinho é belo. Mas quando todos tocam juntos, cada um deixando o outro entrar no momento devido, tudo é ainda mais belo.

Uma comunidade é como um parque cheio de flores, de arbustos e de árvores. Um ajuda o outro a viver. Todos juntos, em harmonia, são testemunho da beleza de Deus, criador e jardineiro.

* * *

Numa vida comunitária, encontram-se temperamentos muito diferentes. Há pessoas organizadas, rápidas, com grande precisão, eficazes, mais do tipo rigorista e legalistas. E há pessoas disponíveis, maleáveis, que gostam muito dos contatos pessoais, menos eficazes e quase cômicas.

Há, também, as que são tímidas, depressivas, pessimistas, e as que são extrovertidas, otimistas, "um pouco exaltadas além da medida".

Para a riqueza da comunidade, Deus chama esses opostos para que vivam juntos. Se, no começo, não é muito fácil, pouco a pouco descobrimos a riqueza dessas pessoas tão diferentes e com tamanha diversidade de dons. Descobrimos que a diferença não é uma ameaça, mas um tesouro, e que "a variedade é sinal de vida; a fria igualdade é sinal de morte".[1]

* * *

Quando um membro da comunidade exerce um dom, é importante que outros rezem para que ele seja ainda mais aberto à inspiração, mais instrumento de Deus, e para que a comunidade acolha seu dom com amor e reconhecimento. É importante rezar pela autoridade e por aqueles que exercem o dom da palavra. Assim, participamos dos dons uns dos outros. Há uma ajuda mútua na construção da comunidade.

Na Arca, precisamos de pessoas competentes e com precisão no plano da pedagogia e no campo do trabalho. Precisamos de pessoas disponíveis que amem a vida comunitária e, sobretudo, que

---

[1] PALMER, Parker J. *A Place Called Community.*

desejem viver próximas dos deficientes, descobrindo o dom deles. Precisamos de pessoas determinadas no plano religioso e espiritual, que passem tempo com Deus na oração. Cada um traz aos outros um dom necessário para a edificação, para o bem-estar, para a irradiação e unidade da comunidade. É indispensável que cada um seja diferente do outro. Claro que é preciso que cada um cresça na unidade, para tornar-se mais competente, mais disponível na vida comunitária, mais próximo do pobre e mais piedoso. Mas, na comunidade, é preciso que alguns ponham, mais particularmente, todas as suas energias no exercício de determinado dom.

* * *

Amar alguém é reconhecer seu dom, ajudar a exercê-lo e a aprofundá-lo. Uma comunidade é bela quando cada um exerce seu dom plenamente.

"Carregai os fardos uns dos outros e assim cumprireis a lei de Cristo" (Gl 6,2).

> Para um cristão, o que constitui, em primeiro lugar, um fardo é a liberdade do próximo... Por liberdade do próximo entendemos tudo o que constitui sua natureza profunda, suas qualidades, seus talentos, incluindo suas fraquezas e coisas estranhas que põem à prova tanto nossa paciência como todos os atritos, os choques e oposições que surgem entre ele e nós. Carregar o fardo do próximo significa, pois, suportar sua realidade de criatura, aceitá-la e, assim, alegrar-se com isso... O ministério do perdão dos pecados é um serviço cotidiano. Realiza-se silenciosamente, na intercessão mútua; e o fiel que persevera nisso pode ter aquela confiança de que, por sua vez, seus irmãos rezam por ele no mesmo sentido. Aquele que carrega os outros sabe que os outros também o carregam, e é isso que lhe dá a força para também o fazer.[2]

* * *

---

[2] BONHOEFFER, Dietrich. *De la Vie Communautaire*. Foi Vivante, n. 83, pp. 102-104.

A ESCUTA

Um dom importante na comunidade é o da escuta. Para poder escutar, é preciso inspirar segurança. Uma pessoa só se abre quando tem certeza de que será respeitada. A "confidência" é um dos aspectos essenciais da escuta: saber respeitar as fraquezas, os sofrimentos do outro e não divulgá-los a ninguém.

* * *

O DISCERNIMENTO

Certas pessoas têm um verdadeiro dom de discernimento. Conseguem captar o essencial de uma conversa complicada ou de uma história confusa. Captam rapidamente a necessidade essencial e, ao mesmo tempo, se forem práticas, conseguem sugerir os primeiros passos que devem ser dados para pôr-se a caminho da cura. Às vezes, numa comunidade, há alguém que não tem uma função importante, mas que possui o dom da luz para a comunidade. É preciso saber escutá-lo.

* * *

A FIDELIDADE

Certo dia, encontrei-me com o abade de um mosteiro beneditino. Ele me falava de sua admiração pela fidelidade de seus monges. Mas, acrescentava ele, "precisam, ocasionalmente, ser reanimados e rejuvenescidos".

Atualmente, estão nascendo muitas comunidades novas que são, às vezes, barulhentas com seus cantos, sua juventude e sua excitação. Corre-se o risco de esquecer aquelas comunidades antigas que trabalham no campo, que vivem tranqüilamente de oração, de silêncio, de louvor, de trabalho manual e de perdão, e cuja tradição dura séculos. Os jovens que vivem em comunidade teriam muito a aprender com a sabedoria dessas comunidades antigas, que vivem na fidelidade, sem fazer muito alarde.

Muitas comunidades jovens morrerão com seu entusiasmo e com sua emotividade, enquanto outras mais silenciosas, mais serenas, continuarão a caminhar através de gerações.

Nós, jovens comunitários, devemos desconfiar de pensar que temos a única resposta e devemos pôr-nos no caminho desses homens e dessas mulheres de sabedoria, que têm a experiência das coisas humanas e divinas e que caminham com Jesus há longos anos. Eles têm o dom da fidelidade.

* * *

O ENCANTAMENTO

Os mais velhos de uma comunidade têm, às vezes, a tendência de esquecer o que há de mais belo nela. Estão presos demais ao trabalho, ou caíram na rotina. Perderam, um pouco, a graça de ser capazes de admirar-se. Precisam ser renovados pela escuta da admiração dos mais jovens que se sentem chamados a comprometer-se com a comunidade.

O maior escândalo é um ancião acusar um jovem de ingenuidade e condenar seu entusiasmo e sua generosidade. O ardor, o entusiasmo, a admiração dos jovens, harmonizados com a fidelidade, a sabedoria e a escuta dos mais velhos, fazem com que uma comunidade seja verdadeiramente bela.

Uma avó é sempre renovada pelos seus netos. Nas nossas comunidades, precisamos de avós que, porque não têm mais responsabilidades, têm mais tempo para admirar-se.

É sempre bom encontrar numa comunidade todas as idades, desde pessoas muito jovens até muito idosas. É como numa família: há uma complementaridade que pacifica. Quando todo mundo é da mesma idade, talvez seja excitante durante certo tempo, mas depressa nós nos cansamos; precisamos encontrar o dom da juventude dos jovens e a sabedoria tranqüila dos anciãos.

* * *

O DOM DA "AVÓ"

Numa comunidade, é preciso também o dom de uma avó, e, se possível, uma avó com muito bom senso.

Muitas vezes, corremos o risco de dramatizar o cansaço e as angústias. Choramos e esquecemos por quê. Identificamos nossas angústias com a agonia do Cristo, ou, então, identificamo-nos com os mais desprezados do mundo. A avó que tem experiência, que tem os pés no chão, sabe que, às vezes, é preciso descansar na praia. Santa Teresa de Ávila aconselhava certas irmãs a comer um bom bife em vez de esforçar-se por rezar.

É preciso que nos lembremos de que temos corpos e de que nossos corpos têm leis; que o espiritual é, muitas vezes, influenciado pelo físico. É preciso respeitar muito esse corpo e suas necessidades; ele é um instrumento maravilhoso de amor. É preciso tratá-lo com muito respeito, mais do que um operário cuida das suas ferramentas, porque ele é mais do que uma ferramenta. Ele ressuscitará no último dia. Faz parte integrante do nosso ser, da nossa pessoa.

Há coisas que a avó sente. E há coisas que só se confiam a ela. Sim, as avós são importantes na comunidade. E os avôs também!

* * *

O DOM DOS HOMENS E DAS MULHERES[3]

As comunidades da Arca são comunidades mistas — homens e mulheres, celibatários e casados. Essa mistura é preciosa, diria mesmo vital. Os homens e as mulheres deficientes que acolhemos são, às vezes, pessoas profundamente feridas no plano da vida afetiva. Precisam de imagens ou referências maternas e paternas. Essas referências — homens e mulheres — são fonte de cura e de

---

[3] A questão do papel dos homens e das mulheres é muito controvertida atualmente. Eu me pergunto se a vida em comunidade não contribui com uma nova luz a essa questão. Isso foi muito comentado por mim em *Homme et femme. Il les fit, Fleurus*, capítulo III.

crescimento. Eles também têm necessidade de modelos de feminilidade e masculinidade, em toda a sua beleza e realidade. Os homens e as mulheres que vivem juntos em comunidade podem descobrir uma riqueza, um desabrochar humano e espiritual, e também um chamado para crescer juntos, que é um verdadeiro dom de Deus, para ter um conhecimento maduro de sua identidade e do chamado que receberam. Sobretudo em relação a pessoas que ainda não atingiram uma maturidade verdadeira.

Há pessoas que se apaixonam uma pela outra numa comunidade, sem ter a distância necessária para saber se é um amor verdadeiro, que leva ao casamento, ou se é um amor desencadeado pelas suas solidões respectivas. Hoje, encontram-se, também, muitas pessoas com dificuldades em sua vida afetiva em virtude de uma carência de amor durante a infância. Podem confundir a busca de uma mãe, que lhe inspira segurança, com a busca de uma esposa. A comunidade pode ajudá-las a integrar sua sexualidade, a encontrar uma verdadeira estabilidade no plano afetivo, sobretudo se essa comunidade tiver objetivos muito claros, e mesmo exigentes, se houver muita alegria e se os valores éticos, no que diz respeito ao relacionamento homem/mulher, forem bem estabelecidos.

É importante que nessas comunidades haja uma reflexão contínua e aprofundada a respeito do significado e das necessidades do coração humano — esse coração tão vulnerável e, no entanto, tão sedento de um amor completo, capaz de curar e pacificar. Atualmente, há uma certa controvérsia quanto à sexualidade e ao lugar do homem e da mulher na sociedade. É preciso considerar a sexualidade numa visão de conjunto da pessoa, e não separadamente de uma relação fiel e de uma aliança, mas que surge disso e para isso está voltada. Também não separada da fecundidade e da responsabilidade, mas sempre orientada para uma real fecundidade e para o dom da vida. Na vida comunitária, a relação entre homens e mulheres não deve ser focalizada numa perspectiva de competição e agressividade, porém de complementação e unidade no interior do corpo que é a comunidade. Enxergando dessa forma, percebemos que é um grande dom para homens e mulheres estar unidos a serviço de Deus, no seio de comunidades orientadas para o dom da vida dos pobres e dos feridos.

Hoje em dia, há uma linha que tende a negar qualquer diferença entre o homem e a mulher. Ambos são vistos como iguais. É claro que, quanto à humanidade, somos todos iguais, e que, para trabalhos iguais, todos devem receber o mesmo. Mas nos planos físico e psicológico existem diferenças. São essas diferenças que devemos amar e respeitar. Dessa forma, descobriremos o quanto temos necessidade um do outro.

Em comunidade, somos chamados a descobrir que essas diferenças não constituem uma ameaça, mas um tesouro, e que cada um de nós pode fazer frutificar seus dons próprios.

É verdade que, ainda hoje, muitos homens crêem na superioridade de seu poder, de sua força, de sua inteligência, e procuram relegar à mulher um papel subalterno. Só eles possuem dons.

É um pouco chocante ver homens que passam seu tempo bebendo em cafés, gastando todo o seu salário, enquanto suas mulheres educam todas as crianças que eles lhes deram. Se olharmos de perto, veremos toda a decadência desses homens que se acreditam viris e empregam toda a sua energia na aparência: belos músculos, ordens rudes e dominadoras. Geralmente, a mulher é mais introvertida e, por sua capacidade física de ter filhos, muito mais próxima da realidade do amor e do relacionamento. Também ela tem seu dom, que deve crescer e desabrochar.

* * *

Para o homem, o perigo é afugentar a vulnerabilidade do seu coração e sua capacidade de ternura (exige uma mulher-mãe e depressa: como uma criança, recusa-a, querendo sua própria liberdade). Lança-se, então, no mundo da eficácia e da organização, negando a ternura e a verdadeira reciprocidade. Mas por isso mesmo mutila-se e separa-se do que lhe é essencial. Nesse momento, idealiza a mulher — é a virgem toda pura; ou, então, mergulha-a na decadência — é a grande sedutora, o instrumento do diabo, a prostituta; ou serve-se dela como de um escravo. Está rejeitando sua própria sexualidade, quer considerando-a má, quer negando-a. De qualquer forma, recusa qualquer relacionamento verdadeiro com a mulher como pessoa e só a vê como símbolo do pecado ou da pureza, ou como um ser inferior.

Todo o crescimento do homem reside no amadurecimento de suas relações com a mulher. Enquanto ficar no estágio do relacionamento mãe/filho, ou no da mulher sedução/repulsão, não poderá crescer verdadeiramente, nem mesmo espiritualmente.

Entretanto, para poder crescer assim, precisa descobrir sua identidade de homem e ser capaz de integrar sua sexualidade em relações comunitárias transparentes. Precisa, muitas vezes, de uma mulher que esteja unida a ele, que o ajude a encontrar a sua própria capacidade de ternura, seu coração vulnerável, sem sentir-se em perigo devido a uma sexualidade desordenada. Então, encontra um equilíbrio entre a virilidade da ação eficaz, a irradiação do poder e seu coração de homem. Estará no caminho da cura e da unificação.

* * *

Do mesmo modo, a mulher também deve encontrar seu equilíbrio. Ela não deve recusar sua feminilidade para procurar o poder do homem, nem para cobiçar ciosamente sua capacidade de organização, mas deve descobrir as riquezas de sua própria feminilidade, o poder que pode estar oculto em sua própria fraqueza, a luz e a sabedoria próprias de sua inteligência e a capacidade de cura e compaixão que traz consigo. Quando ela está desprovida de qualquer poder, tem uma intuição mais límpida e mais verdadeira, menos misturada às paixões de orgulho e de poder que matizam, muitas vezes, a inteligência do homem.

* * *

Acontece, em certas comunidades, que o homem responsável, que tem o poder, seja ciumento de sua visão.

Acontece, também, que pode haver uma mulher ou mulheres mais inteligentes do que ele, mais finas no discernimento e, sobretudo, com um sentido mais agudo dos objetivos. Tal responsável rejeita, às vezes, essas mulheres como se fosse uma fraqueza de sua parte escutá-las, como se devesse ter, igualmente, visão e discernimento, porque tem o poder.

O que se passa numa comunidade ocorre, também, entre marido e mulher. Em nossa civilização, em que o homem deve ser viril, poderoso, há, às vezes, uma luta curiosa entre os sexos: o homem tem medo de perder algo caso a mulher tenha razão.

É pena que cada um não possa reconhecer o dom do outro. Acontece que Deus deu ao homem o poder sem dar-lhe o discernimento, e à mulher o discernimento, mas falta-lhe o poder. Quando recusam trabalhar juntos, isso pode transformar-se numa espécie de guerra fria que pode levar ao caos. Quando trabalham juntos, é a comunidade.

* * *

É claro que não se deve generalizar. Há homens que são receptivos, assim como há mulheres com qualidades organizacionais e autoridade. A verdadeira criatividade depende do desenvolvimento harmonioso de ambos.

Mas ocorre que, por suas constituições fisiológicas, o homem e a mulher têm tendências que lhes são próprias — o homem é mais voltado para a exterioridade e a mulher, por sua capacidade física de ter filhos, para o relacionamento. No âmbito do coração profundo e do segredo de Deus, nenhum é privilegiado. Mas a mulher é mais sensível às realidades da vida comunitária, enquanto o homem é mais sensível às atividades da razão, da eficácia e da estrutura. Digo mais sensível: isso não quer dizer que um seja radicalmente incompetente em relação ao campo do outro. É aí que são necessários cooperação e reconhecimento dos dons mútuos.

* * *

Sabemos que a primeira comunidade é a do homem e da mulher. Eles formam uma família, são um só corpo. Se não sabem amar e respeitar reciprocamente suas diferenças, a unidade se rompe, tornam-se rivais e não são mais membros de um mesmo corpo. Fato semelhante ocorre na comunidade: homens e mulheres têm muito o que dar um ao outro e também à comunidade. Haveria muita coisa a ser dita a esse respeito num livro sobre comunidade, mas já abordei largamente esse tema em *Homme et femme. Il les fit* e em *Le corps brisé*.[4]

* * *

Para exercer autoridade, é preciso crescer na unidade interior, procurando, sempre, harmonizar as qualidades respectivas do homem e da mulher. Durante muito tempo, exerci a autoridade com mulheres. Aprendi o quanto podíamos nos ajudar mutuamente. Alguns dons eram mais desenvolvidos em mim do que nelas; outros, mais nelas do que em mim. É bom que homens e mulheres exerçam, juntos, a autoridade.

* * *

O ANTIDOM

Uma comunidade fundamenta-se sobre a confiança mútua dos membros. Ora, a confiança é uma realidade muito frágil e muito fraca. No coração de cada um há sempre um cantinho, particularmente frágil, em que reside — ou em que pode residir — a dúvida. A pessoa que semeia a cizânia possui um faro para tocar e incendiar essa capacidade de dúvida. É assim que se torna destruidora da comunidade. É um antidom.

* * *

Fico impressionado com as pessoas que vêm para as nossas comunidades, para ficar um certo tempo, e que logo colocam o dedo numa falha (e, meu Deus, como há falhas!) sem serem capazes, parece-me, de ver o bem que existe. Vêm, então, ao meu encontro para criticar os outros, para propor-me soluções, seu projeto (que geralmente é uma terapia qualquer), explicando-me que isso resolverá as dificuldades e recolocará a comunidade ou

---

[4] Ballarmin S., Fayard, 1989.

os deficientes no bom caminho. Tais pessoas pensam que têm o dom de ser salvadoras.

Os "salvadores" das comunidades são excelentes para captar (é às vezes explorar) os defeitos de uma comunidade; são sedutores, falam bonito; e são perigosos, pois querem fazer a sua obra. Não têm confiança em si mesmos e são profundamente infelizes. Precisam provar, com seus projetos, que existem e, assim, têm tendência a ser agressivos.

Quando uma pessoa entra numa comunidade com esse estado de espírito, será um desastre para si e para a comunidade. Tudo está perdido. Uma pessoa deve entrar numa comunidade porque se sente bem nela, porque está pronta para servir, porque é respeitadora das tradições e das estruturas da comunidade. Um projeto deve resultar da colaboração com os outros, não devendo ser um meio de provar que se é capaz.

O DOM DA ANIMAÇÃO

Numa comunidade, é sempre importante ter pessoas que tenham o dom da palavra, ou o dom de animar uma reunião ou uma festa. Guy dizia-me, certo dia, que a melhor maneira de preparar-se para falar, ou para animar, é recolher-se e pôr-se à escuta da música interior e das necessidades daqueles que vão estar presentes um tempo antes do evento. Nunca se deve chegar com um texto totalmente preparado. Mesmo uma vez iniciado o evento, é preciso continuar a escutar a música das pessoas, para responder ao seu anseio secreto e silencioso. A palavra, como a festa, deve ser, sempre, um diálogo entre aquele que fala e anima e aqueles que esperam a palavra, como uma terra espera a água. Isso não quer dizer que é preciso deixar tudo à improvisação. É bom que aquele que vai falar tenha em vista o que as pessoas esperam e que saiba o que vai dizer. Contudo, ao mesmo tempo, durante o encontro, deve ser receptivo e estar pronto para modificar o que tinha preparado para responder aos apelos secretos que perceber.

* * *

A DISPONIBILIDADE

Um dos dons mais maravilhosos que se encontram entre alguns que vivem em comunidade é a disponibilidade para servir. Têm confiança nos responsáveis e na comunidade e assumem as responsabilidades que lhes são propostas. E se não sabem como fazer, pedem a ajuda do Espírito Santo e de seus irmãos e irmãs.

Em nossos dias, tem-se tendência para desacreditar a obediência. Talvez porque, outrora, havia abuso de autoridade. Esta se preocupa mais com a função a realizar do que com o crescimento humano e o espiritual das pessoas. É preciso dizer, também, que há um modo servil e moroso de obedecer.

A disponibilidade é um dom que pode ser transmitido de uma pessoa à outra, como o fogo do amor, que dá vida à comunidade.

* * *

O DOM DOS POBRES

Muitas vezes, as pessoas que têm mais o sentido do essencial para a comunidade — aquilo que dá e mantém o seu espírito — escondem-se atrás de tarefas manuais muito humildes. Não estão preocupadas com grandes responsabilidades, com coisas "importantes". Têm o espírito mais livre para o essencial. É, muitas vezes, o menor (que pode ser o doente ou o velho) que é o mais profético. Essas pessoas não devem ser implicadas nas estruturas; isso as afastaria de seu dom essencial, que é amar e servir ou, mais ainda, suscitar o amor e despertar os corações alheios para a compaixão e a vontade de servir. O responsável deve estar próximo delas e saber o que elas pensam, pois, muitas vezes, são elas as mais livres para ver com mais clareza as necessidades, a beleza e o sofrimento da comunidade.

* * *

Num hospital psiquiátrico, são, muitas vezes, os doentes os mais proféticos, Eles, mais do que ninguém, são capazes de dizer o que vai mal e quais são os bons médicos.

Não faz muitos tempo, num país africano, uma ordem religiosa fez uma sondagem para saber o que o povo desejava dos missionários — se deviam vestir-se à africana, comer à africana etc. A resposta foi unânime: "Nós sabemos quais são os missionários que amam e respeitam a nossa cultura e o nosso modo de viver e aqueles que não nos amam. Pouco importa o que comem ou como se vestem".

Para saber se uma comunidade é fiel à sua visão original, é preciso perguntar aos pobres e aos que passam necessidade. O pobre e o pequeno da comunidade sentem se a autoridade está sendo bem exercida, se a comunidade é fiel ou não. É por isso que é preciso estar atento a eles; eles têm, quase sempre, a melhor resposta às perguntas que a comunidade faz.

* * *

Um dos dons mais preciosos, numa comunidade, encontra-se nas pessoas que não podem, talvez, assumir grandes responsabilidades. Não são feitas para organizar, animar, prever, mandar. Mas têm um coração muito delicado e cheio de amor. Sabem reconhecer logo a pessoa que está em dificuldade e, com um sorriso, um olhar, uma flor, uma palavra, fazem-na sentir isso: "Estou contigo. Carrego a cruz contigo. Não te inquietes". Essas pessoas estão no centro da comunidade e trazem no coração aquelas que estão bloqueadas em relação a outras e que têm idéias diferentes da comunidade. É o amor dessas pessoas retraídas que mantém vitalmente unidos os membros opostos na comunidade, os "inimigos".

O chefe unifica na justiça, mas essas pessoas, cheias de amor, são, no seu ser, fatores de unidade; na sua ternura, são unificantes, artesãs da paz.

* * *

O dom mais precioso na comunidade enraíza-se na fraqueza. Quando somos fracos e pobres e precisamos dos outros, chamamos os outros à vida e ao exercício de seus dons. No coração da comunidade sempre se encontram o pequeno, o pobre, o fraco.

Aquele que se sente inútil, o doente, o moribundo, aquele que está doente em suas emoções e em seu espírito entra no mistério do sacrifício. Por suas humilhações e pela oferenda de seus sofrimentos, torna-se fonte de vida para os semelhantes. "Foi por suas feridas que fomos curados" (Is 53,5). É um mistério de fé.

Na raiz de todas as obras belas de uma comunidade, há, sempre, um cordeiro imolado, unido ao cordeiro de Deus.

* * *

Há muitos que falam a respeito do que fazem, mas fazem pouco do que dizem. Outros fazem muito, mas nada falam. São estes que fazem a comunidade viver e a sustentam.

* * *

Não há nada pior do que a adulação. É um modo terrível de sufocar as plantas do amor. Mata aqueles que querem uma vida real de dom, de presença cheia de amor. A adulação é um veneno que, se entrar demais na carne, torna todo o corpo doente e, para purificá-lo, serão necessárias muitas provações. Vocês, que fazem esse triste trabalho, fiquem sabendo que cada uma das suas lisonjas deverá ser contrabalançada por uma palavra de humilhação. Então, evitem fazer sofrer aqueles que vivem em comunidade!

Mas confirmar alguém nos seus dons não é adular; reconhecer alguém não é lisonjear. É bom reconhecer, encorajar e confirmar os dons.

* * *

Os que constroem a comunidade são aqueles que amam, perdoam, escutam, são delicados, servem, alimentam os outros e rezam por eles. Cada um, pela graça que lhe foi dada, exerce seus dons segundo as modalidades únicas de seu amor e de seu carinho. Uma comunidade só é verdadeira quando cada um descobre que precisa imensamente do outro e procura tornar-se transparente, lúcido e mais fiel no exercício de seu próprio dom. É dessa forma que cada um no seu lugar constrói a comunidade.

CAPÍTULO

8

A acolhida

DAR ESPAÇO

Acolher é símbolo de verdadeira maturidade humana e cristã. Não é apenas abrir sua porta e sua casa para alguém. É dar-lhe espaço em seu coração para que ele possa existir e crescer, um espaço em que ele possa sentir-se aceito do jeito que é, com suas feridas e dons. Para isso, é preciso que exista em nosso coração um lugar silencioso e tranqüilo, em que os outros possam repousar. Se o coração não está em paz, não pode acolher.

Acolher é estar aberto à realidade como ela é, filtrando-a o menos possível. Descobri que há muitos filtros em mim, através dos quais seleciono e modifico a realidade que quero receber: a realidade do mundo, das pessoas, de Deus e da Palavra de Deus. Eu escolho aquilo que me agrada, que lisonjeia meu ego e me valoriza. Rejeito o que me faz sofrer, me incomoda e me faz sentir impotente, aquilo que pode trazer à tona sentimentos de culpa, de raiva ou de sexualidade ferida. Todos nós temos, desde nossa primeira infância, filtros que protegem a vulnerabilidade de nosso coração e de nosso espírito. Crescer é retirar esses filtros e acolher a realidade que nos é dada não com idéias preconcebidas, teorias, julgamentos pré-fabricados, preconceitos, ou por meio de uma afetividade afetada, mas como ela é. Dessa forma, estaremos na realidade, e não em um mundo de ilusões.

Mas acolher pressupõe que nosso ser profundo e nossa liberdade interior estejam fortes, que não vivamos mais com medo nem insegurança, porque não sabemos exatamente quem somos e qual é nossa missão. É preciso tempo para que esse eu interior cresça. Também é preciso recordar fatos difíceis para nós, como, por exemplo, todas as vezes em que erramos ou pedimos perdão. É preciso muita graça de Deus e amor de nossos amigos. Para tornar-se humilde e aberto, é preciso passar por muitas humilhações.

* * *

Não surpreende o fato de Jesus apresentar-se como um estrangeiro: "Eu era estrangeiro, e você me acolheu". O estrangeiro é uma pessoa diferente, estranha, que tem outra cultura e outras leis. O estrangeiro incomoda porque não pode compreender nem compartilhar nosso pensamento e nossos costumes. Acolher é fazer com que o estrangeiro se sinta em seu país, o que significa não julgar, nem ter preconceitos, mas dar-lhe um espaço para que ele seja ele mesmo. Uma vez que fizemos o esforço de acolher e aceitar ser incomodados, descobrimos um amigo, vivemos um momento de comunhão, uma nova paz. Recebemos a presença de Deus. O estrangeiro é, às vezes, profético. Derruba nossas barreiras e nossos medos, ou nos mostra que elas existem e são reforçadas pelos medos.

Acolher é sempre arriscado, sobretudo quando se acolhe um estrangeiro. Incomoda muito. Mas Jesus não incomoda nossos hábitos, nosso comodismo, nosso cansaço? Nós precisamos ser constantemente estimulados para não ceder à necessidade de segurança e conforto e continuar a caminhada da escravidão do pecado e do egoísmo à terra prometida da libertação.

* * *

O acolhimento é um dos primeiros sinais de que uma comunidade está viva. O fato de permitir que outros vivam na comunidade é sinal de que não se tem medo e de que se tem um tesouro de verdade e de paz a partilhar. Quando uma comunidade começa a fechar suas portas, é um sinal de que os corações se fecharam.

Para poder acolher, é preciso existir, ou seja, "ser" uma comunidade que tenha uma vida real.

No começo, uma comunidade deve ser um pouco mais fechada. É preciso tempo para que as pessoas aprendam a conhecer-se e em que ponto uma unidade é criada. É como no casamento: se os cônjuges passam todo o tempo a acolher amigos, não terão tempo para construir sua unidade.

Há um tempo para tudo, um tempo para fazer comunidade e um tempo para abrir as portas. Esses dois tempos não são, necessariamente, consecutivos; estão um dentro do outro. São necessários, sempre, momentos de intimidade, como são necessários momentos de abertura. Se um desses momentos desaparecer, a morte virá mais ou menos depressa.

Se uma comunidade só acolher, cairá rapidamente na dispersão e, em breve, não será mais uma comunidade que acolhe, mas uma massa de pessoas que se encontra como numa estação de embarque. Quando se fica preso em si mesmo, ou no grupo, ocorre a sufocação: nascem dissensões e ciúmes; a vida não circula mais.

Se uma comunidade for repleta de amor, torna-se atraente; e porque atrai é, necessariamente, acolhedora. A vida chama a vida. Há uma gratuidade extraordinária no seu poder de procriação e de criatividade; o modo como um ser vivo gera outros seres vivos é maravilhoso. Acontece a mesma coisa com este corpo vivo que é uma comunidade.

O amor está, constantemente, em movimento; nunca pode ser estático. Se o coração humano não progredir, regridirá. Se não se abrir sempre mais, irá fechar-se e entrar num processo de morte espiritual. Uma comunidade que começa a dizer "não" à acolhida, por medo, por cansaço ou por motivos de insegurança ou de comodismo ("isso nos atrapalha"), entra, igualmente, no processo de morte espiritual.

* * *

Entretanto, há um tempo para cada coisa; um tempo para "ser" e um tempo para "acolher".

* * *

Às vezes, batem à minha porta; deixo a pessoa entrar e conversamos, mas eu a deixo sentir, por meio de mil detalhes, que estou ocupado, que tenho coisas por terminar. Abri a porta do meu escritório, mas a do meu coração permanece fechada. Tenho ainda muito a aprender e a crescer. Acolher alguém é abrir-lhe a porta do coração, criar-lhe espaço. Se tiver, é claro, coisas por fazer e que não podem esperar, é preciso dizer-lhe, mas sempre lhe abrindo o meu coração.

* * *

Acolher é dizer às pessoas a toda hora: "Entrem". É dar-lhes espaço, escutá-las com atenção, é ver nelas um dom. É olhá-las com amor.

* * *

Acolher alguém para viver na comunidade é escutá-lo muito e depois descobrir com ele a verdade do que disse. Uma comunidade não pode acolher todos aqueles que batem à sua porta. Para acolher, é preciso haver um lugar tranqüilo no coração dos que acolhem e da comunidade, para que o acolhido encontre um lugar de repouso e crescimento. Se esse lugar de paz não existe, é melhor não acolher. Por sua vez, a pessoa acolhida deve esforçar-se para aceitar a comunidade como ela é e o espaço que lhe é oferecido. Deve estar disposta a respeitar o espírito, as tradições e o regulamento da comunidade e também querer crescer e evoluir. Se quer apenas mudar a comunidade e obter dela tudo o que puder, sem dar nada em troca, a acolhida não poderá ser verdadeira.

É por isso que deve haver discernimento de ambos os lados. Na comunidade, é possível dar às pessoas o espaço de paz e os elementos de que elas necessitam para sentir-se bem e crescer? E essas pessoas, da forma como as conhecemos depois de ter dialogado e orado com elas, podem, realmente, aproveitar a comunidade como ela é, e de fato adaptar-se ao mínimo? Ou elas esperam alguma coisa que não podemos dar?

Uma comunidade precisa de pessoas com experiência para discernir na paz e na prece.

* * *

Uma comunidade não deve acreditar ser a "salvação universal". Não deve sentir-se culpada se, depois de refletir, disser "não" a alguém. Há uma maneira de dizer "não" com compaixão. Há uma maneira de encontrar a hora certa de falar, uma maneira de escutar, de explicar por que a pessoa não pode ficar e sugerir aonde deve ir. É muito desagradável ser mandado embora.

* * *

Quando dei início à Arca, acolhi Raphaël e Philipe, dois deficientes mentais. Alguns meses mais tarde, acolhi um homem sem trabalho, vagabundo e pobre. Ficou alguns meses. Mas depressa sua presença se tornou incompatível com a vida da comunidade. Começava a aterrorizar Raphaël, talvez por ciúme. Foi preciso que ele fosse embora, senão haveria um risco grave para Raphaël. Quando se acolhe uma pessoa fraca e desestruturada e se assume compromisso com ela, não se pode, em seguida, acolher uma outra que poderá prejudicar seriamente o seu crescimento. Não se tem o direito de receber alguém que se recusa a respeitar os outros e a vida comunitária, com tudo o que isso implica.

Cada comunidade tem suas fraquezas, seus limites, que são também riquezas. É importante reconhecê-los. É preciso saber quais são as normas para acolher, quem tem possibilidade de ser acolhido, quem a comunidade pode, de fato, ajudar.

É óbvio que esperamos que, com o tempo, uma comunidade se aprofunde e possa acolher mais e mais pessoas difíceis. Porém, curiosamente, nem sempre isso acontece. No início da Arca, às vezes acolhíamos pessoas difíceis, instáveis e violentas. Com o tempo, aquelas que eram difíceis tornaram-se mais calmas. Encontraram uma certa harmonia interior. Nesse momento, seria imprudente acolher alguém que pudesse despertar as angústias e as trevas que estavam latentes nessas pessoas. É preciso respeitar o ritmo das pessoas frágeis que estão no caminho da paz e da cura interior.

Muitas vezes, a abertura e a acolhida nos estimulam a arriscar — passando por nossos medos e preconceitos — a experimentar a fundo a compaixão e a compreensão. Ao mesmo tempo, devemos permanecer fiéis à busca da verdade profunda. Pessoalmente, por exemplo, me comove, profundamente, o sofrimento e a dor intensa dos homossexuais. Gostaria de me aproximar de certos homens e mulheres homossexuais que sofrem muito com sua condição e sentem-se culpados. Posso compreender sua raiva — apesar de, às vezes, temê-los — diante das injustiças da sociedade e da Igreja que os rejeitam e os rotulam de "anormais". As causas da homossexualidade não são muito conhecidas. Para alguns, parece muito claro que estão relacionadas a experiências precoces e, nesse caso, o sofrimento pode ser resolvido. Para outros, a cura parece menos provável; alguns dizem até que a homossexualidade é de fundo genético e faz parte da natureza. Qualquer que seja sua causa ou origem, raramente, ou nunca, é fruto de uma escolha. Às vezes, eu me pergunto como suportaria o sofrimento de ser diferente em virtude de uma atração por homens em vez de por mulheres. As pessoas que tiveram experiências de uma ferida psicológica muito profunda, normalmente, têm uma sensibilidade e espiritualidade que podem ser um dom e uma graça.

Deveríamos estar atentos a essas atitudes — principalmente no que tange à sexualidade genital, seja com pessoas de um ou de outro sexo — que podem destruir a verdade e a comunidade. A comunidade implica relações abertas e não possessivas. Ela se constrói com base em relações que dão vida aos outros, mais do que em relacionamentos que se fecham sobre si mesmos. Precisa de relacionamentos que não destruam os outros, em razão de sua busca de plenitude.

* * *

QUEM ACOLHER?

Um chefe de comunidade que acolhe sem viver o cotidiano com aqueles que são acolhidos impõe seu ideal de acolhimento aos que o vivenciam: isso não é sempre justo. É a comunidade inteira — ou alguns membros designados para isso — que deve acolher, aceitar os inconvenientes inerentes ao acolhimento e também descobrir as alegrias de acolher.

* * *

Cada vez mais, nas comunidades da Arca, sobretudo nas mais antigas, há deficientes que atingiram uma certa maturidade. Vivem na comunidade há muito tempo, às vezes há mais tempo que os assistentes ou até mesmo o responsável. É importante que sejam consultados antes de acolher uma nova pessoa em agonia.

* * *

Certas pessoas são aparentemente muito acolhedoras, mas, de fato, estão procurando tranqüilizar a própria angústia. Precisam encontrar pessoas e exercer um certo poder sobre elas. Precisam ter alguém que dependa delas. Não têm objetividade necessária para compreender, verdadeiramente, a fragilidade da pessoa e discernir se ela pode crescer na comunidade e de que maneira.

* * *

Uma das maravilhas da comunidade é que ela permite acolher e ajudar pessoas, o que não se poderia fazer sozinho. Quando se juntam as forças, quando se repartem os trabalhos e o cuidado das pessoas, pode-se acolher muita gente, até mesmo pessoas em grande sofrimento, e ajudá-las a descobrir que são amadas e dignas de amor e, assim, encontrar o caminho da cura interior e da confiança em si mesmas, nos irmãos e irmãs, em Deus.

Portanto, é preciso que não haja apenas uma pessoa acolhendo, mas um grupo delas, que tenham um verdadeiro dom para isso e que possam decidir juntas. Todos nós somos diferentes, e cada um tem seus altos e baixos. Cada um tem sua maneira de acolher, com seus filtros maiores ou menores, ou sem eles. Enquanto consigo acolher e compreender muito bem *certas* pessoas, outros podem conseguir acolher *outras* pessoas bem melhor do que eu. Além disso, devemos sempre desconfiar de nossas simpatias e antipatias, de nossas idéias preconcebidas.

* * *

Os membros de uma comunidade devem pedir, em prece, o dom da acolhida. De fato, é um dom. Nosso coração deve estar aberto para acolher. Esse dom é amor; amor por alguém diferente ou inesperado, e esse amor vem do Pai. Devemos pedir esse amor e esperar que nos seja dado. A acolhida verdadeira é uma energia de paz que o outro percebe e vivencia.

É claro que não podemos acolher alguém como o dom de Deus se não tivermos consciência de que nós também somos queridos por Deus da maneira como somos. Que nós também somos um dom para a comunidade.

É fácil acolher quando nos sentimos sós e não temos nada para fazer. Mas pode tornar-se difícil se tivermos um dia atarefado, repleto de reuniões, ou quando temos muita gente ao nosso redor, ou estamos cansados. É difícil repetir sua história e a da comunidade pela centésima vez. É nessas horas que a acolhida é, realmente, uma obra do Espírito. É preciso estar concentrado nele para conseguir acolher nessas condições. Assim é que nos tornamos verdadeiros instrumentos de Deus.

* * *

Alguns de nós somos chamados a anunciar a Boa-Nova vindos de muito longe, conhecendo pessoas e lhes falando sobre suas vidas. Isso é bom e necessário.

Também somos "missionários", ou seja, enviados quando acolhemos alguém em nossa mesa, quando lhe mostramos que é amado e apreciado, quando lhe falamos com amor a respeito daquilo que Jesus nos chamou a viver, quando o ajudamos a sentir-se em casa. Nesse momento, também estamos anunciando, de verdade, a Boa-Nova.

* * *

Acolhidas verdadeiras e falsas

O acolhimento das visitas é o prolongamento da acolhida que as pessoas que vivem na comunidade proporcionam umas para as outras. Se o coração estiver aberto para todos os irmãos e irmãs, também estará aberto para as visitas. Mas quando uma pessoa se fecha sobre si mesma, e se fecha em relação aos demais da comunidade, corre o risco de fechar-se às visitas. A não ser que — e isso acontece de vez em quando — fique encantada por acolher as visitas para fugir dos membros da comunidade. Às vezes, quando estamos apenas nós, da comunidade, aborrecemo-nos e surgem as agressividades. As visitas são, então, uma distração. Essas formas de distração podem ser válidas e conduzir a uma melhor acolhida uns dos outros. Mas não é um acolhimento verdadeiro. Às vezes, é mais fácil acolher uma visita do que acolher o irmão ou a irmã com quem se convive o tempo todo. É como certos maridos ou certas esposas que estão sempre fora da família, "fazendo o bem aos pobres", engajados em movimentos cristãos de caridade. Seria melhor que ficassem um pouco mais em casa e fossem mais acolhedores em família.

Podemos acolher, verdadeiramente, o estrangeiro da forma como ele é se não acolhemos a comunidade como ela é e seus membros como são? Se nos revoltamos contra a comunidade e seus membros, estamos sujeitos a usar os estrangeiros como compensação para nossa agonia. Isso não é acolhida.

* * *

Às vezes, preocupo-me com a maneira pela qual acolhemos aqueles que vêm para a Arca na condição de assistentes. Será que os acolhemos porque precisamos deles para um trabalho específico ou os acolhemos *por eles*, porque é Jesus quem os envia: "Fui estrangeiro e tu me acolheste"?

É verdade que, se os acolhemos, é preciso que eles encontrem seu lugar, o que implica um cargo ou uma função. É preciso que eles possam exercer seu dom. Mas, às vezes, corre-se o risco de não vê-los mais como pessoa e enxergar apenas a função que eles vão desempenhar.

É difícil encontrar o equilíbrio entre "usar" as pessoas para os objetivos da comunidade e deixar-lhes espaço para crescer, sem chamá-las para assumir uma função em que se sintam úteis.

A ACOLHIDA DA PROVIDÊNCIA

Quanto mais vivemos em comunidade, mais percebemos o papel capital que a Providência desempenha; cada dia descobrimos como somos pobres diante dela, como precisamos dela. Uma comunidade só vive e continua a viver porque chegam membros novos que se comprometem com ela. Como explicar que esta pessoa seja tocada pela comunidade e aquela não? Logo se vê que a pessoa é atraída por um poder e uma força maiores que a própria comunidade. É um apelo e um dom de Deus.

Cada membro novo que vem juntar-se à comunidade traz consigo suas qualidades, seus dons, também seus defeitos, que, com o tempo, modificarão o caminho da comunidade no seu crescimento e desenvolvimento.

As pessoas que acolhemos hoje vão comprometer-se amanhã e vão carregar a comunidade depois de amanhã. O acolhimento é vital para uma comunidade: é uma questão de vida ou morte. Muitas vezes, o primeiro gesto de acolhida é o mais importante. Há pessoas que fogem porque esse gesto foi antipático. Outras ficam em razão de um sorriso ou de um gesto inicial de gentileza. É preciso que as pessoas acolhidas sintam que não estão nos incomodando, mas que estamos felizes de partilhar com elas. É preciso atender ao telefone ou responder a uma carta com simpatia, com um tom de gratuidade pessoal.

Se acolhemos cada nova pessoa como um dom de Deus, como seu mensageiro, teremos mais amor para dar e seremos mais abertos.

A ACOLHIDA DOS MARGINALIZADOS

Cada vez mais descubro quantas pessoas vivem sós e sofrem com a solidão. Entram na comunidade trazendo consigo alguns distúrbios emotivos, os quais podemos chamar de "mau humor". São, muitas vezes, frutos do sofrimento e da incompreensão durante a infância. É bom que essas pessoas entrem na comunidade e que ela lhes sirva de apoio, de lugar de desabrochar e de crescimento. Porém, é claro que vão sofrer e fazer sofrer. Essas pessoas talvez precisem de comunidades mais estruturadas, em que a partilha não seja muito ameaçadora, em que não haja muitas reuniões ou situações difíceis que as poderiam fazer explodir. Precisam de espaço para ficar sozinhas e de um trabalho que lhes traga segurança interior.

Seria lamentável se as comunidades só aceitassem pessoas perfeitamente equilibradas, maleáveis, abertas, dispostas etc. Aqueles que têm dificuldades também têm direito de ter a oportunidade da vida comunitária. Contudo, é preciso comunidades diversas para acolher pessoas com necessidades diferentes.

Quando uma comunidade acolhe marginalizados, no início, em geral, dá mais ou menos certo. Depois, por múltiplas razões, os marginalizados recomeçam a ser marginalizados e têm crises que podem ir até tentativas de suicídio. Essas crises podem ser muito penosas para os membros da comunidade e mergulhá-los numa grande aflição, pois eles sentem sua impotência. A comunidade cai numa espécie de abismo, do qual, às vezes, é difícil sair. Se, nesse momento, os membros da comunidade tomarem consciência de sua pobreza, essa crise pode tornar-se um momento de graça. A pessoa marginalizada e difícil tem nela um elemento profético. Ela abalou a comunidade, pois grita por autenticidade. Muitas comunidades estão fundadas sobre sonhos e palavras lindas, fala-se todo o tempo de amor, de verdade e de paz... O marginalizado que entra numa delas torna-se exigente. Seus gritos são gritos de verdade, pois por trás das palavras ele percebe a mentira. Ele capta um lapso entre o que é dito e o que é realmente vivido. Se a comunidade reage mandando-o embora, pode haver uma grande explosão. É mais fácil rotulá-lo de insuportável, doente, preguiçoso, que não serve para nada. É possível que ele seja desvalorizado ao máximo porque revelou à comunidade o mal que há nela.

É preciso saber discernir quando se acolhe. É melhor recusar alguém desde o início, com a comunidade consciente de seus limites, do que acolher ingenuamente e, em seguida, ter de pedir para a pessoa partir.

* * *

O marginalizado que está numa comunidade tem necessidades muito particulares. É um ser ferido, muitas vezes sem esperança e sem confiança em si mesmo. Passa por momentos terríveis de angústia, que o levam a gestos imprevisíveis e involuntários contra si e contra os outros; interiormente, não tem, muitas vezes, estrutura, vive numa confusão profunda e passa, facilmente, de um estado em que não deseja nada a um estado de anarquia total de desejos. Há nele uma luta terrível entre trevas e luz, entre morte e vida. É um ser sem referência, nem a uma pessoa, nem a uma lei. E é essa tomada de consciência de sua solidão e de sua pobreza que faz o seu desespero.

Para reencontrar a esperança, o marginalizado precisa sentir-se amado e aceito. É só através do olhar acolhedor do outro que, pouco a pouco, se redescobrirá como uma pessoa que tem valor, capaz de uma ação positiva. Precisa de alguém que o escute, que escute suas mágoas e suas necessidades e sinta seus desejos reais. Essa escuta exige tempo e paciência, pois ele tem medo de abrir-se, não se confia a qualquer um. Precisa sentir alguém que não só não o julgue, mas também que o compreenda profundamente.

Essa pessoa cheia de atenção e de escuta deve tornar-se, pouco a pouco, uma referência sólida que o guia, o sustenta, lhe dá segurança, o encoraja, o ajuda a descobrir suas capacidades e a assumir responsabilidades. Em virtude da confusão do seu ser, o marginalizado, para crescer, deve ter confiança nessa referência quase paterna, feita de ternura e de bondade, mas também de firmeza.

A comunidade que acolhe um marginalizado deve explicar-lhe, logo na sua chegada, o que é a comunidade e o que se espera dele. É preciso que ele aceite o regulamento da comunidade, ainda que tal regulamento seja muito maleável e como que feito para marginalizados. Ele deve sentir que não é deixado aos seus instintos, mas que se exige dele esse mínimo. Se recusar, é seu modo de dizer que não quer ficar na comunidade. E cabe à pessoa que é a referência ser a intermediária entre a lei ou o regulamento e o marginalizado. Ela deve explicar a razão de ser do regulamento. Deve saber ser firme, como também deve, muitas vezes, perdoar e encorajar.

A pessoa-referência não deve, sobretudo, estar em oposição à comunidade. Isso acontece, muitas vezes, com certas pessoas generosas que querem ser "salvadoras" e mostrar à comunidade que ela não está sendo nem aberta, nem evangélica. Aproveitam-se do marginalizado para revelar à comunidade suas falhas. É indispensável que a pessoa seja referência em nome de todos e trabalhe em harmonia com todos. Ela ajudará, assim, pouco a pouco, o marginalizado a passar do relacionamento com uma pessoa só ao relacionamento com a comunidade, a passar para a comunidade com suas exigências. O marginalizado terá crises de ciúme, claro, para ver se é sempre aceito. Mas pouco a pouco, mediante essas explosões, começará a integrar-se e a sentir-se à vontade. Para poder acolher um marginalizado, uma comunidade deve poder oferecer-lhe uma referência sólida acolhedora, compreensiva, porém igualmente firme: se não puder oferecer-lhe essa pessoa disponível e pronta para receber bofetadas e enfrentar crises, melhor não o aceitar. Para poder acolher, uma comunidade deve ser profundamente unida e bem estruturada. Do contrário, o marginalizado pode acentuar as tensões e o processo de desentrosamento dela.

* * *

Em algumas comunidades da Arca, há ocasiões em que um deficiente se torna muito violento e anti-social depois de alguns anos. É preciso saber interpretar os vários tipos de comportamento. Às vezes, a pessoa parece querer dizer, com suas atitudes: "Não quero ficar aqui! Quero ir embora!". É preciso escutar e compreender essa mensagem violenta. É preciso conversar com a pessoa.

Muitas vezes, as comunidades sentem-se culpadas por não poderem ficar com a pessoa. Sentem-se fracassadas. Mas nenhuma comunidade é capaz de salvar todas as pessoas. Outras vezes, é preciso um profissional para ajudar a comunidade a tomar a melhor decisão e pedir para a pessoa ir embora.

A violência também pode surgir devido à fragilidade e à incompetência dos assistentes, que não estão atentos às necessidades das pessoas. Pode ser porque os assistentes não permanecem muito tempo na comunidade e o deficiente sofre com a partida deles. Faz-se necessário escutar a violência com atenção, tentando compreender as causas e, se possível, remediá-las.

* * *

O marginalizado vive nas trevas, sem motivações nem esperança. É obrigado a compensar sua angústia, que muitas vezes o impede de dormir e de comer, com o álcool, as drogas ou atitudes de "loucura".

Para que possa renascer para a esperança e para que sua angústia se transforme em paz, é preciso tempo. Essa passagem — ou esse renascimento — pode ser muito dolorosa tanto para ele como para os que o rodeiam. Às vezes, ele precisa experimentar a comunidade para ver se, de fato, ela se compromete com ele até o fim. Deve, outras vezes, descarregar sua angústia sobre a comunidade, e a angústia pode alastrar-se como fogo se achar material combustível; ou pode apagar-se, se encontrar pessoas capazes de assumi-la em seu ser.

O marginalizado é fruto de injustiças e de violências do passado. O drama do seu ser identifica-se com a rejeição que sofreu. Se for muito sensível e vulnerável, suas mágoas são profundas e manifestam-se pela confusão do seu ser, por falta de confiança em si mesmo e por um sentimento de culpa, até sentir-se, mesmo, culpado por viver.

A luz, que expulsa as trevas, só pode vir de um outro. E pode haver no marginalizado uma luta terrível contra as trevas, que querem ficar a todo custo. O marginalizado é sempre ambivalente; vacila entre o amor pela luz e o desejo de ficar no caos e no trágico. Sua ambivalência o faz amar e odiar ao mesmo tempo a comunidade e, sobretudo, a referência. Sua insegurança o leva a apegar-se a elas e a rejeitá-las.

A libertação de um marginalizado deste mundo de trevas corre o risco de fazer-se através de muitas provações. A referência ou a comunidade devem ser capazes de acolher a hostilidade e a agressividade nascidas da angústia e que são apenas conseqüência das hostilidades que eles sofrem. Precisam acolher na própria carne a violência para transformá-la em ternura, libertando, pouco a pouco, de suas angústias. É exatamente esse o papel de uma comunidade de reconciliação: quebrar o ciclo da violência para levar a pessoa à paz.

* * *

O sofrimento de muitos marginalizados provém do fato de que não vivenciaram uma relação vital com a mãe. Isso deixou neles uma espécie de mágoa. Estão sedentos de uma relação de ternura que os acolha plenamente a cada momento. No mais profundo do seu ser, há esse grito constante por um amor privilegiado. Como não receberam esse amor durante sua primeira infância, não vivenciaram, também, as primeiras frustrações de crianças, quando a mãe se volta para o outro filho que acaba de nascer. Não vivenciaram esses ciúmes que vêm a seguir. É por isso que o marginalizado tem uma sede insaciável. Quer possuir, totalmente, a referência e não admite que ela se volte para um outro.

É por isso que a pessoa que quer ajudar um marginalizado nunca deve estar sozinha. Já é perigoso que uma criança capte toda a afetividade de sua mãe, que se torna polarizada por ela. Dá-se isso quando a mãe é solteira ou quando está separada afetivamente de seu marido. Nesse momento, há uma espécie de dependência afetiva: o filho e a mãe possuem-se mutuamente. Não há mais uma relação de libertação. Vi, às vezes, esse tipo de relação perigosa em nossas comunidades, quando uma assistente ficava totalmente polarizada por uma pessoa deficiente.

É por isso que a referência deve estar bem integrada à comunidade. E a pessoa deficiente sem família, ou o marginalizado, deve saber claramente que nunca poderá possuir essa referência, cuja força vem dos laços entre ela e a comunidade.

* * *

Bruno Bettelheim escreveu um livro que se intitula *L'amour ne suffit pas*.[1]

O que ele diz é certo, mesmo acentuando demais o aspecto analítico. O que podemos guardar é que, para ajudar uma pessoa angustiada, magoada e marginalizada, nas trevas da confusão, é preciso competência. É preciso saber acolher as crises, as violências, as depressões; é preciso saber compreender o que está sendo dito através das regressões e das fugas; é preciso saber decifrar as mensagens mediante esses atos estranhos e roubos e responder com verdade aos gritos e às necessidades. É preciso conhecer certas leis das perturbações humanas e do crescimento humano por meio do relacionamento e do trabalho, e como levar a uma cura interior. É preciso, sobretudo, entrar num relacionamento verdadeiro com a pessoa. Para isso, não é preciso ser psiquiatra, nem ter passado por uma análise, mas ser sensível às necessidades profundas dos outros, ter experiência e não recear recorrer a profissionais: médicos, psiquiatras e diferentes terapeutas. Não há oposição entre fé e psiquiatria; só há oposição entre pessoas que negam uma ou outra dessas dimensões. Isso não quer dizer que seja fácil delimitar o que diz respeito à espiritualidade e ao sacerdote e o que diz respeito ao psiquiatra. Muitas vezes, ambos os campos se misturam.

Na Arca, estamos descobrindo nossa terapia própria, muito diferente da terapia dos hospitais, diferente, também, de uma terapia fundada, unicamente, sobre medicamentos ou análise. É uma terapia baseada num relacionamento, ou relacionamentos autênticos vivenciados numa comunidade, no trabalho e numa verdadeira vida espiritual. Tudo isso traz à pessoa dinamismo, aceitação de si mesma e uma nova motivação. A pessoa ferida descobre, pouco a pouco, que faz parte de uma família, de uma comunidade. Isso lhe dá segurança e paz. Porém, para encontrar essa harmonia interior necessária à vida comunitária, algumas pessoas precisarão de ajuda profissional.

* * *

---

[1] Paris, Editions Fleurus, 1970.

Uma comunidade cristã que acolhe marginalizados e pessoas feridas precisa de profissionais: psicólogos, psiquiatras etc. Mas precisa, sobretudo, aprofundar sua terapia própria. Os profissionais devem reconhecer essa terapia e colaborar com ela.

Uma comunidade cristã fundamenta-se sobre o perdão e os sinais do perdão. O papel do sacerdote na confissão, no segredo que ele guarda, e na descoberta que se faz do perdão de Jesus através dele, pode ser capital para levar uma pessoa ferida à cura interior, retirando-lhe o jugo da culpabilidade.

A descoberta na fé de que Jesus ama todos os seres humanos, especialmente os mais rejeitados, ajuda a pessoa a descobrir sua própria dignidade de filho de Deus. O modo como uma comunidade acolhe a morte de um irmão ajuda certas pessoas a ultrapassar o medo da morte. Do mesmo modo, a eucaristia e a oração em comum ajudam a descobrir que somos todos irmãos e irmãs em Jesus; que, afinal de contas, não há separação entre as pessoas saudáveis e doentes. Diante de Deus, somos todos deficientes no coração, prisioneiros de nosso egoísmo. No entanto, Jesus veio curar-nos inteiramente, salvar-nos e libertar-nos pelo dom de seu Espírito. É a boa-nova que traz aos pobres: não estamos sozinhos na nossa tristeza, nas trevas da nossa solidão, nos nossos medos, na nossa afetividade e sexualidade perturbadas. Ele nos ama e está conosco. "Não temas; eu estou contigo".

* * *

Quando se acolhe uma pessoa verdadeiramente ferida, é preciso ter consciência da gravidade desse gesto. Implica que se aceite a pessoa como ela é, que não se lhe imponha um ideal, que se compreenda o que ela procura no âmbito do relacionamento e que se esteja pronto a "crer tudo, esperar tudo, suportar tudo" (1Cor 13). Mas, ao mesmo tempo, é preciso que a pessoa conheça os limites da comunidade.

Pode acontecer que, depois de um acolhimento verdadeiro, se descubra que não se pode ficar com a pessoa, que ela está prejudicando a si mesma e aos outros. É preciso aprender a ser verdadeiros e firmes e, ao mesmo tempo, ternos e compreensivos. Se a pessoa deve partir, é preciso encontrar para ela o lugar de seu renascimento.

* * *

OS MARGINALIZADOS NO CORAÇÃO DA COMUNIDADE

Muitas comunidades que conheço trazem em seu seio uma ou duas pessoas marginalizadas, que, quando chegam a uma certa idade, parece fecharem-se numa espécie de doença mental. São depressivas, azedas, emburram. Parece que não se pode fazer nada; todas as tentativas de escuta ou de delicadeza são rejeitadas. Muitas vezes, essas pessoas não têm culpa. Quando eram jovens, tinham força para esconder as falhas de sua personalidade. Depois, com uma certa idade, surgem forças inconscientes. Vivem, então, na ambivalência; gostariam de deixar a comunidade e, ao mesmo tempo, sabem que não podem ir para outro lugar. Sentem-se inúteis, mal amadas, pois recusam qualquer relacionamento. Carregam uma cruz terrível de solidão.

A comunidade deve, às vezes, procurar para elas uma outra solução, um lugar mais adequado, talvez até tratamento profissional, se elas quiserem. Mas, sobretudo, deve acolhê-las como um dom de Deus. As pessoas marginalizadas, dentro da comunidade, são, muitas vezes, mais difíceis que as de fora. Elas perturbam muito, mas contribuem para que os outros membros da comunidade sejam sempre vigilantes para amar mais, ficar à escuta, captar as pequenas coisas que podem trazer paz. É preciso ajudar a pessoa marginalizada a não se culpar, a não se fechar na doença, nem se fechar totalmente em si mesma. Talvez a comunidade ou os responsáveis tenham certa culpa quando essas crises vêm à tona. Talvez tenham confiado responsabilidades pesadas demais a essas pessoas. Não se preocuparam bastante com elas durante sua juventude, não as enfrentaram quando tiveram "pequenas crises". Se tivessem se preocupado com essas falhas antes, se não tivessem deixado essas pessoas numa certa solidão, talvez pudessem evitar, depois, sofrimentos.

* * *

Certas pessoas escondem sua falha de personalidade atrás de uma capacidade de eficácia. Seu "trabalho" na comunidade torna--se "coisa" sua e não deixam ninguém saber a respeito dele ou dar conselhos. Não há diálogos sobre o trabalho, nem prestam contas dele para ninguém. Quando se percebe tal situação, é preciso ficar atento. O perigo está em acentuar sempre mais a função e a eficácia, para que a pessoa possa continuar a esconder suas falhas. Todavia, chegará o tempo em que a pessoa não poderá mais escondê-las. A separação será maior ainda entre a função e a fragilidade da pessoa. Então, a pessoa corre o risco de entrar numa depressão grave, ou numa agressividade violenta. Às vezes, é melhor deixar a crise aparecer mais cedo, quando ainda há tempo de ajudar verdadeiramente a pessoa, do que deixá-la fechar-se em seu trabalho. Talvez seja muito doloroso, mas será melhor do que querer imaginar que não há problemas e não fazer nada. O mais importante é sempre tentar ser sincero e dizer à pessoa como comportar-se na sua presença. Porém, é preciso reconhecer, também, que o trabalho pode, de fato, ajudar a pessoa a estruturar-se e ficar boa, apesar de todas as angústias.

* * *

ACOLHER PARA SERVIR

Aqueles que fazem parte de comunidades de acolhimento devem cuidar para acolher não para si mesmos — para ficar com a consciência tranqüila, com a sensação de ser salvadores —, mas para aqueles que acolhem. Devem estar a seu serviço; a comunidade deve organizar-se tendo em vista a libertação interior deles.

* * *

Muitas comunidades, hoje, querem ser comunidades de acolhimento e, ao mesmo tempo, comunidades cristãs, por isso mesmo comunidades de oração.

Quando se é uma comunidade cristã, é preciso saber bem o que se quer fazer e quem se vai acolher. Acolhe-se, primeiro, pessoas necessitadas, deficientes ou sem família, para dar-lhes uma família, ajudá-las a encontrar paz e segurança maiores e depois, talvez, reinseri-las na sociedade de modo real e feliz? Ou será que, primeiramente, procura-se formar uma comunidade de oração para acolher pessoas cristãs ou para convertê-las?

Na Arca, escolhemos acolher pessoas deficientes, porque estavam necessitadas, sem nos preocuparmos se são cristãs ou não. Nosso desejo é fazer tudo para que possam crescer humana e espiritualmente, segundo seu ritmo e seu dom.

Se se acolherem pessoas porque sofrem e para lhes dar uma segurança, uma família, isto não implica que todos os membros sejam, necessariamente, cristãos e participem todos da oração; no entanto, elas fazem parte da mesma família.

No acolhimento, o importante é saber, exatamente, o que queremos fazer, depois ser vulneráveis a essa acolhida para mostrar que nos preocupamos, verdadeiramente, com as pessoas e que as amamos.

Esse modo de acolher atrapalha terrivelmente, porque não existem quadros nem regulamentos fixos. É sempre mais fácil e confortável acolher só pessoas que vêm a todos os ofícios e à missa. O perigo é que elas finjam que têm fé, para poder ficar. Às vezes, parece-me que é preferível deixá-las descobrir, pouco a pouco, seu caminho e a pessoa de Jesus Cristo para que possam aderir mais livremente. Certamente, é mais lento, mas os resultados são mais profundos, porque se respeita a pessoa nas suas opções mais pessoais e no seu crescimento. Há sempre o perigo, evidentemente, de cair na indiferença, mas é preciso rezar ao Espírito para que ele nos mantenha atentos.

* * *

A NECESSIDADE DE COMUNIDADES DE ACOLHIDA

Fico impressionado com o número de pessoas que vivem sozinhas, esmagadas pela solidão. Mergulham na depressão ou no alcoolismo. É evidente que a solidão pode desequilibrar. Descobrem-se sempre mais pessoas que têm falta de equilíbrio, porque sua vida familiar foi infeliz. Há todas essas pessoas perdidas, fechadas em um mundo de drogas e de delinqüência, de *rock*, de cinema e de distrações, todas essas pessoas procurando um senso de partilha e um sentido para sua vida. É certo que, nos anos futuros, será preciso que nasçam muitas comunidades pequenas de acolhimento, em que essas pessoas perdidas, sozinhas, possam achar uma família e um sentimento de pertencer a ela. Outrora, os cristãos que queriam seguir Jesus criavam escolas e hospitais. Hoje, onde há sempre mais enfermeiras e professoras, seria preciso que os cristãos se comprometessem com essas novas comunidades de acolhimento, para viver com aquele que não tem família e revelar-lhe que ele é amado, que pode crescer para a liberdade e que, quando chegar sua vez, poderá amar e dar vida aos outros.

CAPÍTULO

9

As reuniões

REUNIR-SE PARA PARTILHAR

Para que uma comunidade seja construída verdadeiramente, é preciso que seus membros possam encontrar-se enquanto pessoas, enquanto irmãos e irmãs, e não apenas para trabalhar. Quando uma comunidade é pequena, é fácil para todo mundo encontrar-se e trocar idéias. Os encontros ocorrem espontaneamente, durante os diversos momentos do dia. Contudo as comunidades crescem, o trabalho aumenta, as visitas são sempre mais numerosas e pode ocorrer que os membros da comunidade só se encontrem para organizar e programar. É indispensável, então, que haja uma hora fixa, um dia, uma noite por semana em que não existam visitas e em que se tenha um tempo só "para nós", para algo no âmbito pessoal.

A vida comunitária implica um compromisso pessoal que se realiza nos encontros entre pessoas. Entretanto, depressa se foge desses encontros; tem-se medo porque comprometem. Foge-se para a organização, para a lei, para o regulamento, para a verdade "objetiva", para o trabalho e para o ativismo; foge-se do encontro com as pessoas, fazendo-se, todo o tempo, coisas para elas. Mas para amar é preciso encontrar-se.

Criar uma comunidade é algo mais do que apenas encontrar pessoas individualmente. É criar um conjunto e um senso de participação, um lugar de comunhão, o que pressupõe re-*uniões*.

Há diferentes tipos de reuniões, mas, numa comunidade, elas têm a mesma finalidade: a comunhão, a construção de um organismo, a criação de um sentimento de participação. Não importa se há muitos ou poucos assuntos a tratar, tudo deve girar em função do objetivo último: reunir-se no amor.

Há reuniões cuja finalidade é *dar informações*. É importante que as pessoas saibam o que se passa na comunidade e nos arredores e com as comunidades com as quais se têm ligações especiais. Também é importante saber o que acontece nas áreas em que a comunidade tem particular interesse, em outras regiões do país e do mundo. Porém, não se trata de dar essas informações por escrito. Elas são diferentes das informações verbais, que devem inspirar e alimentar nosso coração e nosso espírito e criar a unidade.

Há reuniões em que tratamos dos *negócios* da comunidade, para aprofundar em conjunto as idéias e tomar decisões, depois de refletir.

Há reuniões em que dividimos juntos, profundamente, falando de nossos afazeres e de nossas vidas.

Há reuniões em que se *anuncia* nossa visão de mundo, em que os corações se sentem tocados, alimentados e fortificados.

Há reuniões em que, simplesmente, *relaxamos* em grupo, sem nos escondermos atrás de cargos ou funções. Apenas gozamos a presença alheia.

Há reuniões que são para *celebrações*.

Há reuniões em que *oramos* juntos. Pedimos pela comunidade; clamamos a Deus por seu sofrimento e suas necessidades; pedimos a ele para salvar-nos, mas também lhe damos graças e o louvamos em silêncio.

É preciso que a finalidade de cada reunião seja bem definida. Segundo seus objetivos, cada uma deve desenrolar-se de maneira diferente. E para cada reunião existem uma disciplina adequada e uma maneira diferente de participação.

Um responsável deve saber animar os vários tipos de reunião e conhecer seu método específico.

Em cada tipo de reunião, é claro, encontraremos elementos próprios de outro tipo. Numa reunião de trabalho, pode haver alguns momentos de prece, pelo menos para dar início à reunião, e também, talvez, um momento de partilha pessoal, se isso puder contribuir para a descontração e ajudar as pessoas a libertar-se de alguma grande tensão interna, pois não é bom que as tensões se manifestem durante uma reunião de trabalho. No meio de uma reunião, é bom haver até mesmo um instante de descontração e riso. Um responsável deve saber quais as boas maneiras de aprofundar a comunhão e, ao mesmo tempo, ser eficaz, porque é necessário tomar decisões.

* * *

É preciso tempo e dom para descobrir a necessidade de cada tipo de reunião e a maneira como cada uma contribui para a formação da comunidade e para o alimento dos corações e das mentes. É preciso tempo para descobrir como preparar-se e enfrentar as dificuldades inerentes a cada uma delas. É preciso saber sofrer nas reuniões, passar por momentos penosos de discussão e, às vezes, de luta. Tudo isso é normal, e não é num dia que aprendemos a deixar de lado nossas pequenas idéias, nossos projetos, para aderir às idéias e aos projetos da comunidade. É preciso tempo para confiar nos outros e na comunidade.

Não devemos esperar que uma reunião de negócios seja muito instrutiva. A vida em comunidade implica serviço, e essas reuniões são serviços que prestamos ao bem comum. Mas se procuramos escutar com tranqüilidade a opinião e a idéia de cada um, se procuramos encontrar a melhor maneira de organizar alguma coisa para o bem comum, sempre recebemos uma certa alegria e paz.

* * *

Para algumas pessoas, pode ser difícil partilhar, em caráter pessoal, suas experiências em comunidade. Procuram fugir, atendo-se ao funcional ou a coisas objetivas. Essas reuniões implicam que se revele alguma coisa de pessoal, portanto que nos tornemos vulneráveis em relação aos outros. Dessa forma, deixaremos cair nossas barreiras e nossos sistemas de defesa e também o desejo de provar que temos razão e que os outros estão errados. Para algumas pessoas, isso pode ser difícil, ou mesmo perigoso. Portanto, deve-se buscar uma maneira de essas reuniões transmitirem confiança.

No entanto, algumas pessoas, feridas no passado, levarão muito tempo para confiar no grupo.

Claro que esse tempo de partilha não significa transparência total. Todos nós temos segredos que só Deus, os amigos mais íntimos ou o guia espiritual conhecem. Os cônjuges têm segredos entre si que não dividem com os filhos, nem com outros membros da família. Nas reuniões de partilha comunitária, devemos contar a respeito de nossa experiência pessoal na comunidade. Mas essa linha que separa os segredos pessoais do que deve ser dito aos irmãos e às irmãs é muito tênue. Talvez por isso certas pessoas não consigam partilhar: ou desvendam tudo e se confessam mais ou menos comunitariamente, satisfazendo-se diante de um auditório benevolente, ou fecham-se, incapazes de falar, com medo de serem descobertas. Querem permanecer na exterioridade. Porém, é normal e bom declarar como nos sentimos na comunidade, o que se passa conosco, como reagimos em face dos outros e das atividades. É normal nos envolvermos, pessoalmente, por meio da palavra. É bom mostrarmos um pouco de nós aos outros, para que eles tomem conhecimento das nossas intenções profundas e das nossas dificuldades no plano comunitário.

É conhecendo-nos assim, com nossas dificuldades e fraquezas, nossa confiança em Jesus e na comunidade, que podemos, verdadeiramente, ajudar-nos mutuamente, encorajar-nos a uma fidelidade maior aos outros e a Jesus. Se procuramos, unicamente, mostrar nossa força, nossas qualidades, nossos sucessos, suscitamos admiração mais do que amor e mantemos os outros a distância. Partilhar as fraquezas e as dificuldades, pedindo ajuda e oração, é como um cimento para a comunidade; é um apelo que liga uns aos outros e cria a unidade. Descobrimos que precisamos uns dos outros para ser fiéis e exercer nossos dons.

Quando nos encontramos pessoalmente, em verdade, na nossa fraqueza, a palavra termina, espontaneamente, em um silêncio que é oração. E do fundo desse silêncio pode jorrar uma outra oração, uma oração de pedido ou de ação de graças. É assim que se caminha para a comunidade: uma alma, um coração, um espírito, um corpo.

* * *

Jesus disse: "Quando dois ou três se reunirem em meu nome, eu estarei lá, no meio deles". "Reunidos": isso implica uma união, um encontro. Jesus não pode estar presente se as pessoas se reunirem só no plano material ou recusarem a comunhão entre si.

* * *

Em algumas de nossas comunidades da Arca existe o que se chama de reuniões "sagradas". Elas podem ocorrer na capela ou em outro lugar. Começam com uma oração e um período de silêncio. Depois, cada um fala; assim como numa conversa descontínua, diz o que está vivenciando, como capta a vida comunitária. A palavra permanece subjetiva. Não se trata de discutir, nem de procurar a verdade objetiva, mas de partilhar com os outros a realidade vivida. O objetivo da reunião é permitir a cada um saber em que ponto estão os outros, permitir um encontro pessoal. O essencial é uma escuta cheia de compreensão; não se trata de atacar, criticar nem de defender-se. Trata-se, somente, de dizer o que se vive. Muitos bloqueios nas comunidades vêm do fato de não se ousar dizer certas realidades. Não se ousa dizer o que se sente. Tem-se medo de expressar-se, medo de ser julgado. Há uma libertação para expressar certas coisas. Não se chega a soluções, talvez, mas pelo menos, sabendo-se o que o outro está vivenciando, pode-se tentar mudar a própria conduta, o modo de agir. O simples fato de anunciar as dificuldades ou as alegrias que se está vivenciando pode aproximar muito as pessoas e aumentar a compreensão mútua. Isso cria laços. Uma vez que tudo foi dito, reza-se em conjunto. Depois de terminada a reunião, não se volta mais a falar no assunto: o que foi dito fica guardado no coração de Deus.

* * *

Não se deve ir a uma reunião levando sofrimentos nem frustrações de uma outra reunião ou de outros acontecimentos da comunidade. O sucesso de uma reunião depende da maneira como as pessoas se preparam para ela interiormente. Se todos vêm com um espaço interior para o silêncio, com disponibilidade e entusiasmo, a reunião será animada e rica. Se chegam desanimados e de mau humor ("De novo reunião!"), podem estar certos de que não será uma reunião construtiva.

As reuniões ruins, como as boas, são contagiantes. Se achamos que a reunião será ruim, que é perda de tempo, certamente será assim. Se o responsável tomar conta da animação da reunião, todos nós deveremos responsabilizar-nos por seu sucesso pelo modo como nos comportamos.

Numa comunidade, há pessoas que gostam muito das reuniões. Para elas, é um momento de descanso e, às vezes, até um modo de escapar das exigências do trabalho. E há, também, aquelas que as detestam, que as consideram perda de tempo; queixam-se de "reunitites".

Alguns vêm para as reuniões como consumidores ou faladores que gostam de ouvir a si mesmos. Outros não gostam das reuniões porque elas os obrigam a parar as atividades e porque a escuta os questiona. A locomotiva de seu ser está de tal forma em movimento que eles não conseguem mais sentar-se e descontrair-se.

Participar de uma reunião não é só pedir a palavra. É renunciar um pouco a si mesmo, não querer impor as próprias idéias, não querer defender nem provar nada que lhe diga respeito. Para participar de uma reunião comunitária, é preciso ter certeza de que Jesus está presente, nos conduzindo em nossa busca da verdade, e que cada um de nós tem um dom com o qual está contribuindo para ela. Nossa participação exprime, portanto, o desejo de trabalhar juntos na busca da verdade e da vontade de Deus. Também é uma maneira de escutar para, verdadeiramente, compreender o que o outro diz; é saber tomar a palavra na sua vez, sem interromper nem atacar o outro; é não fazer comentários com o vizinho, nem ler a correspondência que acaba de chegar [nem usar o telefone celular]; é um modo de sentar-se (o olhar, a posição da cabeça, toda a posição do corpo podem dizer "que chatice", ou, pelo contrário, "estou contigo").

A qualidade de atenção com que se vive uma reunião e a gentileza com que se escuta alguém que balbucia e diz até besteiras, porque está com medo, mostram o nosso grau de participação numa reunião. Os tímidos, os que têm falta de confiança em si mesmos, expressam-se, às vezes, com agressividade ou de forma desajeitada. A escuta agressiva de suas palavras pode mergulhá-los ainda mais na timidez e no temor; por outro lado, uma acolhida verdadeira pode ajudá-los a encontrar a confiança em si mesmos e a descobrir que têm alguma coisa para dizer.

Se não se vai às reuniões com esse estado de espírito, depressa elas se tornam pesadas; aquele que as dirige o faz com dificuldade, e os outros oscilam entre uma escuta beata ou servil e uma agressividade manifestada pela cólera ou pelo aborrecimento.

* * *

CONDUZIR UMA REUNIÃO

É importante iniciar e terminar uma reunião pontualmente. Isso exige disciplina. É sempre bom iniciar uma reunião com um período de silêncio, ou de oração, se todos quiserem. Quando há coisas importantes a decidir, é importante colocar-se diante de Deus, ultrapassando nossas próprias idéias, desejos e paixões. A escuta de uma passagem da Bíblia pode ajudar o grupo a concentrar-se e a entrar numa comunhão mais profunda.

É bom fixar o roteiro da reunião, dando o máximo de tempo às coisas essenciais, evitando entrar em longas discussões sobre detalhes sem importância.

É importante seguir fielmente o roteiro, ser firme para evitar digressões inúteis e conduzir as pessoas a manter-se no assunto. Mas também é bom, às vezes, ser maleável, pois num momento de digressão brotam novas idéias e sente-se uma maior participação a respeito de um ponto interessante. É preciso saber captar esses momentos e deixar a discussão seguir seu curso, como é bom, às vezes, suscitar ou permitir momentos de descontração e de riso.

É uma arte saber dirigir uma reunião, para que ela seja produtiva e interessante. Isso se aprende com a experiência e precisa-se de certa criatividade, confiança e humildade.

Para poder dirigir uma reunião, é preciso saber deixar cada um expressar-se e tentar evitar expor antecipadamente suas próprias idéias. Se aquele que dirige tem uma idéia bem clara sobre o assunto, é melhor esperar para ver se outra pessoa não vai expressá-la e encorajá-la a explicitar-se.

O perigo das reuniões é que sejam sempre os mesmos a falar — os que têm a palavra fácil. Não são, necessariamente, os mais inteligentes, nem aqueles que dizem as coisas mais importantes ou interessantes. São, muitas vezes, pessoas angustiadas ou que têm falta de confiança em si mesmas. Têm necessidade de falar e de afirmar-se. Suas intervenções podem, contudo, parecer úteis, pois enchem "os vazios" e estimulam os outros — às vezes, de modo agressivo.

É preciso procurar, no interior de cada reunião, as estruturas que encorajam cada um a participar, sobretudo os mais tímidos. Muitas vezes, de fato, aqueles que têm mais luz não ousam expressar-se; têm medo de dizer besteiras. No fundo, não reconhecem o dom que têm (talvez porque os outros não o reconheceram). E é preciso ajudar aqueles que falam demais a controlar-se e, sobretudo, a escutar. Um dos modos é parar a reunião e pedir a cada um, por sua vez, que expresse sua opinião. Se o número dos presentes for grande demais, pode-se fazer pequenos grupos para que falem entre si; o importante é que cada um se expresse.

* * *

Não devemos ficar admirados que haja explosões nas reuniões e que existam pessoas que se expressem com violência. Os gritos brotam de uma angústia que deve ser respeitada. Uma pessoa que grita não é, necessariamente, marginalizada, revolucionária, contestatória ou alguém que tem mau caráter. Não devemos fazê-la sentir-se culpada. É uma pessoa que se sente lesada, que está passando por uma fase pessoal delicada, ou que, de qualquer forma, está sofrendo. Certas curas e certos compromissos implicam momentos de angústia. Quando se responde brutalmente a esses gritos, a pessoa não poderá libertar-se, nem fazer a passagem para uma paz interior maior, para uma vida mais unificada e harmonizada com a comunidade, com suas estruturas e com seus responsáveis.

Poder exprimir-se é uma libertação. Uma comunidade deve escutar as pessoas o suficiente para que elas possam encontrar essa libertação.

* * *

Não devemos desanimar quando as reuniões correm mal, quando há tensões. Cada um deve crescer, cada um tem direito a ter seus maus momentos, seus cansaços, seus momentos de dúvida e de confusão. É preciso saber alimentar esses momentos difíceis e esperar momentos mais alegres.

É preciso descobrir, nessas reuniões difíceis, como fazer para descontrair o ambiente, como chegar a encontrar-se de modo mais calmo e alegre. Um responsável deve saber aproveitar-se do momento propício para oferecer um bom vinho e bolos; às vezes, isso recria a unidade.

Se as reuniões forem bem dirigidas, se todos as reconhecerem como necessárias para a vida comunitária e participarem delas segundo uma certa disciplina, podem tornar-se momentos de vida em que se toma consciência de que a comunidade é um lugar de comunhão. Todos se encontram, se reconhecem como irmãos e irmãs, tornam-se pão uns para os outros. A reunião torna-se, então, celebração em que cada um se oferece aos outros, como alimento, uma manifestação de que somos membros de um mesmo corpo.

* * *

Para um grupo de pessoas, a reflexão comunitária é, essencialmente, um meio de chegar a uma decisão comum, que cada um interioriza e assume como sua. É diferente de um grupo que não se opõe ao responsável, assumindo suas idéias com passividade e submissão. Também não é o mesmo que tomar uma decisão após um debate e uma discussão apaixonada. A reflexão comunitária implica reflexão e escolha pessoais, depois de terem sido examinadas as diversas opções. Implica a procura pessoal apenas da verdade e da vontade de Deus, deixando de lado as próprias paixões e necessidades de impor as *próprias* idéias e o *próprio* ponto de vista. Não é fácil discernir. Os grupos devem aprender como fazê-lo.

* * *

É inquietante observar como certos grupos são dirigidos por um chefe carismático, e a maneira impulsiva e apaixonada pela qual tomam suas decisões, carismática e profeticamente. O chefe comporta-se como se estivesse em linha direta com o Espírito Santo. Algumas pessoas, de fato, possuem um carisma especial, mas o espírito profético deve sempre ser controlado por pessoas experientes. Há, também, os falsos profetas, e os chefes que, inconscientemente, se utilizam do emocional e do espiritual para evitar conflitos, para manter-se como responsável e reforçar sua superioridade e sua condição de abençoado especial de Deus.

O papel do responsável é ajudar cada membro a refletir de forma mais pessoal, a discernir, a tomar decisões acertadas, deve chamar cada um a crescer e a assumir suas responsabilidades.

* * *

No encontro do Conselho Internacional das Comunidades da Arca, em fevereiro de 1977, decidimos fazer, em abril de 1978, um grande encontro de todas as nossas comunidades, em duas etapas. Haveria, primeiramente, o encontro dos diretores e delegados; depois, numa segunda etapa, um encontro mais amplo, do qual participariam os deficientes.

No encontro seguinte desse mesmo Conselho, em setembro de 1977, alguns questionaram essa decisão de fazer um grande encontro e de o fazer em duas etapas. Em vez de dizer: "O que foi decidido, está decidido", escutamos as inquietações de todos — inquietações que pareciam sérias. Demos início a um processo de discernimento, tentando ver, claramente, as vantagens e desvantagens de tal encontro em duas etapas.

Esse processo dispendeu várias horas para que chegássemos à mesma decisão: o grande encontro seria em duas etapas. Visto de fora e sob o ângulo da eficácia, esse momento de diálogo e de discernimento poderia parecer pura perda de tempo. Mas visto de dentro, descobrimos que esse tempo, aparentemente inútil, foi importante. Permitiu a cada um esclarecer suas opções, compreender as dificuldades e até mesmo os riscos; isso criou uma coesão interna do grupo que tinha aceito a decisão inicial só externamente. Assim, cada um ganhou mais confiança em si e nos outros, o que deu ao grupo maior criatividade. No fundo, quando todos aderem, interiormente, a um projeto, porque estão convencidos de que é a vontade de Deus (e não o projeto de uma pessoa), isso dá uma força, uma paz e uma criatividade novas.

Num grupo, isso sempre demora até que todos, especialmente os mais lentos e os que estão "mais por fora", adiram real e interiormente a uma decisão.

"Toda perda de tempo para o diálogo — na realidade, perda aparente de tempo", diz Paulo Freire, "quer dizer tempo ganho em certeza, em confiança em si e nos outros; o que nunca se consegue com a recusa do diálogo."[1]

* * *

Disseram-me que nas aldeias da Papua, Nova Guiné, só se decide algo quando todos estão de acordo. E isso pode levar horas de discussão! Numa reunião, é importante que cada um tenha tempo para expressar-se, expor sua opinião; se houver desacordo, devem ser descobertas as razões profundas.

Não se deve parar nas razões superficiais, porém, é preciso ir mais a fundo, discernir as vantagens e desvantagens até que se esclareça a situação e que se chegue, se possível, a um consenso.

Ouvi falar de certas comunidades que só tomam decisões por unanimidade. Quando há desacordo, jejuam até se chegar à unani-

---

[1] *Education for critical consciousness.* Nova York, Seabury Press, 1973. p. 123 (tradução nossa).

midade. O princípio é bom, mas pode ser difícil para aqueles que têm dificuldade de jejuar! É preciso aceitar que haja desacordos e que não se chegue sempre à unanimidade desejada. Então, é preciso votar. Para as coisas importantes, é preciso que o voto não seja de maioria simples, mas de maioria absoluta. Se não se conseguir chegar a uma maioria substancial, talvez seja melhor esperar e deixar o tempo esclarecer os fatos.

É preciso estar sempre atento à minoria que não está de acordo com uma decisão, ou que não se sente à vontade com ela. Essa minoria é, às vezes, profética e pressente que alguma coisa não vai bem. Talvez se expresse mal e com agressividade; talvez se oponha a uma decisão não em virtude da realidade discutida, mas devido a uma oposição bem mais profunda, uma recusa das estruturas, ou da autoridade, ou em função de problemas pessoais. Se for possível, então será bom fazer vir à tona essa oposição profunda. De qualquer forma, e sempre, é preciso ficar atento a esses desacordos e deixar que as pessoas os expressem com o máximo de clareza e de paz, sem sentir-se culpadas ou desleais em relação ao grupo ou ao responsável. Numa comunidade, é importante cada pessoa sentir-se livre para falar sinceramente, de acordo com sua consciência. É triste quando a consciência pessoal é sufocada e paralisada pelo medo da falta de lealdade, ou, pior ainda, pela desobediência pessoal; ao contrário, transforma-a em verdade. As comunidades precisam aprender a aceitar e a amar as diferenças.

* * *

Sempre há uma tensão, de um lado, entre a unidade e a coesão de uma comunidade, que trazem segurança e eficiência, e, de outro lado, entre a aceitação das diferenças e o encorajamento para que as pessoas desenvolvam, pessoalmente, sua sabedoria e saibam exprimir a realidade tal como a vêem. Freqüentemente, devido a uma visão exagerada da obediência, esperamos que os membros obedeçam como crianças e não tenham suas próprias idéias. Por isso, é importante o discernimento comunitário. Permite que as divergências e as diferenças exprimam-se abertamente, sem questionar ou ameaçar ninguém. Permite que se forme a consciência pessoal e que o Espírito Santo atue sobre os membros, transformando-os. Sempre é perigoso para um responsável sufocar as divisões e as divergências, temer os conflitos e, em razão disso, impedir a comunidade de mudar, evoluir e crescer. Ao mesmo tempo, é preciso saber escutar os outros e compreender seu ponto de vista.

* * *

É claro que uma comunidade não tem tempo para refletir, exaustivamente, em cada questão. Se fosse assim, ocuparia todo o seu tempo em reuniões! Deve-se gastar tempo apenas com questões essenciais. Quando uma comunidade não sabe distinguir o que é importante do que é secundário, ela perdeu de vista seus objetivos. As pessoas que passam muito tempo discutindo problemas secundários talvez o façam, inconscientemente, para fugir das questões fundamentais.

A atitude fundamental e necessária para o discernimento comunitário é a abertura, a busca da verdade e da confiança de que alcançarão essa verdade. Isso implica que os membros admitam que ainda não conhecem a resposta e que estão determinados a respeitar o espírito e o método do discernimento.

* * *

Para que se possa discernir, é preciso que a questão ou o problema seja explicitado claramente, da forma mais simples, se possível de uma maneira a que se possa responder apenas "sim" ou "não". Se a própria questão é confusa, ou se comporta em si várias questões, as respostas serão confusas.

Uma vez que a questão foi claramente exposta, e houve tempo suficiente para reflexão, os membros, um após o outro, apontarão os aspectos positivos e, após mais um tempo de reflexão, os aspectos negativos. Depois que todos escutaram os prós e os contras, deve haver mais um tempo de silêncio, de prece e de reflexão, após o qual cada um deverá escrever "sim" ou "não" e a razão principal que o levou a tal decisão.

Se houver divergências, o que provavelmente ocorrerá, aqueles que estiverem em minoria deverão explicar seus motivos. O responsável pela reflexão deverá, então, tentar discernir o ponto fundamental da divergência, a razão principal da controvérsia, e formular uma questão a respeito dela, que, novamente, deverá ser exposta de maneira muito clara. Deverá haver outra reflexão nessa nova questão, cada um dando os prós e os contras e escrevendo "sim" ou "não", expondo a razão da sua escolha. Dessa forma, as questões vão se tornando claras, e o grupo pode chegar a uma decisão final.

* * *

Nem sempre haverá unanimidade, mas em questões muito importantes é preciso que a maioria seja expressiva.

Pode ser que um responsável da comunidade não fique satisfeito com o resultado de uma votação e sinta que aquilo vai contra sua consciência de responsável. Já que ele possui a graça da responsabilidade, deve ter o direito de suspender a decisão final e pedir conselho a uma autoridade externa, ou chamar uma pessoa-referência que possa ajudar o grupo a decidir novamente, ou ajudar o responsável a aceitar a decisão.

Naturalmente, não é possível discorrer, neste livro, sobre tudo o que se refere ao discernimento comunitário. É preciso que haja pessoas experientes para ajudar na tomada de decisões justas.

* * *

Uma decisão comunitária, mesmo bem feita e conduzida pela prece, não significa que tenha vindo diretamente de Deus. Somos fracos e mortais, mas tentamos superar nossas paixões e emoções para viver na verdade e na vontade de Deus. Tentamos fazer o melhor possível, dentro do que temos e do que somos.

O processo de decisão também é fonte de unidade para a comunidade. O fato de exprimir-se de maneira positiva, sem questionar os diferentes pontos de vista e as preocupações de cada um, é enriquecedor para todos. Escutamo-nos uns aos outros e compreendemos melhor os diferentes pontos de vista. É dessa forma que o grupo evolui e que as consciências se formam. Não é isso o que importa?

CAPÍTULO

10

O cotidiano

VIVER O COTIDIANO

Um dos sinais de que uma comunidade está viva é percebido na qualidade de meio ambiente: a limpeza, a arrumação, o modo como as flores estão colocadas, a refeição e tantas outras coisas que refletem a qualidade do coração das pessoas. Para alguns, esse trabalho material pode parecer fastidioso. Gostam mais de ter tempo para falar e se entrosar. Ainda não descobriram que essas mil pequenas coisas, que têm de ser feitas a cada dia — esse ciclo que consiste em sujar e limpar —, foram dadas por Deus para permitir aos seres humanos comunicar-se entre si através da matéria. Cozinhar e lavar o chão pode tornar-se um modo de manifestar amor aos outros. Se se olhar o trabalho material mais humilde deste modo, tudo se tornará dom e meio de comunhão, tudo se tornará festa, pois é uma festa poder dar.

É importante, também, reconhecer esses dons humildes e concretos dos outros e saber agradecer-lhes.

O reconhecimento do dom dos outros é um ato essencial da vida comunitária e realiza-se pelo sorriso e pela palavrinha "obrigado".

Quando se põe amor numa atividade, ela se torna bela, e o fruto dessa atividade é belo. Numa comunidade em que não há muita ordem, nem limpeza, falta amor. Porém a maior beleza é aquela despojada e simples, em tudo é orientada para o encontro das pessoas entre si e com Deus.

O modo como alguém cuida da casa e do jardim mostra se essa pessoa está "em casa" e se está bem à vontade na sua pele e no seu ser. De certa maneira, a casa é o ninho. É como se fosse o prolongamento do corpo. Às vezes, esquecemo-nos do papel do ambiente para o crescimento e para a libertação interior.

Nossa vida na Arca é de uma simplicidade tocante. Costumamos dizer que passamos a metade do tempo sujando, e a outra metade, limpando! Não é bem assim, pois há o trabalho, as celebrações, as refeições e a prece. Mas isso mostra um pouco de nossa pequenez e da simplicidade de nossas vidas, sobretudo da dos deficientes profundos. Eles necessitam da presença dos outros e do amor nas ações essenciais do corpo: o banho, a toalete, a troca de roupas, a alimentação etc. Há muitas pessoas que não podem ficar sozinhas durante o dia nem por pouco tempo: sua angústia é muito grande. Nossa vida com essas pessoas se resume ao tato: carregá-las, dar-lhes banho, brincar com elas. Não há momentos para conversas interessantes! A comunicação faz-se apenas por carinho, brincadeira e riso. Vivemos a comunhão com elas nas pequenas coisas do dia-a-dia.

* * *

Não somos chamados a fazer coisas extraordinárias, e sim coisas ordinárias, porém com um amor extraordinário, que vem do coração de Deus. São Paulo fala sobre isso na sua primeira Carta aos Coríntios (cap. 13), quando diz que podemos fazer coisas extraordinárias, como falar a língua dos anjos e dos seres humanos, possuir toda a ciência e a plenitude da fé, dar todos os nossos bens aos pobres e entregar-nos ao martírio, mas se o fizermos sem amor, nada disso terá valor. E continua falando sobre o que é o amor: é ser paciente e serviçal, nem ciumento, nem vaidoso, nem arrogante, nem mau-caráter. O amor não busca seu interesse, não se irrita, e encontra sua alegria na verdade. Desculpa tudo, acredita em tudo, espera tudo, suporta tudo.

Amor é comunhão. Comunhão com Deus, com nossos irmãos e irmãs. Não são os atos heróicos que constroem a comunidade. É o amor que se revela nas menores coisas da vida cotidiana.

* * *

Algumas comunidades sempre estão fazendo grandes projetos, realizando coisas importantes. Caminham de projeto em projeto. Suas tarefas são sempre apaixonantes e proféticas. Parece haver contínuas e maravilhosas intervenções de Deus. Tudo isso pode ser verdadeiro e admirável, mas essas comunidades devem lembrar-se de que o essencial repousa nas pequenas ações de amor realizadas dia após dia, na paciência com aqueles que nos irritam.

* * *

Vejo muita semelhança entre os mosteiros de vida contemplativa e as comunidades da Arca. À primeira vista, nada há de mais oposto que essas duas maneiras de viver. Contudo, se observarmos mais de perto, veremos que ambos se fundamentam na *presença* e na *comunhão*, na prece e no trabalho manual, sem procurar grandes coisas para fazer, sem querer ser herói. Outra semelhança está no fato de as duas serem consideradas pela nossa sociedade como inúteis e sem valor.

As comunidades que sempre estão se refugiando naquilo que é grandioso e heróico talvez estejam fugindo do essencial. Deveriam meditar sobre as palavras de Miquéias:

"Já te foi dado saber, homem, o que é o bem, o que Javé te pede: nada mais do que ser justo, amar com ternura e caminhar humildemente com teu Deus" (6,8).

* * *

Vós, os eleitos de Deus, seus santos e seus bem-amados, cobri-vos de terna compaixão, de bem-aventuranças, de humildade, de doçura, de paciência; suportai-vos uns aos outros e perdoai-vos se houver algum motivo de queixa. O Senhor vos perdoou, fazei o mesmo. E acima de tudo, a caridade, que é o laço da perfeição. Dessa forma, que a paz de Cristo reine em vosso coração: é ela que vos une num só corpo. Enfim, vivei na ação de graças! Que a palavra de Cristo permaneça em vós com toda a sua riqueza. Aumentai vossa sabedoria aconselhando-vos mutuamente. Cantai a Deus, com todo o vosso amor e reconhecimento, salmos, hinos e cantos espirituais. E o que quer que façais ou digais, que seja sempre em nome do Senhor Jesus, dando graças ao Deus Pai por seu intermédio (Cl 3,12-17).

* * *

Uma comunidade que tem o senso do trabalho bem feito, realizado discreta e silenciosamente na humildade e por amor aos outros, tem condições de tornar-se uma comunidade na qual a presença de Deus é vivida profundamente. Cada um tem seu lugar, com seus pequenos gestos cotidianos, com ternura e competência, feliz por servir e considerando os outros superiores a si, comungando em paz com Deus, com os outros e com a natureza, permanecendo em Deus, e Deus em si. A comunidade assume, dessa forma, uma dimensão contemplativa.

* * *

Muita gente pensa que a vida comunitária é feita de problemas a ser resolvidos: disputas, conflitos, problemas provocados por pessoas marginais, pelas estruturas etc. E consciente ou inconscientemente, esperam pelo dia em que não haverá mais problemas!

Quanto mais avançamos na vida comunitária, mais descobrimos que não se trata tanto de resolver problemas, porém de aprender, pacientemente, a conviver com eles. Na verdade, na maioria das vezes, não resolvemos os problemas. Com o tempo, um pouco de perspicácia e de fidelidade à escuta, os problemas diminuem quando menos esperamos.

E sempre surgirão outros.

Freqüentemente, na vida comunitária, procuramos momentos emocionantes, de bonitas festas extasiantes, e esquecemos que o melhor alimento para a vida comunitária, o que renova o coração, são os pequenos gestos de fidelidade, carinho, humildade, perdão, delicadeza e acolhida cotidianos. Eles estão no coração da vida comunitária e nos fazem mergulhar na realidade do amor. Sensibilizam nosso coração e revelam o dom.

* * *

O RITMO DO COTIDIANO

Quando estava em casa de Chris, numa das nossas comunidades em Kerala, na Índia, olhava, cheio de alegria e admiração, os pedreiros indianos que construíam a casa. Esses homens trabalhavam muito, mas com um grande espírito de liberdade e sem tensão. Sentia-se que trabalhavam pelo prazer de trabalhar juntos e de fazer uma obra bela (ainda por cima remunerada). As mulheres traziam pilhas de tijolos na cabeça e riam. À noite, certamente estavam cansados, mas deviam ir dormir com o coração em paz.

Há algo muito belo no trabalho feito com precisão e esmero. É como uma participação na atividade de Deus, ele que faz tudo com ordem, sabedoria e beleza nos mínimos detalhes.

Atualmente, vivemos uma época de automatismo e esquecemos a grandeza do trabalho manual bem feito. Há no artesão um aspecto contemplativo. O verdadeiro carpinteiro, que ama a madeira e conhece suas ferramentas, não se apressa, nem se enerva. Conhece o seu ofício e cada gesto é feito com precisão. A obra realizada é bela.

Há algo de particularmente unificante numa comunidade em que se trabalha muito, com precisão, e cada um no seu lugar. As comunidades em que há muito luxo, muitos lazeres, muito tempo perdido, muita imprecisão, tornam-se, depressa, comunidades mornas, em que se espalha o câncer do egoísmo.

* * *

Nessa mesma comunidade, em Kerala, é preciso ter tempo para tirar do poço água para cozinhar, lavar-se, beber, lavar a roupa e regar o jardim. Uma atividade natural assim nos mantém próximos uns dos outros e próximos da natureza.

Gosto deste texto do Deuteronômio:

> Porque este mandamento que hoje te ordeno não é excessivo para ti, nem está fora do teu alcance. Ele não está no céu, para que fiques dizendo: quem subirá até o céu, para trazê-lo a nós, para que possamos ouvi-lo e colocá-lo em prática? E não está no além-mar, para que fiques dizendo: quem atravessaria o mar por nós, para trazê-lo a

nós, para que possamos ouvi-lo e colocá-lo em prática? Sim, porque a palavra está muito perto de ti: está na tua boca e no teu coração, para que a coloques em prática (30,11-14).

A vida comunitária, no seu cotidiano, não está acima das nossas forças.

* * *

Essa insignificância é, às vezes, difícil de aceitar. Lembro-me de um verão, quando era responsável por um grupo de férias na comunidade. Éramos quinze. Uns amigos nos emprestaram uma casa perto do mosteiro dos Trapistas. Eu gostava de acordar cedo para rezar com os monges. O silêncio e a paz abriam meu coração. Depois, lá pelas oito horas, tinha de voltar para casa. Meu coração tornava-se um pouco amargo. Sabia que teria de acordar pessoas que tinham sujado a cama, teria de lavá-las e vesti-las. Depois viria o café da manhã, depois... todas aquelas tarefas simples e a luta da vida comum de todo dia, com tudo o que ela representa. Era totalmente diferente da paz e da tranqüilidade do mosteiro.

Esse sofrimento me obrigou a aprofundar-me na espiritualidade da Arca. Era importante reencontrar a unidade do meu ser: não deveria haver um momento de espiritualidade intensa no começo do dia, e o restante ser apenas trabalho, até a noite. Precisava encontrar uma forma de colocar amor e prece nas minhas atividades e nos meus gestos, na limpeza e na lavagem da louça, em todas as pequenas tarefas e no "estar junto" da vida comunitária.

* * *

Acho maravilhoso que Jesus tenha vivido durante trinta anos uma vida escondida em Nazaré, com Maria, sua mãe, e José. Ninguém o reconhecia ainda como o Cristo, o Filho de Deus. Vivenciou, humildemente, as bem-aventuranças, vivenciou a família, a vida comunitária, trabalhou a madeira, vivenciou o pequeno cotidiano no seio da comunidade judaica de Nazaré, no amor de seu Pai. Somente depois de ter vivido a Boa-Nova do amor é que foi pregá-la. O segundo tempo da vida de Jesus é, então, uma luta em que ele procura transmitir sua mensagem e usar sinais para confirmar sua autoridade.

Não haverá perigo, para certos cristãos, de falar demais do que não vivenciam, ou de ter teorias sem as ter vivenciado? A vida reclusa de Jesus é o modelo de toda a vida comunitária.

O terceiro tempo da vida de Jesus é o do abandono por parte de seus amigos e a perseguição pelas autoridades civis e religiosas. Esse terceiro tempo acontece, às vezes, para as pessoas comprometidas com uma comunidade.

* * *

ESPIRITUALIDADE DO MOVIMENTO E ESPIRITUALIDADE DO CÍRCULO

Algumas pessoas têm uma espiritualidade do movimento e da esperança. Sente-se nelas um dinamismo. São chamadas a viajar para levar a Boa-Nova e fazer grandes coisas pelo Reino. A espiritualidade de são Paulo e dos apóstolos era desse tipo. Estavam tomados pelo desejo de dar a conhecer Jesus e de criar novas comunidades cristãs. Para outras pessoas, a espiritualidade é ficar. É o que chamarei de "espiritualidade do círculo". Precisam de mais de um ritmo regular do que desse dinamismo do movimento. Suas energias são utilizadas para permanecer na presença de Deus e numa presença ativa aos irmãos e irmãs, numa vida regular, acolhendo o ambiente e a realidade do momento presente. É uma espiritualidade de delicadeza e de compaixão no cotidiano, mais do que de irradiação através da ação e do movimento.

Às vezes, as pessoas que têm uma espiritualidade do movimento estão tão presas ao futuro que têm dificuldade para viver o encontro no presente; sua cabeça e seu coração estão cegos em razão de todos os projetos que fazem.

Numa vida muito regular, as primeiras pessoas tornam-se impacientes, precisam de aventura e de imprevistos. As outras, pelo contrário, têm medo de imprevistos demais; precisam de vida regular. Numa comunidade, são necessárias as pessoas dinâmicas que constroem e que fazem grandes coisas. Mas são necessárias, sobretudo, as pessoas que se enraízam na espiritualidade do cotidiano.

* * *

A espiritualidade de Nazaré ou a espiritualidade do círculo (pois trata-se de viver todo dia a mesma coisa), que implica o amor das pequenas coisas e a humildade, não é fácil no nosso mundo. Desde a infância nos ensinaram a subir a escala da promoção humana, a ser o primeiro, a ter sucesso, a ganhar prêmios, a defender-nos e a ser independentes. Aprendemos que é importante ter conhecimento, sucesso, poder e reputação. Aprendemos a colocar os valores externos acima dos internos. No entanto, o Evangelho nos ensinou a amar, a viver as bem-aventuranças, a não pensar tanto em nós mesmos. Para obter isso, é preciso que haja profunda mudança de atitude, uma conversão. E isso só é possível se estivermos profundamente ligados a Jesus e se recebermos o Espírito. Nunca seremos capazes de viver a pequenez do amor se não estivermos realmente determinados a ouvir o chamado de Jesus, a segui-lo. Para que isso aconteça, precisamos estar fundamentados na prece.

* * *

As leis da matéria

Numa comunidade, há leis materiais absolutamente fundamentais. É preciso respeitar a economia, o modo de gerir as finanças e encontrar meios para viver, quer seja o trabalho, quer outras coisas. Uma comunidade precisa de estruturas, de disciplina, de regulamento, nem que seja só o horário das refeições em comum. É preciso saber quem decide o que e como. Tudo isso é como o esqueleto e a carne do corpo que é a comunidade. Se não for respeitado, a comunidade morrerá; mas, é evidente, a administração dos bens, a economia e as estruturas comunitárias só existem para permitir que o espírito e os objetivos da comunidade se desenvolvam e se aprofundem.

Às vezes, encontramos pessoas que recusam o aspecto físico do corpo, quer seja o seu, quer o da comunidade, como se este não fosse sadio, ou fosse feito de maus instintos. Tendem a voltar-se para o espiritual. Não querem estruturas; têm medo delas. Rejeitam todo regulamento, toda disciplina, toda autoridade. Nem sequer respeitam as paredes. Estragam comida, gastam muita eletricidade e gasolina. Não têm consciência do valor do dinheiro e não sabem o que é ser responsável por coisas materiais. Gostariam de uma comunidade totalmente espiritual, feita de amor, de relações calorosas, de espontaneidade, mas estão à parte da realidade: uma comunidade é sempre a união do corpo e do espírito.

Se as comunidades se desfazem porque alguns recusam as leis da vida material, também podem ser sufocadas por aqueles que só acreditam no regulamento, na lei, na economia eficaz e na gestão; que só procuram uma boa administração e a obediência ao regulamento. Matam o coração e o espírito.

Stephen Verney diz: "Somos mais da terra e mais do céu do que ousamos admitir". Isso é válido para uma comunidade. O corpo é importante; é belo; é preciso cuidar dele, mas ele é para a vida, para o espírito, para o coração e para a esperança, para o crescimento daqueles para quem a comunidade existe.

* * *

Amor e pobreza

Como o problema da pobreza é difícil de ser resolvido! Rapidamente, uma comunidade se enriquece pelas melhores razões do mundo. Precisa de uma geladeira para poder comprar a carne mais barata e para guardar melhor as sobras, depois precisa de um congelador. Muitas vezes, para gastar menos, é preciso investir muito.

Compra-se um carro porque é absolutamente necessário para o apostolado da comunidade e para poder comprar mais barato; abandona-se a bicicleta e o andar a pé. Há máquinas que permitem fazer as coisas mais depressa e mais eficazmente, mas que suprimem certas atividades comunitárias. Ficaria desolado se um dia, na Arca, em Trosly, fosse comprada uma máquina para lavar louça: lavar louça é um dos bons momentos que passamos juntos, descontraídos e rindo. Outras comunidades poderiam dizer a mesma coisa para a preparação de legumes: é um tempo de partilha. Além disso, algumas máquinas tiram a ocupação das pessoas mais fracas, como pequenos trabalhos caseiros ou de cozinha; é seu modo de "dar" alguma contribuição à comunidade. É triste suprimi-los. Depressa corre-se o risco de organizar a vida comunitária, tendo por modelo uma indústria, um hospital ou qualquer outra instituição, ou melhor, a sociedade moderna: as pessoas mais saudáveis fazem muitas coisas, e muito depressa, com máquinas; tornam-se terrivelmente ativistas, sempre ocupadas, mandando em todo mundo; as menos saudáveis são condenadas a não fazer nada e gravitam em torno da televisão.

Haverá normas nesse campo da pobreza? Uma coisa é certa: uma comunidade que enriquece, que não precisa de nada, que é totalmente autônoma, isola-se — precisamente porque não necessita de ajuda alguma. Fecha-se em si própria e em seus próprios recursos. Sua irradiação diminui. Pode fazer muitas coisas pelos vizinhos, mas eles não podem fazer nada por ela. Não há mais troca, nem partilha. A comunidade torna-se o vizinho rico. De que ela dá testemunho?

Uma comunidade que tem tudo de que precisa, e mesmo mais, corre, depressa, o risco de não fazer mais esforços para reduzir as despesas: desperdiça ou usa coisas de qualquer jeito; não respeita mais a matéria. Perde toda a criatividade nesse campo. Instala-se um certo desleixo. Em nome de um bem-estar físico e moral, torna-se incapaz de discernir entre o luxo ou o desejável e o necessário. Uma comunidade rica perde, rapidamente, o dinamismo do amor.

Lembro-me de irmão André, dos Missionários da Caridade, falando de Calcutá, onde viveu quatorze anos: "É a mais terrível de todas as cidades, em razão da imensa miséria que lá se encontra, mas também é a mais bela, porque é a cidade onde há mais amor". De fato, quando alguém se torna rico, põe barreiras a sua volta e, às vezes, um cachorro feroz para defender sua propriedade; os pobres, pelo contrário, não têm nada para defender e até partilham o pouco que têm.

Numa comunidade pobre, há muita ajuda mútua e apoio material, sem falar da ajuda externa. A pobreza torna-se, então, como um cimento de unidade. Isso impressiona muito na Arca: quando fazemos uma peregrinação juntos, todos ajudam e repartem com alegria, contentando-se, às vezes, com muito pouco. Quando a pessoa é rica, pelo contrário, torna-se mais exigente, mais difícil, e cada uma tem tendência a ficar de seu lado, sozinha, isolada.

Nas aldeias pobres da África, há uma partilha, uma ajuda mútua, festas; nas cidades modernas, cada um se fecha no seu apartamento, onde tem tudo de que precisa. Aparentemente, as pessoas não precisam umas das outras. Cada uma basta-se a si mesma; não há nenhuma interdependência. Não há mais amor.

* * *

Uma comunidade que assiste muito à televisão, perde depressa o sentido da criatividade, da partilha e da festa. As pessoas não se encontram mais. Cada uma isola-se diante do aparelho.

De fato, quando amamos muito, contentamo-nos com muito pouco. Quando temos a alegria e a luz no coração, não precisamos de riquezas exteriores. As comunidades mais cheias de amor são, freqüentemente, as mais pobres. Não se pode ficar próximo do pobre quando se leva uma vida de luxo ou se gasta demais. Amar alguém leva a identificar-se com ele e a repartir com ele.

O importante é que as comunidades saibam bem o que querem testemunhar. A pobreza é apenas um meio a serviço de um testemunho de amor e de um estilo de vida.

Gostei muito do que me disse Nadine, na comunidade da arca em Tegucigalpa (Honduras). Na casa Nazaré — é o nome da comunidade —, ela acolheu Lita e Márcia, que possuem deficiências visíveis. As duas vêm de famílias muito pobres e é importante que sua nova casa seja, como todas as casas do bairro, constantemente aberta para os vizinhos. É assim que se vive nesse país. E Lita e Márcia não devem ficar à parte, como num instituto; é preciso que tenham muitos amigos e que vivam como todo mundo. As crianças dos vizinhos estão sempre na casa, brincando, rindo, falando e cantando. Perguntei a Nadine se um gravador não seria útil. "Não", respondeu-me ela, "pois as crianças brincariam com ele e logo estaria quebrado, ou então teríamos de fechá-lo à chave". E o armário, ou o quarto, fechados à chave, tornam-se um lugar secreto, em que se escondem coisas. Mais do que isso, transformam-se em barreiras para a acolhida. Iriam querer usá-lo ou ter um também. Nadine disse, também, que não devemos ter em nossa casa coisas que os vizinhos não tenham nas suas. Eles iriam se sentir atraídos e intrigados por essas coisas e iriam querer usá-las ou ter igual em suas casas. As riquezas tornam-se, depressa, barreiras que fazem nascer ciúmes ou um sentimento de inferioridade; quem as tem são "poderosos", "grandes". A pobreza deve estar sempre em função do amor e do acolhimento. A questão é sempre a mesma: queres viver para dar testemunho do amor e do acolhimento, ou queres proteger-te atrás do conforto e da segurança?

* * *

As comunidades maiores e mais ricas materialmente não devem, contudo, desesperar-se! Devem dar testemunho de uma outra forma de pobreza e de confiança. Podem, de muitos modos, procurar não viver no luxo, nem desperdiçar; podem, por exemplo, usar seus edifícios para acolher mais pessoas. Sua riqueza é um dom de Deus, de que a comunidade não é proprietária, mas administradora. Deve utilizá-la para disseminar a boa-nova do amor e da partilha.

* * *

O CONFLITO ENTRE VIVER A PEQUENEZ E O ENGAJAMENTO POLÍTICO

Temos uma pequena comunidade em Betânia, West Bank [território palestino situado a oeste do mar Morto e do rio Jordão e a leste de Israel]. Nos arredores e nas cidades próximas, há muito sofrimento. O povo palestino luta para sobreviver. Os israelenses também lutam por isso, tentando esmagar os levantes, às vezes cruelmente. Com tanta movimentação fora da comunidade, a vida é muito difícil e incômoda, mesmo com Rula e Siham ajudando as pessoas a comer, a vestir-se e a fazer as coisas do dia-a-dia. Se nos preocupamos demais com as manifestações do povo palestino, não podemos estar presentes nem espiritual, nem psicologicamente para aqueles que precisam de nossa presença e de nossa atenção para viver. No entanto, podemos sentir-nos solicitados e culpados por fazer apenas coisas pequenas, enquanto a nossa volta tantas coisas importantes, que podem até mudar o rumo da história para muita gente, estão acontecendo. Não é fácil acreditar nas pequenas coisas quando as lutas políticas estão eclodindo.

* * *

DIMENSÃO POLÍTICA DA COMUNIDADE

As comunidades cristãs não podem ficar à margem da sociedade. Não são lugares de emoção, como a droga diante da tristeza do cotidiano, lugares para acalmar a consciência, onde se foge do presente num sonho do além. São, pelo contrário, lugares de revitalização para ajudar cada pessoa a crescer para a libertação interior, a fim de amar todos os seres humanos como Jesus os ama: "Não há maior amor do que dar a vida por seus irmãos". A mensagem de Jesus é clara. Repreende os ricos e os orgulhosos; exalta os humildes. As comunidades cristãs devem estar no coração da sociedade, visíveis aos olhos de todos. Não se pode tampar o sol com a peneira. Elas devem ser um sinal de que, com muito pouca coisa material e sem excitantes artificiais, pode-se ter o coração em festa e maravilhar-se com a pessoa que está perto de nós, com a beleza do universo que é nossa morada, sinal, também, de que é possível trabalhar juntos para que nosso bairro, nossa aldeia ou nossa cidade se tornem um lugar de mais justiça, de paz, de amizade, de criatividade e de crescimento humano.

As comunidades cristãs têm, então, uma dimensão política.

* * *

Creio que certos cristãos estão obcecados pela política. São, às vezes, terrivelmente anticomunistas: o comunismo torna-se o demônio que é preciso abater; tais cristãos têm tendência a formar grupos políticos um pouco fascistas. Ou então, ao contrário, são anticapitalistas e lutam por estruturas novas que favoreçam, segundo eles, a igualdade das riquezas. Essas duas tendências preconizam, muitas vezes, uma forma de centralização nacional, quer para proteger a economia liberal, quer para nacionalizar e planejar tudo.

Pergunto-me, às vezes, se os cristãos não deveriam pôr suas energias mais na criação de comunidades cristãs que vivessem o mais possível segundo a Carta das bem-aventuranças. Essas comunidades, que vivem segundo valores que não são os do valor único do progresso material, do sucesso, da aquisição de riquezas, nem da luta política, poderiam tornar-se o fermento na massa da sociedade. Não começariam por mudar as estruturas políticas, mas o coração e o espírito das pessoas na sociedade, fazendo-as entrever uma dimensão nova do ser humano, da interiorização, do amor, da contemplação, da capacidade de maravilhar-se, da partilha, essa nova dimensão em que o pobre e o fraco, longe de serem postos de lado, estão no coração da sociedade.

Minha esperança é que, se esse espírito comunitário propagar--se realmente, as estruturas mudarão. As estruturas são o espelho dos coração, claro, exceto no caso das ditaduras.

Isso implica que algumas pessoas, desde já, trabalhem para melhorar ou mudar as estruturas econômicas e políticas, para facilitar a criação de uma sociedade em que haja mais justiça, verdadeira partilha, e em que as comunidades se possam enraizar e irradiar e em que os seres humanos possam ser realmente humanos.

A mesma coisa pode ser dita para os que militam pelas grandes causas. Algumas pessoas lutam pela paz, porém são muito agressivas, até contra outros movimentos que lutam pela mesma paz. Será que essa forma de engajamento não deveria inspirar-se na comunidade, na qual se aprenderia a reconciliar-se, a aceitar as diferenças e as próprias trevas, e na qual se aprenderia a celebrar? Não é perigoso que grupos que lutam por causas humanitárias tenham atitudes agressivas e dividam o mundo entre "bons" e "maus"? Esse tipo de elitismo pode ser perigoso e conduzir a uma espécie de *apartheid* e de opressão àqueles que não compartilham as idéias do grupo.

* * *

Essas comunidades que vivem na simplicidade, pobremente, sem fazer grandes gastos, sem precisar da televisão o dia todo, fazem surgir um novo estilo de vida, exigindo menos recursos financeiros, porém mais capacidade de relação. Não seria um dos melhores meios para acabar com o fosso que separa, cada dia mais, os países ricos dos países pobres? Não se trata de, generosamente, ajudar os países pobres a desenvolver-se. É preciso, também, revelar aos países ricos que a felicidade não está nessa procura louca de bens materiais, mas no relacionamento simples, cheio de amor, vivido e celebrado numa vida comunitária despojada.

* * *

Nos países industrializados, desenvolveu-se uma vida afastada da natureza, uma vida artificial: as casas estão cheias de eletro-domésticos: os lazeres limitam-se, muitas vezes, à televisão e ao cinema; as cidades são barulhentas, abafadas, poluídas; os homens e as mulheres ficam fatigados com longas horas de metrô, de trem, de carro, de engarrafamentos. Os filmes a que assistem e as notícias que escutam são só dramas e violências. E acrescente-se a isso todas as notícias do mundo que não conseguem integrar: as catástrofes naturais, a fome no mundo, os focos de guerra civil, os atentados terroristas, as notícias sobre os países em que não há liberdade de imprensa, em que há tirania, torturas, pessoas encarceradas arbitrariamente em prisões ou em hospitais psiquiátricos. Há tudo para enervar, inquietar. E os homens e as mulheres do nosso tempo sentem-se incapazes de fazer uma síntese de tudo isso. São pequenos demais para acolher todas essas informações, mais ou menos dramáticas, na sua carne frágil. É por isso que se agarram, facilmente, a novos mitos que proclamam a salvação do mundo, a seitas rígidas que dizem ser detentoras da verdade. Quanto mais angustiado for o ser humano, mais se apegará a novos salvadores, a fanáticos, quer de ordem política, quer psicanalítica, quer religiosa, quer mística. Ou, então, quer esquecer tudo na corrida aos estímulos momentâneos, à riqueza, ao prestígio.

As comunidades devem ser sinal de que é possível viver humanamente, que, mesmo nas nossas estruturas atuais, não é preciso ser escravo das formas de trabalho, de economias desumanas, de lazeres artificiais ou excitantes.

Uma comunidade é, em essência, um lugar em que se aprende a viver ao ritmo da pessoa, das dimensões do coração humano, ao ritmo da natureza. Somos feitos de terra e precisamos do calor do sol, da água do mar, do ar que respiramos, somos seres da natureza e as leis dela fazem parte da nossa carne. Isso não quer dizer que as descobertas científicas não sejam úteis, mas devem estar a serviço da vida, para criar um ambiente em que a pessoa possa, verdadeiramente, crescer em todas as dimensões do seu ser, quer seja na cidade ou no campo, quer seja nas aldeias abandonadas ou nas favelas, quer seja nos bairros luxuosos ou nos guetos.

Uma comunidade não deve ser, antes de tudo, um agrupamento de tropas de choque, de comandos de heróis, mas uma assembléia de pessoas que querem ser sinal de que é possível que as pessoas vivam juntas, amem-se, celebrem, trabalhem para um mundo melhor de fraternidade e de paz. Neste mundo materialista em que os seres humanos, muitas vezes, se ignoram ou se matam uns aos outros, as comunidades devem ser sinal de que o amor é possível, de que, para ser feliz, não é preciso muito dinheiro — pelo contrário. O livro de Schumacher, *Small is beautiful*,[2] abriu-me muitas pistas de reflexão a esse respeito. É preciso que nas nossas

---

[2] "Une société à la mesure del l'homme". *Small is Beautiful*. Seuil/Contre-temps, 1978.

comunidades da Arca se acentue ainda mais a qualidade de vida. É preciso, a cada dia, aprender a viver e achar nossos ritmos de vida interior e exterior.

* * *

Hoje em dia, nos países ricos, aumenta a oposição aos imigrantes dos países mais pobres: muitas vezes, são maltratados e alojados em condições assustadoras. O *apartheid* não acontece só na África do Sul, acontece em cada país e em cada coração. Todos temos tendência ao espírito de clã, a esconder-nos atrás de nossos medos, nos nossos clubes de amigos, com aqueles que pensam como nós e nos admiram. Nessa situação, não é importante, do ponto de vista político, dar um exemplo de que é possível a vida em comunidade? De que os muros do ódio que nos separam podem ser evitados? Não é importante mostrar que pessoas oriundas de culturas e tradições religiosas diferentes podem respeitar-se e amar-se, que a guerra e a opressão não são invencíveis? Não é importante que, num mundo em que os deficientes são descartados antes de seu nascimento ou logo após, haja comunidades que saibam admirar sua beleza e valorizá-los?

* * *

Na África e em outros países pobres, noto que as pessoas das aldeias têm uma certa qualidade de vida. Sabem viver em família e na aldeia, entre si, mesmo que não saibam, muitas vezes, "fazer" coisas com eficácia. Os missionários que encontro sabem, freqüentemente, fazer toda espécie de coisas: construir escolas, hospitais, ensinar, tratar etc., às vezes até mesmo engajar-se eficazmente na luta política. Entretanto, muitas vezes, não sabem viver entre si; não se sente que a casa deles é alegre, viva, uma comunidade em que todos se sentem à vontade, descontraídos, e em que se tecem laços profundos de fraternidade. É um pouco triste, pois os cristãos deviam, sobretudo, dar um testemunho de vida. E é muito mais importante hoje, quando os países da África estão divididos entre a tradição da aldeia e o gosto pelo dinheiro e pelo progresso. Muitas vezes, infelizmente, os missionários passam a imagem de pessoas que usam máquinas e técnicas, que custam caro, para viver e ter sucesso, desde o carro até a geladeira. Fico sempre maravilhado com as irmãzinhas de Jesus, com as irmãs da madre Teresa e muitas outras comunidades que sabem viver no meio do povo e dar testemunho de vida.

* * *

Em nossa comunidade de Calcutá, muitas vezes nos perguntamos o que estamos fazendo lá. Somos quinze pessoas, das quais algumas viviam na rua, inativas e miseráveis em razão de uma deficiência mental — no centro de um bairro superpovoado de pobres, encostados na estação ferroviária de Sealdah, uma das mais ativas do mundo. Vivemos felizes através dos altos e baixos do cotidiano. Temos o que comer, e a fábrica Philips nos dá trabalho. Caminhamos, lentamente, para uma certa autonomia financeira, que não temos certeza de atingir. Na rua, há uma multidão de pobres, de homens sem trabalho; e um pouco mais longe, na cidade, há os ricos inconscientes de sua responsabilidade. Perguntamo-nos, então, que é que estamos fazendo: uma pequena gota num vasto oceano de sofrimento e de miséria. Precisamos lembrar-nos, constantemente, de que não somos os salvadores do mundo, porém um pequeno sinal, entre milhares de outros, de que o amor é possível; que o mundo não está condenado a uma dialética entre oprimidos e opressores; que a luta de classes e de raças não é inevitável; que há uma esperança. E isto porque acreditamos que o Pai nos ama e nos envia o seu Espírito para transformar nosso coração e conduzir-nos nessa passagem do egoísmo para o amor, para que possamos viver todos como irmãos e irmãs, no cotidiano da vida.

Sartre não tem razão: o outro não é o inferno; é o céu. Só se torna o inferno se eu já estiver no inferno, ou seja, se eu estiver fechado nas minhas trevas e no meu egoísmo. Para que ele se torne céu, preciso fazer, lentamente, essa passagem do egoísmo para o amor. Meus olhos e meu coração é que devem mudar.

Certas vezes, encanta-me visitar famílias em que haja uma filha ou um filho com deficiência profunda. Os pais passam todos os dias, e mesmo as noites, com pouca ajuda e quase sem tempo para descansar. Ninguém os admira, nem os glorifica por isso. Muitas vezes, até mesmo são criticados por não terem abdicado do filho, ou colocado a criança numa instituição, separada da sociedade. Na Arca, temos feriados, somos ajudados e encorajados por profissionais e pela Igreja e recebemos um salário. Mesmo assim, muitas pessoas nos acham maravilhosos e generosos. No entanto, talvez sejam pessoas que vivam profundamente no amor, na humildade e na entrega a Deus. Não seriam, também, as famílias que vivem em guetos nas grandes cidades, lutando para sobreviver e alimentar seus filhos, que iluminam com a verdade nossa humanidade? Nem sempre os que escolheram viver em comunidade são os mais importantes: são milhares de pessoas pelo mundo que vivem o amor de uma maneira anônima, que vivem a acolhida e o perdão. Os que escolheram viver em comunidade têm muito o que aprender com essa gente.

CAPÍTULO

11

A festa

NO CORAÇÃO DA COMUNIDADE: A FESTA

No coração da comunidade estão o perdão e a festa. São as duas faces da mesma realidade, a do amor. A festa é uma experiência comum de alegria, um canto de ação de graças. Celebramos o fato de estar juntos e damos graças pelo dom que nos é dado. A festa alimenta o coração: dá de novo esperança e força para viver os sofrimentos e as dificuldades da vida cotidiana.

Quanto mais um povo é pobre, mais gosta de festejar. Fico sempre admirado ao ver, na Índia ou na África, como os mais pobres fazem festas que, às vezes, duram vários dias. Juntam todas as economias para fazer refeições grandiosas e comprar roupas bonitas. Fazem grinaldas de flores e fogos de artifício (os efeitos de luz e as explosões são parte integrante das festas). Essas festas estão quase sempre ligadas ao aniversário de um acontecimento divino ou religioso; têm, então, um caráter sagrado.

Nos países ricos, perdeu-se a arte de celebrar. As pessoas vão ao cinema, assistem à televisão ou desfrutam de outros lazeres, vão a *parties*, mas não sabem festejar.

* * *

As sociedades que enriqueceram perderam o sentido da festa ao perderem o sentido da tradição. A festa liga-se a uma tradição familiar e religiosa. Quando a festa se afasta da tradição, tende a tornar-se artificial e são precisos estimulantes para ativá-la, como o álcool. Não é mais festa.

Em nossos dias, há o sentido de *party*, ou seja, um encontro em que se come e se bebe, organizam-se danças, mas são muitas vezes atividades de casais e, mesmo, muito individuais. Hoje, as pessoas gostam de espetáculos, teatro, cinema, televisão, mas perderam o sentido da festa.

A celebração é o ato específico da comunidade no qual as pessoas se regozijam e rendem graças ao Pai por tê-las unido, por velar por elas e amá-las; por não estarem mais sozinhas, voltadas para seu isolamento e independência, mas serem um só corpo, no qual cada um tem seu lugar. A festa é o grito de alegria daqueles que fizeram a aliança juntos, por terem sido conduzidos do isolamento à aliança, do desespero à esperança.

As festas têm um papel na aceitação dos sofrimentos diários. É um momento de permissão. Porém, enxergá-las apenas como uma escapatória ou uma droga é não ir a fundo na realidade humana.

As pessoas vivem o cotidiano com tudo aquilo que ele tem de fastidioso: os dias são parecidos, sujamos, limpamos, revolvemos a terra, semeamos, colhemos. Passamos longas horas na condução para chegar a um trabalho frustrante, no qual temos de ser disciplinados e eficientes, cuja programação deve ser respeitada, e isso gera tensão.

Na vida em família, temos, às vezes, bloqueios uns com os outros, o que provoca problemas de comunicação. Podemos fechar-nos aos outros vendo televisão, lendo ou fazendo outra coisa qualquer. Nós nos sentimos culpados e culpamos os outros. Existe um sofrimento que envolve as pessoas.

Da mesma forma que precisamos do dia para trabalhar, exercer nossas atividades, rezar e celebrar, e da noite para dormir; da mesma forma que precisamos das quatro estações do ano, com suas diferenças climáticas, precisamos, ao lado do trabalho fastidioso do dia-a-dia, das alegrias das festas e do dia do Sabá. O coração humano precisa de uma felicidade que parece inacessível aos mortais. Aspira ao infinito, ao universal, ao eterno, a alguma coisa que dê um sentido à vida humana e ao seu cotidiano enfadonho.

A festa é um sinal daquilo que está além do paraíso. É símbolo de algo a que a humanidade aspira: uma gloriosa experiência de comunhão total.

* * *

A festa exprime e torna presente, de modo palpável, a finalidade da comunidade. Assim, é um elemento essencial da vida comunitária. Na festa, apagam-se as irritações nascidas do cotidiano; são esquecidas as pequenas brigas. O lado extático da festa (o êxtase é sair de si mesmo) unifica os corações; passa uma corrente de vida. É um momento de admiração, em que a alegria do corpo e dos sentidos está ligada à alegria do espírito. É o momento mais humano e mais divino da vida comunitária. A liturgia da festa, ao harmonizar a música, a dança, os cantos com a luz, os frutos e as flores da terra, torna-se um momento em que se comunga com Deus e entre nós, através da oração, da ação de graças e também da boa comida. A refeição da festa é importante.

E quanto mais o cotidiano for duro, enfadonho, mais o coração precisa desses momentos de celebração e de encantamento. Precisa desse período em que todos se reúnem para dar graças, cantar, dançar e ter refeições especiais. Cada comunidade, como cada povo, tem sua liturgia de festa.

* * *

A festa é alimento, revitalização. Torna presente, simbolicamente, a finalidade da comunidade e, como tal, estimula a esperança e dá nova força para retomar com mais amor a vida cotidiana. A festa é um sinal da ressurreição que nos dá a força para carregar a cruz de cada dia. Há um laço íntimo entre a celebração e a cruz.

* * *

O maior sofrimento do ser humano é a separação e o isolamento, que trazem sempre culpa, raiva, vingança, ciúme e outras coisas do gênero. Tudo isso conduz à guerra; é uma antecipação da morte. O grito mais profundo do coração humano é o grito pela vida, e vida é unidade e paz. A alegria surge da unidade, que nasce do amor alimentado, dia após dia, de acolhida mútua e perdão. A festa é um canto de alegria e de ação de graças que brota de um sentimento de unidade que, ao mesmo tempo, a cria e aprofunda.

Para as pessoas casadas, o amor e a ternura expressos por seus corpos é a celebração da unidade. São um só corpo. Um só ser. Pertencem-se um ao outro. Os membros de uma comunidade são chamados a celebrar a unidade, o sentimento de pertencer um ao outro e a Deus. Se não o fazem, sua vida afetiva será frustrada e magoada, e terão mais dificuldade em integrar a sexualidade em seus relacionamentos.

* * *

É importante, para os membros da família, festejar juntos. É importante para as crianças rir, brincar e cantar com seus pais e vê-los contentes juntos.

* * *

Fico impressionado, pelo contrário, com o aspecto triste dos aniversários políticos de independência. Não há danças, nem festa, mas desfiles militares com aviões a jato sobrevoando-os. É uma manifestação de poder que as pessoas olham com certa emoção, porém não é festa. Na França, mesmo nos meios não-cristãos, há uma grande diferença entre a doçura e a ternura do Natal, em que as pessoas desejam umas às outras, mesmo na rua, "Feliz Natal", e a festa nacional do 14 de Julho, em que há um momento triste junto ao monumento dos mortos da guerra, em que se saúda a República e depois se bebe algo num bar. Outrora, dançava-se nos bares; todavia isso, agora, acontece cada vez menos.

* * *

Da mesma forma, quando as pessoas se reúnem para comemorar o sucesso, o poder e para premiar os vencedores, não estão celebrando. As pessoas aplaudem e ovacionam. Ficam orgulhosas se eles pertencem a seu clube, seu grupo, sua família ou seu país. De alguma forma, identificam-se com os vencedores e têm a impressão de que eles são os melhores. Mas há tantos perdedores, sem sucessos nem poder! A festa é um canto de amor e acolhida aos outros, não um sentimento de poder e superioridade.

* * *

Muitas vezes, temos alegria sem Deus, ou Deus sem alegria. Isso é conseqüência de anos de jansenismo, em que Deus aparecia como o Todo-poderoso, severo; a alegria desligou-se do divino.

A festa, pelo contrário, é a alegria com Deus. Cada cultura, cada tradição exprime essa alegria de um modo diferente, mais ou menos espetacular, mais ou menos recolhida.

Na Arca, podemos festejar com risadas e alegrias, e logo depois entrar no silêncio e na oração. Toda festa não deve terminar na oração silenciosa que é a festa do encontro pessoal com Deus?

* * *

Na vida comunitária, é importante gargalhar: afasta os sofrimentos.

O riso é algo de muito humano. Não acredito que os anjos dêem risada! Eles adoram.

Seres humanos muito sérios são tensos. O riso é o que mais relaxa, e a humanidade tem esse espetacular privilégio. Por menores e pobres que sejamos, com todas as nossas necessidades de "animais", nós nos tornamos mais do que os anjos: irmãos e irmãs de Deus, o Verbo transformado em carne. Isso é tão interessante e maravilhoso, tão louco e, no entanto, tão extasiante! Os mais rejeitados são chamados a ficar no coração do Reino. É tudo ao contrário. Por isso não é surpreendente que as pessoas, de vez em quando, tenham vontade de rir nos momentos mais sérios.

* * *

A festa é um tempo de ação de graças, em que se agradece a Deus por um acontecimento histórico no qual sua força cheia de amor se manifestou a favor da humanidade, do povo ou da comunidade. É, também, a lembrança de que Deus está sempre presente, velando por seu povo e pela comunidade, como um Pai que ama seus filhos. A festa é a celebração não só de uma ação passada, mas de uma realidade presente.

Para o povo judeu, a Páscoa é a grande festa que lembra o momento em que o anjo de Javé passou e em que Deus libertou o seu povo. Esse povo dá graças a Javé, que continua a ser o seu guia, seu pastor, seu protetor e seu Pai que o ama.

Quando comemoramos o Natal, celebramos a mesma realidade, o mesmo amor do Pai que enviou o Filho único e bem-amado ao mundo para salvá-lo. Jesus nasce em nosso coração para curar-nos, unificar e salvar. O dia de festa revive o acontecimento que ocorreu há muito tempo. Celebrar não é apenas lembrar o passado, mas vivenciá-lo novamente.

É triste quando se esquece o significado do Natal e a festa limita-se ao ato de comer e beber, dar presentes caros a crianças mimadas.

O Natal é a festa dos pobres e das crianças. É a festa da família. Um momento de paz.

* * *

Em muitas casas, na Sexta-Feira Santa, depois da celebração da eucaristia, na qual festejamos a primeira vez que Jesus transformou o pão em seu corpo, comemos a refeição pascal. Durante essa refeição, lembramo-nos de todos os momentos de graça que vivemos juntos durante o ano. Depois, lavamos os pés uns dos outros e nos pedimos perdão. Tudo isso é feito com amor e simplicidade, com um sentido real do sagrado. Em seguida, vamos à capela rezar e ficar um pouco com Jesus, que disse no jardim das Oliveiras: "Vocês não podem ficar velando comigo por uma hora?".

* * *

Cada comunidade deve saber celebrar seus aniversários, segundo sua história e suas tradições: o aniversário do momento em que Deus suscitou a fundação da comunidade ou de um acontecimento particular em que a mão de Deus a protegeu com evidência.

É importante lembrar e reler nossa história pessoal e a da comunidade em certos dias de festa e agradecer pela maneira como Deus olhou por nós, nos protegeu e nos salvou durante todos esses anos. É preciso lembrar, também, que se ele chamou a comunidade à existência e olhou por ela no passado, é porque vai continuar fazendo isso. É verdade: ele continua olhando por nós, apesar de todas as nossas dúvidas, dificuldades e tensões.

Há, também, a festa de fim de ano, quando a comunidade rende graças e se alegra por tudo aquilo que recebeu. Por fim, os aniversários, os casamentos, os nascimentos. Essas são as festas das pessoas, uma de cada vez: reconhecemos sua singularidade, seu lugar único e seu dom.

* * *

Há, ainda, as festas pequenas de cada dia, que se fazem à volta de uma refeição, ou que nascem, espontaneamente, dos encontros. Quando o pai reencontrou seu filho pródigo, disse aos servos: "Depressa, trazei a veste mais bela e vesti-lhe, colocai-lhe um anel no dedo e calçado nos pés. Trazei um vitelo gordo e matemo-lo, comamos e festejemos, pois este meu filho estava morto e voltou à vida; estava perdido e foi encontrado" (Lc 15,22-24).

* * *

O Evangelho é marcado por festas. O primeiro milagre de Jesus ocorreu no casamento de Caná: ele transformou a água em vinho para tornar a festa mais bonita, e não foi apenas uma garrafa, mas para mais de quatrocentos litros, para servir pessoas que já haviam bebido bastante. É a generosidade de Deus! Era também em épocas de festa que Jesus ia ao templo e anunciava uma boa notícia relacionada com a festa. E morreu no dia de Páscoa. Devemos aprender a utilizar cada festa, cada celebração para trazer, pela palavra e pelos gestos, a mensagem de amor e de esperança apropriada: sempre há uma mensagem que pode alimentar o coração, renovar e aprofundar a visão e dar vida nova.

* * *

No coração da festa está o pobre. Se excluirmos os menores, já não é festa. Trata-se de achar danças e jogos de que os mais pobres da comunidade, as crianças e os velhos, todos os mais fracos, possam participar. A festa deve ser sempre a dos pobres. A festa com os pobres, e não pelos pobres.

* * *

Não devemos obrigar todo mundo a ir à festa. Sempre há alguém que sofre e não tem vontade de participar dela. Há, também, os que têm dificuldades para permanecer em grupo: eles ficam de fora e escutam tudo o que acontece. Estão, ao mesmo tempo, dentro e fora do grupo. Enfim, há aqueles que se sentem chamados por Jesus a permanecer em silêncio com ele, na capela. Esses estão participando da festa de uma forma secreta, mística.

* * *

Algumas pessoas não se dispõem a ir às festas da comunidade. Estão cansadas e um pouco fechadas em si. No entanto, se comparecerem, renovar-se-ão e sentir-se-ão livres interiormente.

* * *

Sempre fico surpreendido ao ver as visitas admiradas com a alegria que reina na Arca. Fico surpreso, porque conheço o sofrimento que alguns homens e mulheres carregam nas nossas comunidades. É de questionar-se se a alegria não brota do sofrimento e do sacrifício. Aqueles que são ricos e vivem no conforto e na segurança, que, aparentemente, têm tudo de que precisam, podem ter alegria? Será que não carregam consigo um peso de culpa inconsciente que os faz fechar-se em si mesmos? A alegria vem da abertura. Estou certo de que os pobres podem ser alegres — eles explodem de alegria na festa. É como se, nesse momento, seus sofrimentos e frustrações fossem ultrapassados. Vivem um momento de libertação; o peso do cotidiano é, de repente, tirado, e seu coração salta de alegria. A mesma coisa ocorre com as pessoas que vivem em comunidade, que aprenderam a aceitar suas feridas, seus limites e sua pobreza. São perdoadas e amadas. Descobriram a libertação, não têm mais medo de si mesmas, nem necessidades de esconder-se. Libertaram-se por meio do Espírito.

* * *

Uma das grandes festas humanas é a do casamento. É um momento em que o religioso e o humano se misturam na alegria, em que o mais divino parece encontrar o mais humano; "o Reino dos Céus é como um banquete de casamento...". A festa é sinal da festa eterna e cada pequena festa nas nossas comunidades deve ser como um sinal dessa festa do céu.

A festa é muito diferente do espetáculo, em que alguns atores ou músicos divertem e distraem os espectadores. Nessa festa, todos são atores e todos são espectadores. Cada um deve representar e participar, caso contrário não será uma verdadeira festa.

Na terra, há sempre um elemento melancólico nas festas; não se pode fazer uma festa sem fazer uma alusão a isso. É que, na terra, há pessoas que não festejam, que estão no desespero, no sofrimento, na agonia, na fome e no luto. É por isso que cada festa, se ela for como um grande canto de alegria e um canto de ação de graças, deve sempre terminar com um silêncio durante o qual apresentamos a Deus todos aqueles que não festejam.

* * *

Cada comunidade celebra as diferentes festas segundo suas tradições. Cada uma tem sua liturgia própria, uma celebração eucarística especial, uma maneira de arrumar a capela, a refeição, a mesa, a decoração da sala de jantar, as velas, as guirlandas, as flores, as roupas, os cantos, até mesmo fantasias e danças.

É evidente que o mosteiro dos Trapistas não celebrará uma festa nem um aniversário da mesma forma que uma comunidade da Arca. Cada comunidade tem seu carisma e sua própria maneira de cantar, sua ação de graças por ter sido chamada por Deus para formar um só corpo. Nas comunidades em que há muito silêncio e prece, os gestos de celebração serão mais simples, mas talvez igualmente expressivos.

* * *

Em nossas comunidades, como na África, em que os membros vêm de culturas diferentes, cada um tem lazeres e momentos de descanso conforme sua cultura. Um canadense gosta de beber cerveja; um originário do Volta gosta de visitar alguém do bairro; outro gosta de fechar-se no quarto e ler um livro. Então, os lazeres dividem: cada um vai para o seu lado. A festa não é, simplesmente, um momento de relaxamento numa determinada cultura, um momento em que as tensões diminuem, um momento "para si", mas é um encontro bem preparado, na alegria e na admiração, além das divisões das culturas.

* * *

É maravilhoso como a Igreja guardou o sentido da festa. Cada dia é uma festa; há as grandes festas litúrgicas e a festa dos amigos do céu, o aniversário dos diferentes santos. E depois, no coração do dia, celebra-se a missa. Sempre me impressionam as palavras usadas na missa: celebração e festa, presença, comunhão, refeição e sacrifício, perdão, eucaristia e ação de graças.

* * *

Essas palavras resumem bem a vida comunitária. Precisamos estar realmente presentes uns aos outros, comungar uns com os outros, porque comungamos com Jesus. É, então, a festa e a celebração. Tal comunhão, tal celebração são um alimento; tornamo-nos pão uns para os outros, porque Deus se fez pão para nós. É uma refeição no coração da comunidade. O sacrifício está sempre no centro da vida comunitária, pois trata-se de sacrificar nossos interesses diante dos outros, como Jesus sacrificou sua vida para que recebêssemos o Espírito. A festa começa com um pedido de perdão e termina na ação de graças.

A eucaristia não serve, somente, para alimentar nossa piedade pessoal. É celebração e ação de toda a comunidade, para toda a Igreja e toda a humanidade. A celebração da eucaristia é um dos momentos de auge da vida comunitária, em que estamos mais juntos e unidos; tudo é oferecido ao Pai, em Jesus. Para os cristãos, é o cume e o seio de toda celebração: é o centro da comunidade.

* * *

Atualmente, quando há tantas pessoas deprimidas, e outras tantas com medo do futuro, é importante proclamar e celebrar nossa esperança em Deus. Pode haver guerras e revoluções; doenças e catástrofes naturais; mas Deus vela pela comunidade com amor. A morte não é fim de tudo. O amor venceu o ódio e a morte. A festa não é sempre confusão e barulho: pode ser calma, simplesmente um canto sobre nossa confiança e nosso amor, a expressão da unidade do corpo, o anúncio da mensagem da Boa-Nova. Deus está entre nós, está em nosso coração. Jesus ressuscitou e vive.

* * *

A REFEIÇÃO

A refeição é uma pequena festa cotidiana em que nos encontramos todos à volta da mesma mesa para nos alimentarmos e nos encontrarmos na partilha e na alegria. A refeição dá uma alegria particular ao corpo e à sensibilidade. Não temos de fazê-la o mais depressa possível sob pretexto de ter de executar tarefas mais importantes ou mais espirituais. É um acontecimento comunitário importante, que deve ser bem preparado e plenamente vivido. A refeição é o momento em que se junta a alegria de comer e beber bem com a alegria do encontro. É uma realidade maravilhosamente humana. O laço entre a refeição e o amor tem suas origens nas primeiras refeições da criança. Para uma mãe, alimentar seu filho é um gesto de amor que se realiza na presença mútua, na alegria e no jogo; uma criança que não é alimentada com amor e que recebe a mamadeira mecanicamente tem perturbações digestivas. O ser humano não come como os animais, cada um no seu canto. A amizade e o amor vêm humanizar essa realidade tão material.

É por isso que se devem evitar, a todo custo, discussões agressivas à mesa, ou atitudes muito sérias ou pedagógicas; também não se devem encorajar almoços de negócios. A refeição é o momento da descontração do corpo e do espírito. O riso é excelente para a digestão. Coisas sérias, discussões etc. podem causar úlceras e perturbações intestinais. Certas crianças têm grandes perturbações se as suas refeições não se realizarem numa atmosfera agradável. Sei que as tensões à mesa me tiram o apetite e que fico doente do fígado.

* * *

Durante uma refeição, cada um, à mesa, deveria encontrar os outros, nem que seja por um simples gesto: "Queres mais batatas?". Torna-se um meio de comunicação natural, que faz certas pessoas saírem de seu isolamento. Não podem ficar atrás das barreiras de sua depressão quando precisam de alguma coisa: "Podes passar-me o sal?". As necessidades de alimentação levam à comunicação.

A pior das invenções foi o serviço americano: cada um com uma bandeja, sua medida de vinho, seu saquinho de açúcar e, às vezes, mesmo, de sal e pimenta, como nos aviões. É horrível obrigar cada um a comer e a beber a mesma quantidade e a fazê-lo sozinho. É muito mais humano ter uma grande garrafa da qual cada um se servirá conforme suas necessidades, atento a que o outro tenha o que precisa, pronto a deixar a melhor parte para o vizinho. A refeição não será, então, um ato solitário, egoísta e triste, mas sim um momento em que cada um dá, reparte e ama.

* * *

Uma dona-de-casa sabe que uma boa refeição exige uma preparação cuidadosa, que vai desde a elaboração do cardápio até as compras, o cozimento, a preparação dos pratos e a maneira de pôr a mesa. É preciso pensar em tudo: na qualidade do vinho, nas flores, em quem colocar ao lado de quem...

Seria bom saber preparar um pouco a animação da mesa, os assuntos da conversa. É importante que durante uma refeição haja momentos para conversar com os vizinhos do lado. Mas é preciso, também, momentos de unidade, em que todos possam participar de uma conversa de interesse geral, sobretudo rir juntos.

* * *

Se a preparação de uma refeição exige tantos cuidados, ocorre o mesmo com uma festa ou uma atividade comunitária. Não se pense que tudo pode ser improvisado. É preciso que um pequeno grupo de pessoas prepare tudo com cuidado, discernindo a finalidade desejada. Não se deve deixar as coisas ao acaso. É no quadro de uma atividade bem preparada que se pode deixar lugar para a espontaneidade, para a mudança, para a evolução. É preciso, sempre, saber captar e prolongar, durante uma festa ou uma refeição, o momento talvez inesperado, que será um momento particular de unidade, de graça e de recolhimento, um instante de admiração em que passa uma corrente de vida através da alegria.

Se uma festa não for bem preparada, pode-se ter certeza de que alguém irá aproveitar-se para fazer dela o "seu projeto", impor "seu" ponto de vista, estar no centro do espetáculo e ser aplaudido; ou, então, tudo descambará para o aborrecimento, não haverá unidade na atividade, não será uma festa.

E depois de qualquer atividade comunitária (de qualquer tipo), seria bom fazer uma avaliação, para nos perguntarmos se o objetivo proposto foi atingido. É preciso reconhecer as lacunas, os erros, para fazer melhor da próxima vez.

Deus nos deu inteligência, memória e imaginação para isso. Os americanos gostam muito de fazer avaliações, muita vezes materialmente demais, e é por isso que estão na frente, no campo comercial. Os franceses não gostam muito. É preciso, sempre, tentar fazer uma avaliação qualitativa das nossas atividades.

* * *

Houve um santo, são Luiz Gonzaga, creio eu, que todos os dias preparava piadas para que os seus irmãos rissem durante o recreio. Ele não era muito dotado para esse tipo de coisas e talvez, por gosto pessoal, tivesse preferido ficar à sombra; mas por amor aos seus irmãos procurava trazer alegria a essas horas livres. Não se deve deixar, sempre, tudo à espontaneidade, porque ela é, muitas vezes, uma questão de sensibilidade ou de emoção do momento.

Para alguns, é um verdadeiro dever ensinar a animar festas com uma criatividade renovada: ensinar novos cantos, mais alegres, mais divertidos, mais adequados, histórias ou coisas interessantes para contar. Se as refeições e as atividades comunitárias forem bem preparadas, podem tornar-se momentos admiráveis de partilha, de festa, de transmissão de conhecimentos novos, com a abertura de espírito que isso implica. Muitas pessoas vão fazer as refeições unicamente como consumidores. Não percebem a função que as refeições poderiam ter na construção da comunidade.

* * *

Nas nossas comunidades da Arca, no fim da refeição, quando há laranjas para a sobremesa, às vezes, começa-se a jogar as cascas uns nos outros. Todos participam da brincadeira. Certo dia, depois de uma noite dessas, um inglês que nos visitava perguntou se isso era um costume na França; acho que não é um costume, mas sei que para certas pessoas é um momento para sair de seu isolamento e de expressar-se na alegria, sobretudo se não são capazes de comunicar-se pela palavra. Algumas pessoas pobres não podem participar das conversas interessantes, mas podem participar das brincadeiras, com gestos. Quando recebem uma casca de laranja no nariz, ficam encantadas de poder retribuir.

Eu havia explicado esse modo de celebrar durante um retiro que preguei na Nova Zelândia a superiores maiores de ordens religiosas. Na última noite, tivemos uma refeição com a presença do bispo. E por acaso, na sobremesa, havia laranja. Foi comovente ver as madres provinciais, até então muito sérias e solenes, atirar cascas de laranjas umas nas outras, alegremente, sob o olhar admirado do bispo, que não tinha assistido ao retiro. Eu tive de explicar-lhe depois!

* * *

O modo de pôr a mesa é importante, como também o é o modo de distribuir os lugares. Quando se sabe que alguém está nervoso, é melhor não colocar certas pessoas perto dele. Há todo um discernimento de amor que deve ser feito nesse campo. Assim também, quando alguém está triste, prepara-se para ele um prato de que ele gosta. A refeição pode ser a ocasião para mil gestos de delicadeza e ternura.

* * *

Comer bem não quer dizer gastar muito dinheiro. Pode-se fazer coisas muito boas com pouco dinheiro. É uma questão de criatividade, de astúcia e de um certo jeito para a cozinha. Os molhos são importantes. Macarrão sem molho é muito pesado! O molho é como um gesto de gratuidade. Uma comunidade que só come féculas porque "é mais barato e compra-se por atacado" jamais será uma comunidade muito alegre.

Certas refeições em silêncio, à luz de velas e com um fundo musical harmonioso, podem criar um ambiente muito humano e comunitário. Nos mosteiros, é normal que as refeições sejam em silêncio; não haveria, aliás, muitas coisas novas para alimentar a conversa, e de qualquer forma o silêncio favorece o recolhimento e a interioridade. Esse silêncio não exclui, contudo, uma certa comunicação e delicadezas não-verbais que fazem a unidade comunitária, às vezes mais do que a palavra.

* * *

FAZER A FESTA

Determinadas pessoas recusam-se, às vezes, a animar festas, para dar o lugar aos outros e por não ter reputação de animadores. Mas se têm um dom para isso, por que recusá-lo à comunidade? Talvez possam ensinar a outros como animar uma festa. Poder-se-ia dizer a mesma coisa de todas as artes, como o teatro, a dança, a mímica. Qualquer atividade artística pode tornar-se portadora de uma mensagem capaz de tocar as pessoas e fazer bater o coração em sintonia. Não se deve desprezar a arte, e cada comunidade deve encontrar o seu modo de expressão particular. Tudo o que é humano pode ser posto a serviço do divino e do amor. E cada um deve exercer seu dom para construir a comunidade.

* * *

Numa comunidade, os cantos têm grande importância. Os membros da comunidade de Bundeena, na Austrália, disseram-me que muitos, na comunidade, não conseguiam ler a Sagrada Escritura. Então, transformaram certas passagens em canto, para que a Palavra de Deus pudesse penetrar mais profundamente no espírito das pessoas. São Luís Maria Grigon de Monfort usava músicas populares e trocava a letra por palavras de oração e de louvor. Atualmente, na Arca, tenho a impressão de que estamos caminhando, cada vez mais, para o tipo de canto melancólico, talvez porque nos preocupemos com o recolhimento. Haveria todo um esforço a ser feito para encontrar cantos de oração um pouco mais alegres. Há toda uma arte para discernir que canto deve ser entoado em tal momento. Existem cantos que levam à oração e ao recolhimento. Outros são mais estimulantes e incitam a ir adiante. Nas nossas comunidades, mais pessoas deveriam refletir e especializar-se neste campo. Confiamos demais na espontaneidade e na emoção do momento. Não se deve escolher um canto porque agrada ao animador, ou porque corresponde ao seu estado de alma, mas porque é canto adequado para a ocasião.

Wolf Wolfensberger disse-me, certo dia, que deveriam ser inventadas danças universais, fáceis de aprender e de realizar, e depois pôr-lhes uma letra. Em nossas festas, sempre fazemos danças de roda, porque não aprendemos outras. Porém existem, certamente, outras danças de que as pessoas deficientes poderiam participar.

* * *

Muitas vezes, por medo de expor-nos, dizemos que não temos tal dom. Mas podemos pedir a Deus que nos dê certos dons, sobretudo se são para o amor fraterno, para criar comunidade. Cada realidade da vida comunitária é importante e é preciso, às vezes, trabalhar e esforçar-se para participar o melhor possível e criar o ambiente mais propício de alegria e de recolhimento para essa atividade.

* * *

Nas festas, como nas conversas e na oração comunitária, os que falam devem fazê-lo de forma a que todos escutem e compreendam. Isso que dizer que devem falar alto e com clareza. Certos encontros, em que as pessoas, por timidez, falam para dentro e só alguns vizinhos é que escutam, são mortificantes. Quando se fala numa reunião comunitária, deve-se pensar na pessoa mais afastada e, se for preciso, falar de pé. Não devemos querer pôr idéias demais numa mesma frase, mas precisamos colocar-nos, sempre, no lugar do conjunto dos ouvintes. É melhor que o auditório receba uma ou duas idéias facilmente compreensíveis do que uma mistura de idéias. E devemos lembrar-nos de que, muitas vezes, não é o que se diz que toca os corações, mas sim a fé e o entusiasmo com que se fala. É importante que as pessoas saibam comunicar, pela palavra, a mensagem que querem transmitir.

* * *

Os momentos comunitários produtivos são aqueles em que a comunidade inteira toma consciência da corrente de vida que a une. São momentos de graça e de dom, em que ela vive a alegria de estar junto: celebrando, festejando e rezando.

Lembro-me de uma noite numa das nossas comunidades recém-fundadas. Eu tinha ido jantar com seus integrantes: a refeição tinha sido um pouco triste, cada um falava com o vizinho; não havia unidade na mesa. Depois da refeição, estávamos sentados juntos no salão. Alguém pegou um violão e começou a cantar. A seguir, um após o outro, começamos a bater palmas, ou a marcar o ritmo com uma colher e um copo, cada qual com um instrumento improvisado. Sentia-se uma corrente de vida passar. Os rostos começaram a iluminar-se, era como um momento de graça. Estávamos verdadeiramente juntos, nossos corações, nossas mãos e nossas vozes começaram a bater em uníssono. Mas não durou muito tempo. Havia pessoas feridas que não tinham vontade de sentir-se felizes e muito à vontade. Elas tinham, ainda, dentro de si, muita cólera devida à rejeição de suas famílias. Às vezes, é preciso esperar muito tempo para ter uma festa da qual todos participem plenamente.

* * *

"CONVIDADOS PARA AS NÚPCIAS"

Sempre gostei daquela palavra do rei da parábola aos seus servos, quando lhes disse que fossem procurar os pobres e os estropiados: "Convidai às núpcias todos os que encontrardes" (Lc 14,21-23). Convidai a humanidade toda para a festa. Não somos feitos para ser tristes, para trabalhar todo o tempo, para obedecer seriamente à lei ou para lutar. Somos todos convidados para as núpcias. E nossas comunidades devem ser sinais de alegria e de festa. Se o forem, haverá, sempre, pessoas que queiram engajar-se nelas. As comunidades tristes são estéreis; são velórios. Claro que não temos, na terra, a alegria em plenitude, mas nossas festas são pequenos sinais de festa eterna, dessas núpcias a que somos todos convidados.

Conclusão

Falamos muito da comunidade: a comunidade, lugar do perdão e da festa; a comunidade, lugar de crescimento e libertação. Porém, quando tudo foi feito e tudo foi dito, devemos dizer que, afinal, cada um, no fundo do seu ser, deve aprender, a cada dia, a assumir a própria solidão.

De fato, há, no fundo do coração de cada um, uma ferida, a chaga de nossa própria solidão, que se revela, especialmente, nos momentos de fracasso, mas, sobretudo, no momento da morte. Nunca se faz essa passagem em comunidade: faz-se sozinho. E todo sofrimento, toda tristeza, toda forma de depressão é um sentimento dessa morte, uma manifestação dessa chaga no fundo do ser, que faz parte da condição humana. Pois nosso coração sedento de infinito jamais pode satisfazer-se com os limites, que são sinais de morte. É em razão disso que ele nunca está satisfeito. De vez em quando, há como toques de infinito na arte, na música, na poesia; há momentos de comunhão e de amor, momentos de oração e de êxtase, mas esses momentos sempre duram pouco. Cai-se, depressa, nas insatisfações causadas por nossos próprios limites e pelos limites dos outros.

Só quando se descobre que o fracasso, as depressões e mesmo nossos pecados podem tornar-se oferenda, matéria de sacrifício e, desse modo, podem ser levados para o eterno, é que se encontra uma certa paz. Só quando se aceita a condição humana com todos os seus limites, suas contradições, sua busca contínua de felicidade e se descobre que as núpcias eternas virão como um dom, depois da nossa morte, é que se reencontra a confiança.

Mesmo a comunidade mais bela, mais maravilhosa, não poderá nunca curar essa ferida de solidão que carregamos. Só quando descobrimos que a solidão pode tornar-se sacramento é que entramos na sabedoria, pois o sacramento é o lugar da purificação e da presença de Deus. Se não fugirmos mais dessa solidão, se aceitarmos essa ferida, descobriremos que é através dela que encontramos Jesus Cristo. Quando deixamos de fugir para o ativismo, para o barulho e para os sonhos e nos deparamos com esta ferida, é nela que encontramos Deus. Pois ele é Paráclito, aquele que responde ao nosso grito que jorra no fundo das trevas da nossa solidão.

Aqueles que casam pensando que no casamento sua sede de comunhão será saciada e sua ferida, curada, não serão felizes. Do mesmo modo, aqueles que entram na comunidade esperando preencher seu vazio, curar-se, ficarão decepcionados. Só se tivermos compreendido e assumido essa ferida, e se tivermos descoberto nela a presença do Espírito Santo, é que encontraremos o verdadeiro sentido do casamento e o verdadeiro sentido da comunidade. Só quando eu ficar de pé com todas as minhas pobrezas e meus sofrimentos e procurar mais sustentar os outros, mais do que fechar-me em mim mesmo, é que poderei viver, plenamente, a vida comunitária e a vida de casado. Só quando deixar de acreditar que os outros são para mim um refúgio, é que me torno, apesar de todas as minhas feridas, fonte de consolação e de vida, é que encontro a paz.

Jesus é o Senhor da comunidade e seu ensino leva à criação de comunidades cristãs fundadas sobre o perdão e que se consumam na celebração. Mas ele morreu, abandonado por seus amigos, crucificado numa cruz, rejeitado pela sociedade humana, pelos chefes religiosos e por seu próprio povo. Só uma pessoa o compreendia e vivia a realidade: Maria, sua mãe, que se mantinha ao pé da cruz. Não era mais uma realidade comunitária. Era uma comunhão que ultrapassava qualquer comunidade. O próprio Senhor da comunidade gritou: "Meu Deus, meu Deus, por que me abandonaste?" e "Tenho sede".

A vida comunitária existe para ajudar-me a não fugir da ferida profunda da minha solidão, mas para ficar na realidade do amor, para crer, pouco a pouco, na cura das minhas ilusões e de meus egoísmos, tornando-me pão para os outros. Na vida comunitária, estamos juntos uns para os outros, para crescer juntos e abrir nossas feridas ao infinito, a fim de que, por meio delas, se manifeste a presença de Jesus.

Entretanto, pode-se assumir as feridas profundas se não se descobrir que a comunidade é uma terra, um lugar de enraizamento para o coração, um "lar". Esse enraizamento não existe para o conforto, nem para um fechamento em nós mesmos. Pelo contrário, é para que cada um possa crescer e dar fruto para os homens e as mulheres da terra e para Deus. O enraizamento é a descoberta de uma aliança entre pessoas chamadas a viver juntas. Mas também é a descoberta da aliança com Deus e com os pobres. A comunidade não existe para si mesma, mas para os outros, para os pobres, para a Igreja e para a sociedade. Ela é, essencialmente, missionária. Tem uma mensagem de esperança a dar e um amor a comunicar às pessoas, sobretudo àquelas que estão na pobreza e no sofrimento. Assim, a comunidade tem um alcance político.

A comunidade não pode existir, verdadeiramente, se não houver esse vaivém vital e cheio de amor entre ela e os pobres, se não for fonte de vida para os pobres e se os pobres não forem fonte de vida para si.

A vida comunitária toma, então, um sentido mais amplo. É vivenciada entre os membros da comunidade, mas também é vivenciada na comunidade maior do bairro, com os pobres e com todos aqueles que querem partilhar sua esperança. Torna-se, então, um lugar de reconciliação e de perdão, em que cada um se sabe carregado pelos outros e os carrega. É o lugar de amizade daqueles que se sabem fracos, mas que sabem, também, que são amados e perdoados. Assim, a comunidade é o lugar da celebração.

Essas celebrações são o sinal de que, além de todos os sofrimentos, de todas as purificações e de todas as mortes, acima de todos os ódios, das injustiças, das guerras e dos pecados, há as núpcias eternas, a grande celebração da vida com Deus; há um encontro pessoal que nos cumulará, nossa sede de infinito será saciada, a ferida de nossa solidão será curada.

Vale a pena continuar caminhando juntos, continuar a peregrinação. Há uma esperança.

Sumário

APRESENTAÇÃO 9

PREFÁCIO...11

INTRODUÇÃO..15

CAPÍTULO 1
UM CORAÇÃO, UMA ALMA, UM ESPÍRITO 29
   Comunidade, onde somos parte de um todo 29
   Comunidade, lugar de abertura.............................35
   Comunidade, lugar do amor mútuo.........................37
   Comunhão e colaboração 42
   Comunidade, lugar de cura e crescimento.................43
   Simpatias e antipatias 49
   Comunidade, lugar de perdão..............................54
   Ser paciente..57
   A confiança mútua...60
   O direito de ser você mesmo...............................61
   Chamados por Deus tal como somos........................63
   Partilhe sua fraqueza......................................67
   A comunidade é um corpo vivo 69
   Exercer seu dom 70
   De "a comunidade para mim" ao "eu para a comunidade".........76

CAPÍTULO 2
A CAMINHADA PARA A ALIANÇA................................81
   Nasce a esperança...81
   Um apelo às famílias......................................84
   Outros caminhos 86
   O primeiro chamado.......................................89
   "Deixa teu pai, tua mãe, tua cultura".....................93
   Os primeiros passos na comunidade 98
   Reconhecer os laços criados..............................99
   A decisão de fixar-se 100
   O "sim" definitivo..103

CAPÍTULO 3
A MISSÃO 105
Juntos pelo mesmo objetivo 105
A missão universal de dar a vida 106
Missão geral e missão particular 109
Ter claros os fins 111
A sede de Deus e o grito do pobre 115
Jesus é o pobre 117
O grito pelo amor 119
Sofrimento interior 120
As águas que banham a humanidade 124

CAPÍTULO 4
CRESCIMENTO 127
Uma comunidade cresce como uma criança 127
Do heroísmo ao cotidiano 132
Torna-se clara a visão de mundo 133
Da monarquia à democracia 137
A abertura para o bairro e para o mundo 140
A provação: uma etapa no crescimento 143
As tensões 145
A expulsão de um irmão ou de uma irmã 152
O olho ou a autoridade exterior 154
Crescimento pessoal e crescimento comunitário 157
Perder as ilusões 162
O segundo chamado 167
Prece, serviço e vida comunitária 169
Da generosidade à escuta dos pobres 170
Sinais de doença e de saúde na comunidade 171
Abrir-se aos outros 172
A questão da fidelidade 178
Propagar a vida 182
Expansão e enraizamento 185
Nascida de uma ferida 185
O papel da Providência 187
O perigo de enriquecer 188
O risco do crescimento 190
Eu era estrangeiro e você me acolheu 192
Vamos, um pouco de ardor, e arrepende-te 193

CAPÍTULO 5
O PÃO NOSSO DE CADA DIA NOS DAI HOJE 197
Para crescer é preciso alimentar-se 197
O maná cotidiano 201
O tempo do encantamento.....................................203
O olhar de fora que confirma.................................206
O pão da palavra 207
Descontração e repouso: o "Sabá" 211
O alimento da inteligência 215
O alimento do crescimento 216
Um amigo 217
A partilha 219
O olhar do pobre 220
A prece pessoal 223
Tornar-se pão...229
Prece comunitária e eucaristia................................231
O pão do sofrimento...235
O pão da unidade antecipada 240

CAPÍTULO 6
O DOM DA AUTORIDADE 243
Autoridade...243
Uma missão que vem de Deus................................247
Ser servidor...251
O perigo do orgulho 255
Dividir as responsabilidades...................................257
As estruturas da comunidade 260
Aprender a escutar e a exercer a autoridade.............264
Não se esconder...267
Uma relação pessoal 269
Diferentes atitudes em relação à autoridade.............272
Sinal do perdão..278
Deixar a comunidade evoluir 279

CAPÍTULO 7
OUTROS DONS 281
O guia espiritual 281
O papel específico do padre ou do ministro ordenado 289
Acompanhamento comunitário e acompanhamento funcional...292
Acompanhamento psicológico 293

Cada pessoa tem um dom para partilhar 294
A escuta 297
O discernimento 297
A fidelidade 297
O encantamento 298
O dom da "avó" 299
O dom dos homens e das mulheres 299
O antidom 304
O dom da animação 305
A disponibilidade 306
O dom dos pobres 306

Capítulo 8
A ACOLHIDA 309
Dar espaço 309
Quem acolher? 314
Acolhidas verdadeiras e falsas 316
A acolhida da Providência 318
A acolhida dos marginalizados 318
Os marginalizados no coração da comunidade 326
Acolher para servir 327
A necessidade de comunidades de acolhida 328

Capítulo 9
AS REUNIÕES 331
Reunir-se para partilhar 331
Conduzir uma reunião 337

Capítulo 10
O COTIDIANO 345
Viver o cotidiano 345
O ritmo do cotidiano 349
Espiritualidade do movimento e espiritualidade do círculo 351
As leis da matéria 352
Amor e pobreza 353
O conflito entre viver a pequenez e o engajamento político 356
Dimensão política da comunidade 357

CAPÍTULO 11
A FESTA......365
No coração da comunidade: a festa 365
A refeição 375
Fazer a festa......379
"Convidados para as núpcias"......382

CONCLUSÃO 383

Paulinas
Rua Dona Inácia Uchoa, 62
04110-020 – São Paulo – SP (Brasil)
Tel.: (11) 2125-3500
paulinas.com.br – editora@paulinas.com.br
Telemarketing e SAC: 0800-7010081